ESTAMBUL

INSÓLITA Y SECRETA

Emre Öktem

Fotos de Letizia Missir de Lusignan y Mesut Tufan

EDITORIAL JONGLEZ

guía de viaje

Letizia Missir Mamachi de Lusignan desciende de una familia bizantina muy antigua: varios de sus ancestros fueron de los primeros dragomanes de la Sublime Puerta y Amaury II de Lusigan, de quien también desciende su familia, fue rey de Chipre y de Jerusalén (1194-1205). Periodista, en 2009 escribió con Melih Ozsöz un libro sobre Turquía y Europa, publicado en Estambul por la editorial IKV.

Emre Öktem
Nacido en Estambul, Emre Öktem es profesor de Derecho Internacional en la Universidad Galatasaray (Estambul). También enseña en la Universidad de Friburgo (Suiza) y en la Academia de Guerra turca. Es autor de libros y artículos que tratan, entre otros temas, sobre los derechos humanos, la libertad de religión, los derechos de las minorías, el derecho de los conflictos armados y la historia del derecho en el Imperio otomano así como ensayos sobre el diálogo interreligioso, en el que está activamente implicado. Ha participado como experto en la Organización para la Seguridad y la Cooperación en Europa ante tribunales turcos y en arbitrajes internacionales de inversión.

Mesut Tufan
Nacido en 1953, Mesut Tufan creció en Estambul. Se marchó a París a estudiar la carrera universitaria y allí se hizo fotógrafo, trabajó como cronista en Radio France Internationale, colaboró en el Courrier International y fue cineasta documentalista. Desde que regresó a Estambul en 2006, fotografía, escribe, expone y publica en Turquía y fuera de ella. Experto en la historia y culturas de los Balcanes, de Oriente Medio y del Cáucaso, colabora en varios programas de reconciliación cultural y artística, especialmente en los Balcanes y entre Turquía y Armenia.

Ha sido un verdadero placer para nosotros elaborar la guía *Estambul insólita y secreta* y esperamos que, al igual que a nosotros, le sirva de ayuda para seguir descubriendo aspectos insólitos, secretos o aún desconocidos de la ciudad. La descripción de algunos de los lugares se acompaña de unos recuadros temáticos que mencionan aspectos históricos o cuentan anécdotas, permitiendo así entender la ciudad en toda su complejidad.
Estambul insólita y secreta señala los numerosos detalles de muchos de los lugares que frecuentamos a diario y en los que no nos solemos fijar. Son una invitación a observar con mayor atención el paisaje urbano y, de una forma más general, un medio para que descubran nuestra ciudad con la misma curiosidad y ganas con que viajan a otros lugares…

Cualquier comentario sobre la guía o información sobre lugares no mencionados en la misma serán bienvenidos. Nos permitirá completar las futuras ediciones de esta guía.

No duden en escribirnos:

- Editorial Jonglez, 17, boulevard du roi, 78000Versailles, Francia
- E-mail : info@editorialjonglez.com

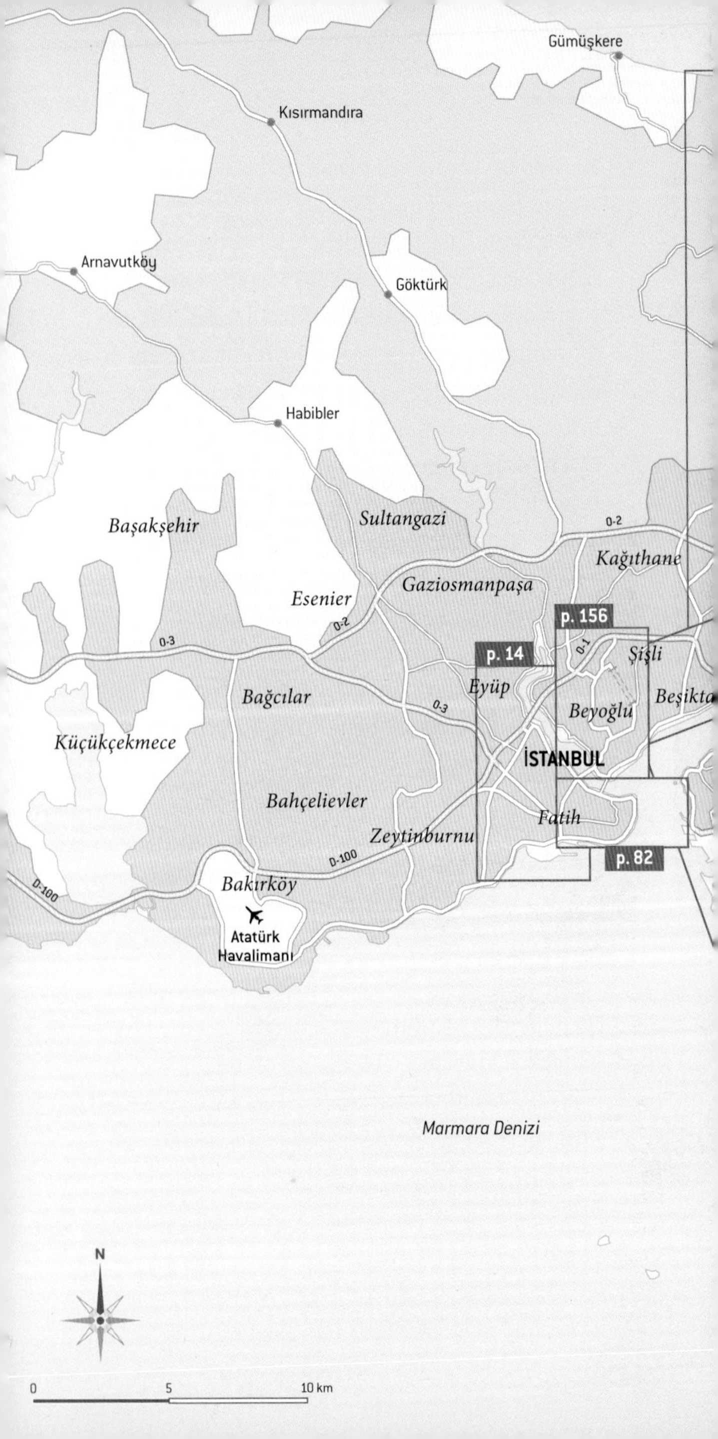
Gümüşkere
Kısırmandıra
Arnavutköy
Göktürk
Habibler
Başakşehir
Sultangazi
O-2
Kağıthane
Gaziosmanpaşa
Esenier
O-2
O-3
p. 156
O-1
Şişli
p. 14
Eyüp
Beşikta
Bağcılar
O-3
Beyoğlu
Küçükçekmece
İSTANBUL
Bahçelievler
Fatih
Zeytinburnu
D-100
p. 82
D-100
Bakırköy
Atatürk
Havalimanı
Marmara Denizi
N
0
5
10 km

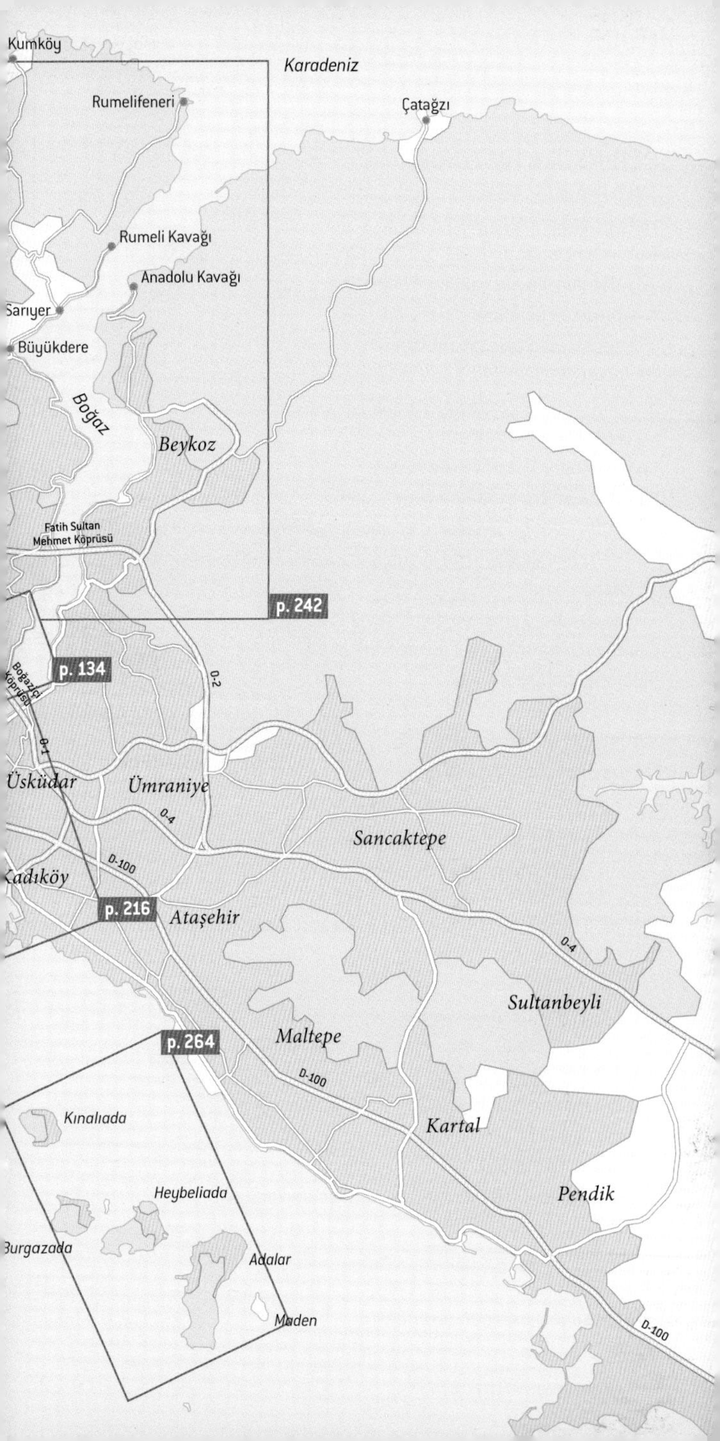

Kumköy
Karadeniz
Rumelifeneri
Çatağzı
Rumeli Kavağı
Anadolu Kavağı
Sarıyer
Büyükdere
Boğaz
Beykoz
Fatih Sultan
Mehmet Köprüsü
p. 242
p. 134
Boğaziçi
Köprüsü
0-2
0-1
Üsküdar
Ümraniye
0-4
Sancaktepe
D-100
Kadıköy
p. 216
Ataşehir
0-4
Sultanbeyli
p. 264
Maltepe
D-100
Kınalıada
Kartal
Heybeliada
Pendik
Burgazada
Adalar
Maden
D-100

ÍNDICE GENERAL

PENÍNSULA HISTÓRICA

FATIH - CUERNO DE ORO OESTE

BEŞIKTAŞ - YILDIZ

BEYOGLU

ÜSKÜDAR - KADIKÖY

NORTE DEL BÓSFORO

ISLAS PRÍNCIPE

PENÍNSULA HISTÓRICA

Kız Kulesi
Ü S K Ü D A R
Boğaz
Gülhane Parkı
Topkapı Sarayı
30
31
29
Cankurtaran
Kennedy Caddesi
N
0
500
1 000 m

TUMBA DE BEKRI MUSTAFA

1

Delante del ábside de la mezquita de Ahi Ahmed Çelebi
En el aparcamiento, junto a la Fundación de Historia (Tarih Vakfi)
Avenida Ragip Gümüşpala
Eminönü
• Tranvía: Eminönü

La tumba de un borracho convertido en santo a su pesar

Bekri Mustafa, personaje legendario de principios del siglo XVII, famoso por su afición por el alcohol, vivió durante el sultanato de Murad IV (1623-1640), quien aplicaba duros métodos para asegurar el orden público en la ciudad. El sultán prohibió el consumo de alcohol, tabaco y café cuando supo que los cafés y las tabernas se habían convertido en lugares de reunión de los jenízaros donde estos se entregaban a todo tipo de excesos, provocando incluso incendios. Los transgresores detenidos por las fuerzas del orden eran condenados a muerte e inmediatamente ejecutados en la horca *in situ* por verdugos ambulantes. A menudo, el sultán iba a de incógnito a las tabernas, acompañado de sus esbirros, y presidía la ejecución de los clientes, aún cuando él mismo era un gran bebedor. En las historias sobre Bekri Mustafa, este es sorprendido muchas veces en flagrante delito por el sultán y siempre se libra del estrangulamiento gracias a sus divertidos y astutos comentarios.

Fallecido de muerte natural, sin duda acelerada por el alcohol, Bekri Mustafa fue enterrado a pocos metros de su tumba actual. En los trabajos de acondicionamiento realizados por el Ayuntamiento a principios de los años 1980, se consideró demoler su tumba lo que provocó una airada reacción entre sus adeptos y fieles: los asiduos de las tabernas de alrededor venían a menudo por la noche a abrazar su lápida llorando y vertiendo sobre ella vino o *raki*. Durante el día, las mujeres de los borrachos también venían a veces a coger un poco de tierra de la tumba para mezclarla con la comida de sus maridos y, así, incitarles a dejar el alcohol.

Como los taberneros se oponían a la demolición de la tumba de Bekri Mustafa, encontraron una solución intermedia: desplazar la tumba junto a la de un auténtico santo reconocido, el jeque Abdürraif Şamadani. Los visitantes devotos que iban a rezar a la tumba del jeque Şamadani empezaron poco a poco a rezar también por Bekri Mustafa, que empezó a realizar sanaciones a los ciegos, los cojos y los bizcos. ¡Bekri Mustafa el borracho se convirtió en santo sin quererlo!

En el momento más álgido de la prohibición del alcohol, el sultán Murad IV y el gran visir subieron de incógnito a una barca para ir a Üsküdar. Mientras cruzaban el Bósforo, uno de los pasajeros sacó una petaca y empezó a beber, despreocupado. "¿Qué bebes?", le preguntó el sultán. "Una poción tonificadora". "Dame de esa poción, quiero probarla", dijo el sultán tomando un sorbo del líquido y tendiéndole la petaca al gran visir que también bebió de ella. "¡Sinvergüenza! ¿No sabes que está prohibido?", dijo Murad. "¿Pero quién eres tú para prohibir el vino?". "¿Yo? El sultán Murad, y este es mi gran visir, Bayram Paşa"."Francamente, caballeros, no soy yo, sino vosotros los que debéis absteneros del vino. Un solo trago y ya os las dais de sultán y de gran visir. Con un par de tragos sois capaces de creer que sois Dios".

EN LOS ALREDEDORES:

TEATRO DEL CARAVASAR DE ALI PAŞA ❷

Avenida Kıbleçeşme Cad. n° 3
Küçükpazar Eminönü
Frente a la Universidad İstanbul Ticaret Üniversitesi
Espectáculos de jueves a domingo a las 21 h en verano
• Tel.: 0212 519 00 27 o 0537 523 04 26

Cada verano, Genco Erkal, figura legendaria del teatro turco (en 1969 creó el Teatro de los Amigos, *Dostlar Tiyatrosu* en turco), tiene la genial idea de transformar el Ali Paşa Han, un caravasar del siglo XVIII del que es uno de los herederos, en un teatro al aire libre. El caravasar, que aún alberga algún taller metalúrgico, posee, detrás de las arcadas de la segunda planta cubiertas de parras, un auténtico laberinto de salas abandonadas que el espectador/visitante puede explorar libremente antes del inicio de cada representación.

EL MILION OTOMANO

Avenida Şehzadebaşı Cad.
En la esquina sur de la mezquita de Şehzadebaşı, del lado de la mezquita de Damat Ibrahim Paşa
• Tranvía: Beyazit o Laleli

La versión otomana del milion bizantino

En una esquina de la pared exterior de la mezquita de Şehzadebaşı, en el suelo, se observa una columna de mármol verde oscuro bastante particular: marca el centro geográfico de la capital otomana, según una tradición que se inspira en la del milion bizantino (ver p. 67), a partir del cual se medían las distancias.

Un siglo después de que los otomanos conquistasen Constantinopla, con el fin de medir las distancias de la ciudad según los principios que ya no tenían que referirse al Imperio bizantino anterior, Solimán el Magnífico (1484-1566) le pidió al arquitecto Sinan (1489-1588) que determinase el centro de la ciudad de Estambul. Este calculó el centro de gravedad y lo marcó en una columna de mármol verde que colocó sabiamente justo en la esquina de la mezquita de Şehzadebaşı, por aquel entonces en construcción. Originalmente, esta columna pivotaba sobre su eje, como otros ejemplares en las obras de Sinan (ver p. 24 y p. 221)

La suerte quiso que, en plena construcción de la mezquita, sin duda destinada a formar parte de un gran complejo religioso dedicado al sultán, el príncipe heredero Mehmed, su hijo, falleciese en 1543. Solimán le dedicó el edificio, que terminó de construirse en 1548, pero no puso su nombre ("la Süleymaniye") hasta nueve años después, en 1557, a otro edificio grandioso.

Para más información sobre el milion bizantino, ver p. 67.

¿DE DÓNDE VIENE LA PALABRA "MILION"?

La palabra "milion" viene de *Milliarium Aureum*, una columna dorada que el emperador Augusto mandó erigir en el Foro romano, para que sirviera de punto de partida de las carreteras: los hitos colocados en las calzadas romanas se llamaban "miliarios" porque marcaban una distancia de mil pasos. El *Milliarium Aureum*, miliario por excelencia, era el centro desde el que se medían las distancias en millas.

TUMBA DE LALELI BABA

4

Patio de la mezquita de Kemal Paşa
Calle Şirvanzade n°1
Tomar la calle a la izquierda de la mezquita de Los Tulipanes, en el primer cruce

Una mezquita a cambio de un pedo

Laleli Baba, que vivió en el siglo XVIII, era un santo mendigo famoso por hacer milagros. Desde 1957, su tumba está en el cementerio de la mezquita de Kemal Paşa, cerca de la mezquita de Laleli a la que le dio su nombre en unas circunstancias bastante particulares, según cuenta la leyenda (ver pág. anexa). Su lápida, que tiene un tulipán (*lale*, en turco) grabado, una flor que le gustaba mucho, estuvo primero en la esquina de "su" mezquita.

"HE CONSTRUIDO TRES MEZQUITAS. TUVE QUE REGALAR LA PRIMERA A MI ANTEPASADO [FATIH], LOS MONJES SE APROPIARON DE LA SEGUNDA [AYAZMA] Y UN MENDIGO SE QUEDÓ CON LA TERCERA [LALELI]"

La mezquita de Laleli, construida entre 1760 y 1763 por los arquitectos Mehmed Tahir Ağa y Hacı Ahmed Ağa, marca el cambio de la arquitectura otomana clásica hacia un periodo influenciado por el barroco. Aunque la planta octogonal se inspira en la mezquita de Selimiye en Andrinópolis, construida por Sinan en el siglo XVI, el conjunto y el estilo de los minaretes y de los adornos delatan claramente la inspiración europea. Forma parte de las tres mezquitas imperiales construidas por Mustafa III, ninguna de las cuales lleva su nombre. Las otras dos son la mezquita de Fatih, reconstruida después del terremoto de 1766 y la mezquita de Ayazma en Üsküdar. Mustafa III, a quien no le faltaba sentido del humor, tenía por costumbre hacer el siguiente comentario: "He construido tres mezquitas. Tuve que regalar la primera a mi antepasado [Fatih], los monjes se apropiaron de la segunda [Ayazma] y un mendigo se quedó con la tercera [Laleli]".

"NO QUIERO SU IMPERIO, QUE ESTÁ DISPUESTO A CAMBIAR POR UN PEDO. SU TRONO SOLO VALE UNA FLATULENCIA".

El sultán Mustafa III [1717-1774], a quien incluso Voltaire consideraba un "gran ignorante", quiso recibir, para la nueva mezquita que había mandado construir, las bendiciones de Laleli Baba [ver pág. anexa]. Laleli Baba fue invitado al palacio de Topkapi donde el sultán le pidió sus oraciones para su augusta persona. El santo le dijo: "Mi sultán, mi deseo es que, toda su vida, coma sano, beba y se pea". Indignado, el sultán reprobó al hombre santo y le expulsó del palacio. Mientras le expulsaban, Laleli Baba pronunció una segunda oración: "¡Coma y beba pues, pero no se tire ningún pedo!". Al día siguiente, el vientre de Mustafa III empezó a hincharse y durante los días siguientes hicieron llamar a los mejores médicos de Estambul para curar al sultán, quien sufría cruelmente de gases que hinchaban sus entrañas. Amenazado de una muerte lenta, Mustafa entendió su error e invitó a Laleli Baba a palacio para presentarle sus disculpas y pedirle oraciones de sanación. Este negoció con firmeza: el sultán le propuso primero bautizar con su nombre la nueva mezquita, pero Laleli Baba no quedó satisfecho. Le ofreció tesoros, pero le dejaron indiferente. El sultán acabó por ofrecer su trono a Laleli Baba. El santo hombre, muy entristecido, dijo al sultán: "No quiero su imperio, que está dispuesto a cambiar por un pedo. Su trono solo vale una flatulencia". Acarició el vientre del sultán mientras recitaba unas oraciones y el sultán sanó de inmediato. Al final la mezquita se llamó Laleli, nombre que sigue teniendo hoy.

COLUMNA DE RECLUTAMIENTO

Mezquita de Süleymaniye
Avenida Prof. Siddik Sami Onar Cad. Nº 1-46, Süleymaniye
Visitas desde la oración de la mañana hasta la oración de la noche
• Metro: Vezneciler

Una prueba para determinar la aptitud física de los futuros soldados

En el patio con pórticos de la mezquita de Süleymaniye, mirando al portón de entrada interior, la última columna a la izquierda antes de salir por la puerta del patio, del lado del Cuerno de Oro, tiene una interesante historia desconocida.

Cuenta la leyenda que la columna sirvió para valorar la aptitud física de los jóvenes que querían alistarse en el ejército otomano: tenían que pegar su espalda a la columna y pasar de un lado a otro sin caerse de la basa de mármol.

La experiencia ha demostrado que la prueba es muy difícil y requiere tener unos músculos abdominales bastante fuertes.

El marcado desgaste del mármol a ambos lados de la columna así como la cercanía del antiguo Ministerio de la Guerra otomano, que actualmente alberga la Universidad de Estambul, hacen que la leyenda sea creíble.

LA FRENOLOGÍA AL RESCATE DE SINAN

Cerca de la mezquita de Süleymaniye, la tumba de Mimar Sinan, ubicada en el cruce de la avenida Mimar Sinan Caddesi con la calle Fetva Yokuşu, fue diseñada por el famoso arquitecto para sí mismo.

347 años después de su muerte en 1588, el 1 de agosto de 1935, tres profesores procedentes de Ankara iniciaron unas excavaciones en la tumba y acabaron encontrando restos óseos. El esqueleto se había desintegrado, pero el cráneo estaba en excelente estado. Un profesor de antropología lo limpió y lo midió con un compás. Declaró con gran alivio: "Queridos amigos, Sinan es turco".

Para comprender el enigma, hay que situarse en el contexto histórico: el aumento del racismo en Europa en los años 1930 motivó los estudios de antropología física. Los sabios europeos se dedicaron a la frenología, la ciencia que estudia el cráneo, según la cual la superioridad o la inferioridad de una raza se determina a partir de las proporciones del cráneo. La raza aria, de cráneo alargado o dolicocefálico, es considerada superior a las razas asiáticas, de cráneo corto o braquicefálico. Se decía que solo un dolicocefálico tenía la capacidad de ser un genio artístico o científico. Los turcos, que son de origen asiático y por lo tanto braquicefálicos, afirmaban que las grandes figuras de la historia turca solo podían ser de origen no turco. La joven y orgullosa República turca, profundamente indignada por tales injurias, organizó estudios para probar que las eminencias de la historia turca eran sin lugar a dudas turcas. Había que demostrar pues que eran braquicefálicas, lo que hizo inevitable las exhumaciones. Se recogieron miles de cráneos, entre los que estaban los de los príncipes selyúcidas y el de Sinan, que sacaron de su tumba, y se pensó incluso hacer un museo antropológico.

El caso de Sinan de Ağırnas era especialmente delicado porque era un *devshirme*, cristiano de nacimiento. Era originario del pueblo de Ağırnas, cuyo nombre griego es *Agrianos* o *Aghioi Anargiroi*. Los historiadores están divididos en cuanto a sus orígenes: ¿armenio, griego o turco ortodoxo/Karamanli? Después del intercambio de población entre Turquía y Grecia en 1923, el pueblo de Ağırnas solo tenía musulmanes y cristianos ortodoxos, aunque es posible que también hubiese tenido armenios en el siglo XV.

Un informe sobre el cráneo desenterrado de Sinan (que era braquicefálico y por lo tanto un turco auténtico) fue entregado a Mustafa Kemal Atatürk al día siguiente de haber sido hallado. El fundador de la República, adivinando sin duda que la pasión de los sabios por la frenología se apagaba, se limitó a incluir una nota lacónica: "Instrucción para la Sociedad de Estudios de la Historia Turca: erigir una estatua de Sinan". Esta se inauguró en 1957 en el jardín de la Facultad de Lenguas, Historia y Geografía de la Universidad de Ankara.

Durante una reciente restauración de la tumba de Sinan, se realizaron unas excavaciones que confirmaron que al esqueleto le falta la cabeza.

EN LOS ALREDEDORES:

LA PIEDRA NEGRA DE LA KAABA DEL MAUSOLEO DE SOLIMÁN EL MAGNÍFICO

Situado en medio del cementerio delante del ábside de la mezquita de Süleymaniye, el mausoleo de Solimán el Magnífico fue construido por el arquitecto Sinan durante el sultanato de Selim II, tras morir Solimán en 1566 en la expedición de Zigetvar en Hungría. Aunque las entrañas de Solimán fueron enterradas en el lugar donde murió, y donde todavía está su tumba, su cuerpo momificado fue trasladado a Estambul para ser embalsamado en el patio de la mezquita. Un observador muy perspicaz se percatará de que un pedazo de la Piedra Negra (Hadjer-ul Esved) de la Kaaba está incrustado en la cima del arco que corona la entrada del mausoleo: cuando los otomanos repararon la Kaaba en el siglo XVI, recuperaron algunos trozos que se habían desprendido. Uno se colocó aquí y el resto en la mezquita de Sokollu.

Para más información sobre la Piedra Negra, ver p. 64.

Para más información sobre el mausoleo de Sinan y el estudio de su cráneo, ver siguiente página doble.

Para más información sobre la Piedra Negra y la Kaaba en Estambul, ver la mezquita de Sokollu Mehmet Paşa, p. 64

VISITA DEL INTERIOR DE LA TORRE DE VIGILANCIA DE INCENDIOS DE BEYAZIT

6

Jardín de la Universidad de Estambul
Visitas el viernes de 14 a 15 h. El resto de los días: profesionales y/o universitarios
- Para cualquier visita, póngase en contacto con la Dirección de las Relaciones Públicas de la Universidad: iubasin@istanbul.edu.tr / (212) 440 00 00 (10054)
- Tranvía: Beyazit
- Metro: Vezneciler

Unas de las vistas más bonitas de Estambul

Aunque la torre de vigilancia de incendios de Beyazit es famosa, casi nadie sabe que se puede visitar por dentro todos los viernes al mediodía: tras subir los 180 escalones de la escalera de caracol, disfrutará de las increíbles vistas panorámicas a 360°. Estas vistas, sin duda las más bonitas de Estambul, no solo abarcan la península histórica sino que, además, en un día despejado, van desde la desembocadura del Bósforo en el mar Negro hasta las riberas meridionales del mar de Mármara.

Los techos de la torre están decorados con frescos en blanco y negro que parecen representar el Bósforo, el Cuerno de Oro, el litoral de Kadiköy y las

islas Príncipe con el fin, quizás, de localizar, de noche, la ubicación de un incendio desde una ventana específica.

La primera torre de vigilancia se construyó en madera en 1749 en una de las siete colinas de la ciudad, donde hubo una torre bizantina que desempeñaba las mismas funciones. La torre de vigilancia desapareció en un incendio en 1756; fue reconstruida y, en 1826, demolida, tras eliminar el cuerpo de jenízaros, del que formaban parte los antiguos bomberos. La actual torre de piedra, obra del arquitecto Senekerim Balyan, se construyó en 1828 en estilo barroco otomano; se agrandó y amplió en 1849 y en 1894 hasta alcanzar una altura de 118 metros.

En el siglo XIX, la torre de Beyazit albergaba una veintena de bomberos. Se alertaba de los incendios colgando unas cestas durante el día y encendiendo unas linternas durante la noche. Cuando se detectaba un incendio en la ciudad intramuros y las zonas aledañas: dos cestas o dos linternas rojas a ambos lados de la torre; para el lado asiático: una cesta a ambos lados o una linterna verde a un lado; para Pera: una cesta a un lado y dos al otro, o una linterna sin color a ambos lados. El primer bombero que descubría el incendio decía, en la jerga profesional, "Maestro, acabas de tener un hijo" a su oficial que le preguntaba "¿Una niña o un niño?". El niño era Estambul intramuros y la niña, el resto de las zonas de la ciudad.

Hoy en día, la torre anuncia las previsiones meteorológicas encendiendo lámparas de diferentes colores: azul para el cielo despejado, verde para la lluvia, amarillo para la niebla y rojo para la nieve.

LAS ESTRELLAS DE DAVID DE LA MEZQUITA DE ÂLI PACHA 7

Cruce de las avenidas Mercan Caddesi y Fuat Paşa Caddesi
Enfrente de la puerta oriental del jardín de la Universidad de Estambul
• Tranvía: Beyazit

Un gran diplomático otomano bajo el signo de la estrella de David

La mezquita de Âli Pachá, construida por Yakup Ağa en el siglo XVI en el emplazamiento de la mezquita de Ağa Mescidi, tiene la sorprendente particularidad de tener las ventanas superiores de sus ocho fachadas decoradas con la estrella de David. Lejos de ser solo un símbolo hebreo, la estrella de David o hexagrama, tiene una historia larga y una simbología que atañe a las religiones cristianas y musulmanas, al igual que la religión hebrea (ver siguiente página doble).

En la mezquita de Ağa Mescidi se celebraban las oraciones fúnebres de los funcionarios del Viejo Palacio, sobre el que se construyó el Ministerio de la Guerra otomano, cuyos edificios albergan hoy la Universidad de Estambul. Esta mezquita desapareció en el incendio del siglo XIX. En 1869, el arquitecto italiano Bariori construyó la actual mezquita, por encargo del gran visir Âli Pachá, auténtico experto de la diplomacia otomana de la época de las grandes reformas del siglo XIX (ver pág. anexa). El palacio de Âli Pachá, hoy desaparecido, estaba enfrente de la mezquita. Las inscripciones de mármol de la mezquita son obra de la pluma de Mustafa İzzet Efendi, importante calígrafo de la época.

ÂLI PACHÁ: UN EXPERTO DIPLOMÁTICO, TESTIGO DE LA MOVILIDAD SOCIAL OTOMANA

Nacido en 1815 de un padre que era conserje en el Bazar Egipcio (Mısır Çarşısı), Âli Pachá mantuvo de su origen modesto el apodo de "hijo del conserje". Entró como funcionario en la cancillería imperial con 15 años de edad, donde aprendió francés. Con 23 años, era primer secretario de la embajada otomana en Londres y, en 1841, con 26 años, embajador. Cuando Rechid Pachá, su mentor y protector, se convirtió en gran visir en 1848, Âli Pachá pasó a ser ministro de Asuntos Exteriores, con 33 años de edad. En 1852, en la cumbre de su carrera, fue nombrado gran visir y en 1856, al final de la guerra de Crimea, participó en el Congreso de París en el que negoció el reconocimiento del Imperio otomano como potencia europea cuando estaba en plena decadencia política y económica.

Ministro de Asuntos Exteriores y gran visir, Âli Pachá afrontó las revoluciones de 1848, las insurrecciones cretenses y las intenciones independentistas del príncipe vasallo de Egipto. Agobiado por el peso de sus actividades, Âli Pachá murió de tuberculosis en 1871 y fue enterrado en el cementerio de la mezquita de Süleymaniye.

Enfermizo, frágil, generoso y extremadamente cortés, Âli Pachá era sin embargo intransigente con el protocolo y no dudaba en reprobar al sultán sobre este punto: pensaba que el Imperio debía adoptar no solo toda la modernidad de Europa sino también las viejas tradiciones protocolarias.

Cuando murió, Bismarck declaró a un periodista turco que "los turcos ha(bía)n perdido a un gran visir y Europa, a un gran hombre" y le mostró una carta autógrafa de Âli Pachá, en la que invitaba a Prusia y a Francia a firmar un armisticio inmediato en la guerra de 1870: el primer intento de paz entre ambos países provenía del diplomático otomano. Siguiendo los consejos de Bismarck, Guillermo I pidió a los herederos de Âli Pachá que le vendiesen su escritorio para tenerlo como recuerdo. Se desconoce el destino del preciado objeto después de que los soviéticos saquearan Berlín en 1945.

Âli Pachá, que llegó a la cima del Estado, es un perfecto ejemplo del principio que existía en el Imperio otomano, según el cual el ascenso de un burócrata dependía solo de sus cualidades personales, fueran cuales fuesen sus orígenes sociales.

Para más información sobre la historia y la simbología de la estrella de David (hexagrama), ver siguiente página doble.

EL HEXAGRAMA, ¿UN SÍMBOLO MÁGICO?

El hexagrama, también conocido como Estrella de David o Escudo de David (*Magen David*), está formado por dos triángulos equiláteros entrelazados (uno apunta hacia arriba y el otro hacia abajo) que simbolizan la naturaleza espiritual y la naturaleza humana del hombre. Sus seis puntas corresponden a las seis direcciones en el espacio (norte, sur, este, oeste, cénit y nadir) y muestran el movimiento universal completo de los seis días de la Creación; el séptimo día, el Creador reposó. En este contexto, el hexagrama se ha convertido en el símbolo del macrocosmos (seis ángulos de 60 grados forman 360 grados) y de la unión del hombre con su Creador.
Aunque está presente en la sinagoga de Cafarnaún (siglo III a. C.), el hexagrama no aparece en la literatura rabínica hasta el año 1148, precisamente en el libro *...shkol ha-Kofer* del sabio caraíta* Judah ben Elijah. El capítulo 242 le da un carácter místico y protector, y suele estar grabado en los amuletos: "Siete nombres de ángeles preceden la mezuzá... Lo eterno te protegerá y este símbolo llamado 'El Escudo de David' está emplazado al lado del nombre de cada ángel".
En el transcurso del siglo XIII, el hexagrama se convirtió también en el atributo de uno de los siete nombres mágicos de Metatrón, el ángel de la presencia asociado al arcángel san Miguel, el jefe de las milicias celestes y el más cercano al Dios Padre.
Sin embargo, la identificación del judaísmo con la Estrella de David comenzó en la Edad Media. En 1354, el rey Carlos IV (Karel IV) concedió a la comunidad judía de Praga el privilegio de tener su propia bandera. Los judíos confeccionaron entonces un hexagrama en oro sobre fondo rojo al que llamaron la *bandera del rey David*, y que se convirtió en el símbolo oficial de las sinagogas de la comunidad judía en general. En el siglo XIX, este símbolo se difundió por todas partes.
La mística judía sostenía que el origen del hexagrama estaba directamente relacionado con las flores con forma de lirio de seis pétalos que adornan la menorah**. Para quienes creían en este origen, el hexagrama había sido creado por las manos del Dios de Israel, ya que el lirio de seis pétalos, cuya forma recuerda a la Estrella de David, es identificado con el pueblo de Israel en el *Cantar de los cantares*.
Aparte de su función protectora, el hexagrama poseería también un poder mágico: esta fama le viene de la célebre *Clavícula de Salomón*, un grimorio atribuido al rey Salomón pero cuyo origen se remonta, aparentemente, a la Edad Media. Este libro de fórmulas mágicas de autor anónimo proviene probablemente de una de las numerosas escuelas judaicas de estudios cabalísticos que existían entonces en Europa, ya que el texto está claramente inspirado de las enseñanzas del Talmud y de la Cábala judía. Esta obra contiene una selección de 36 pentáculos (símbolos cargados de significado mágico o esotérico) destinados a crear una comunicación entre el mundo físico y los planos del alma.

Existen varias versiones de este texto, en varios idiomas, y el contenido varía de una a otra, pero la mayoría de los textos originales que aún existen datan de los siglos XVI y XVII, aunque existe también una traducción griega del siglo XV. En el Tíbet y en la India, las religiones budistas e hinduistas utilizan también este símbolo universal del hexagrama, que consideran como el símbolo del Creador y de la Creación, y que los brahmanes consideran el emblema del dios Vishnu. Al principio, los colores de los dos triángulos entrelazados eran el verde [triángulo superior] y el rojo [triángulo inferior], pero luego fueron sustituidos por el blanco que representa la materia y el negro, el espíritu.
Para los hinduistas, el triángulo superior del hexagrama simboliza a Shiva, Vishnu y Brahma [Espíritu Santo, el Hijo y el Padre]. Cabe destacar que el Hijo [o Vishnu] ocupa siempre la posición central: es el intercesor entre lo divino y lo terrestre.
También aparece con frecuencia en las vidrieras y frontones de las iglesias cristianas, como una referencia simbólica al alma universal que, en este caso, está representada por Cristo, o a veces, por el binomio Cristo [triángulo superior] – María [triángulo inferior]. El resultado de la unión de ambos es el Padre Eterno Todopoderoso. El hexagrama también suele aparecer con forma de estrella de seis puntas y de roseta de seis pétalos.

* Qaraim o bené mikrá: "Seguidores de las Escrituras". El caraísmo es una ramificación del judaísmo que defiende la autoridad única de las escrituras hebraicas como fuente de revelación divina.
** Menorah: candelabro dorado de siete brazos que representan a los siete espíritus ante el trono: Miguel, Gabriel, Rafael, Samael, Zadkiel, Anael y Cassiel.

EL SELLO DE SALOMÓN EN TURQUÍA

El sello de Salomón (*Mühr-ü Süleyman* o *Khatem-ü Süleyman*), o hexagrama, que corresponde a la estrella de David en la cultura judeocristiana (ver p. 30), existía en la cultura turco-mongola: las culturas autóctonas de Anatolia y de Oriente Medio lo usaban mucho. La entrada de la iglesia armenia Surp Asdvadzadzin está decorada, por ejemplo, con un bello reflejo dorado del sello.

El hexagrama también se usa mucho en las artes decorativas islámicas, sobre todo en arquitectura, pero también en el papel, los tejidos y en los objetos de metal, de madera, de cerámica y de vidrio. Por la creencia popular según la cual el diablo no puede entrar en los espacios donde un sello de Salomón esté a la vista, este signo protector se colocó en la clave de cúpulas, bóvedas, puertas y entradas de las mezquitas y de los conventos de los derviches, así como en fuentes, lápidas, utensilios de cocina, yelmos, camisotes que van debajo de la armadura durante el combate y estandartes militares, como el de Barbarroja.

El sello de David, prácticamente ausente en los monumentos otomanos a partir de la segunda mitad del siglo XIX (ruptura con la tradición arquitectónica y ornamental antigua y adopción del estilo europeo), desapareció en el siglo XX, sin duda debido a que los judíos lo adoptaron (ver p. 30).

SALOMÓN Y EL CORÁN

El Corán reconoce al rey Salomón del Antiguo Testamento como profeta (*Süleyman*). Es alabado por su justicia (21:78-79) y posee un saber esotérico: conoce el lenguaje de los pájaros y de otros animales (27:16, 19), la tormenta le obedece (21:81, 38:36) y manda sobre legiones de genios (27:17, 31:82, 38:37).

Al considerarle símbolo de una sabiduría secreta y poderosa, la tradición popular musulmana no tardó en crear leyendas en torno al personaje de Salomón que van más allá de la palabra del Corán y de los hadices del Profeta que se refieren a él. El anillo de Salomón tenía grabado el hexagrama, sin el cual Salomón no habría tenido todos sus poderes sobrenaturales, de ahí el proverbio turco que aún se usa: "Quien posee el sello, es Salomón", lo que significa que el poder de una persona depende de las capacidades que tiene.

¿DÓNDE SE PUEDE VER EL SELLO DE SALOMÓN EN ESTAMBUL?

Mezquita de Ali Paşa Camii, Mercan – Beyazıt – Península histórica
Edificio antiguo, calle Mercan Camii Çıkmazı – Beyazıt – Península histórica
Tumba de Lala Mustafa Paşa – Eyüp – Península histórica
Mezquita de Zal Mahmut Paşa Camii – Eyüp – Península histórica
Palacio de Topkapi: Sala de la Circuncisión (Sünnet Odası), entrada de las santas reliquias (lámparas)
Mezquita de Gül Camii – Península histórica Istanbul Erkek Lisesi (deuda pública otomana) – Península histórica
Museo de Correos – Península histórica
Mausoleo de Mehmed el Conquistador – Fatih – Península histórica
Fuente de la sultana Gülnuş Emetullah, mercado de artículos de ferretería (Perşembe Pazarı) - Karaköy
Mezquita de Kemankeş Mustafa Paşa Camii – Karaköy
Bandera de Barbarroja – Museo Naval - Beşiktaş
Ataúd de Barbarroja - Beşiktaş
Universidad de Galatasaray – reja en forma de estrella de David - Beşiktaş
Palacio de Dolmabahçe: elementos arquitectónicos de mármol del palacio de Çirağan, en el jardín - Beşiktaş
Hammam del Palacio de Çirağan (bañera) - Beşiktaş
Mezquita de Emetullah Valide Sultan Camii - Üsküdar
Iglesia armenia (Surp Asdvadzadzin): entrada, relieve de mármol - Beşiktaş
Mezquita de Atik Valide Camii: antigua lámpara colocada bajo la cúpula - Üsküdar
Iglesia de San Jorge: icono de Cristo – Heybeliada – Uçurum Manastiri – Islas Príncipe

JARDÍN DEL PATRIARCADO ARMENIO 8

Calle Sevgi Sokak nº 7-9
Kumkapi
• Abierto de 9 a 17 h. Cerrado sábados y domingos.

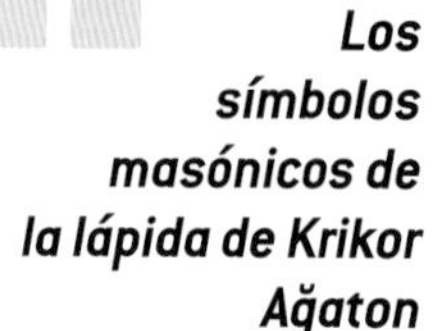

Los símbolos masónicos de la lápida de Krikor Ağaton

Nada más entrar al jardín del Patriarcado, a la derecha, la monumental lápida de Krikor Ağaton Pachá está adornada con el compás y la escuadra, símbolos masónicos bien conocidos, que confirman que era miembro de la masonería turca. Krikor Ağaton Pachá tuvo un final de vida espectacular: murió de felicidad cuando le nombraron pachá (ver pág. anexa).

EN LOS ALREDEDORES:

EL MUSEO DEL PATRIARCADO ARMENIO

El sótano del Patriarcado armenio de Estambul alberga un pequeño museo con una preciosa colección de objetos que ilustra la vida social, pero sobre todo la eclesiástica, de la comunidad armenia en Turquía.

SIMBOLISMO DEL COMPÁS Y DE LA ESCUADRA

En el simbolismo masónico, el compás es el símbolo del espíritu y la escuadra, símbolo de la materia, indica "la rectitud en la acción". Cuando ambas herramientas están entrelazadas manifiestan el equilibrio entre las fuerzas espirituales y las materiales, una condición necesaria para alcanzar la iluminación espiritual. Esta iluminación está representada en la jerarquía masónica por el 3er grado de Maestro Masón, donde el compás se coloca sobre la escuadra, indicando así el poder del espíritu sobre la materia.

KRİKOR AĞATON PACHÁ: UN PACHÁ QUE MURİÓ DE FELİCİDAD EL DÍA DE SU NOMBRAMİENTO

Krikor Ağaton Pachá, quien murió de felicidad cuando supo que le nombraban primer pachá no musulmán, tuvo una vida fuera de lo común. Hasta la época de la Tanzimat, inaugurada por el edicto de 1839, las personas no musulmanas del Imperio otomano no podían ser funcionarios, salvo si ocupaban el cargo de gobernador de algunas regiones autónomas como las provincias del Danubio. En 1842, tras el reconocimiento de la igualdad de derechos para todos los otomanos independientemente de su religión, los no musulmanes tuvieron derecho de ascender hasta el rango de coronel en el ejército. Finalmente, gracias al edicto imperial de 1856 pudieron ascender a todos los cargos de la jerarquía imperial.

No obstante hubo que esperar doce años para que el sultán Abdülaziz se decidiera a nombrar un no musulmán, a saber Krikor Ağaton, como ministro de Obras Públicas. Este recibió la notificación de su nombramiento en París, donde representaba al Imperio en el Congreso Internacional de Correos y Telégrafos, y agradeció sinceramente al gran visir Âli Pachá por el telegrama. Fue su último acto como funcionario del Imperio otomano: la buena nueva tuvo un efecto tan fuerte en Krikor Ağaton que le provocó un ataque al corazón que le causó la muerte. La tragedia fue aún mayor por ser Ağaton un burócrata de gran valor. Originario de una familia de labradores, el banquero armenio del gran visir Mustafa Reşid Pacha se fijó en él y le envió a estudiar al colegio Grignon de París. Tras completar unos sólidos estudios en agricultura, fue presentado al rey Luis Felipe como uno de los mejores especialistas en el tema del Imperio otomano. De regreso a Estambul, ingresó como miembro en la Corte de Cuentas y representó al Imperio en varias exposiciones internacionales de agricultura. Fue nombrado director de Correos y Telégrafos y, como tal, ejercía en París en 1868.

En los años 1970, se expropió una parcela del cementerio armenio de Hasköy, donde Ağaton estaba enterrado, para construir la carretera de circunvalación entre el puente del Cuerno de Oro y el puente del Bósforo. Algunos de sus huesos no pudieron ser recuperados y se perdieron; otros fueron enterrados en una esquina del cementerio y el resto fue enterrado bajo su lápida, trasladada al Patriarcado armenio.

LA FUENTE DEL CAFÉ DE KADIRGA

9

Havuzlu kahve (café del estanque)
Avenida Kadirga Limani Cad. Nº 2
• Tranvía: Çemberlitaş
• Tren: Kumkapi

El último café de los bomberos

Típicamente tradicional (lo que significa un espacio exclusivamente para hombres), el café de Kadirga representa el último café superviviente de los cafés otomanos frecuentados y gestionados por bomberos del barrio, cuyos orígenes se remontan a los jenízaros. Su viejo estanque con la fuente de mármol da muestras de su pasado pintoresco: las piezas de mármol de donde salen los chorros de agua recuerdan especialmente a los extremos de las mangueras. Fue a partir del terremoto de 1509, apodado "el pequeño apocalipsis", cuando se empezaron a construir las casas solo de madera: aunque este material resiste increíblemente bien a las catástrofes sísmicas, aguanta muy mal el fuego. A falta de una brigada de bomberos, eran los ciudadanos del barrio quienes se organizaban para apagar, con toneles y cubos, el fuego que a veces arrasaba barrios enteros de la ciudad. A principios del siglo XVIII, un tal Davud Ağa introdujo el uso de mangueras portátiles sobre la espalda de cuatro personas. Su equipo constituyó el núcleo de la brigada de bomberos que se incorporó al cuerpo de los jenízaros. Como se hizo con la policía intramuros, que también dependía de los jenízaros, se dotó cada puesto de policía de una manguera y un equipo especializado. No es casualidad que haya un puesto de policía cerca del café de Kadirga. La corrupción de los jenízaros también contaminó a los bomberos que formaban parte de este cuerpo: los incendios se convirtieron pues en una buena oportunidad para enriquecerse, saqueando las casas que evacuaban los ciudadanos. Los jefes de los jenízaros hacían de todo menos la guerra y empezaron a abrir cafés, principales espacios de socialización en la sociedad otomana. Estos se convirtieron en lugares de reunión para los bomberos que dependían del cuerpo de los jenízaros, cuya cultura empezó a influenciar a la de los bomberos. Cuando suprimieron el cuerpo de los jenízaros en 1826, los cafés que les pertenecían cerraron y las tareas de los bomberos pasaron al ejército regular y luego a los ayuntamientos de los barrios. Simultáneamente, los jóvenes de los barrios se organizaron en grupos de voluntarios y ejercieron el oficio de bombero como un deporte. Así se formó un espíritu de equipo que atrajo incluso a los intelectuales, a los altos funcionarios y a los dignatarios religiosos del barrio.

Los bomberos de los barrios cristianos, numerosos y bien organizados, guardaban su manguera en sus iglesias. Algunos grupos de bomberos eran sin embargo mixtos: cuando había peleas, algo muy frecuente, la solidaridad "bombera" primaba sobre la confesión religiosa.

En caso de incendio, una de las dos torres de incendio de la ciudad avisaba: la torre de Galata o la de Beyazit, situada en el jardín del antiguo Ministerio de la Guerra, hoy Universidad de Estambul.

EL ATAÚD DEL TEJADO DE LA MEZQUITA DE KÂTIP SINAN

10

Entrada de la mezquita por la calle Kâtip Sinan
El ataúd se ve mejor desde la calle Ikbal
Soğanağa
• Tranvía: Beyazıt

La mezquita del ataúd volador

Caminando por la calle Ikbal, si levanta la cabeza hacia la mezquita de Kâtip Sinan (Kâtip Sinan Camii), se sorprenderá al ver una curiosa protuberancia en el tejado, en el espacio situado entre el tímpano octogonal que sujeta la cúpula y el muro. Esta protuberancia, que tiene la forma y el tamaño de un ataúd, contiene el féretro del constructor, quien, en vez de descansar tranquilamente en la tumba situada en el jardín de su mezquita, prefirió hacerlo en el tejado.

La mezquita es obra de Sinan Bey, escriba (o secretario) de las cocinas imperiales, en 1496, bajo el sultanato de Bayezid II. Cuando Sinan Bey falleció, fue inhumado en el jardín. Al día siguiente del entierro, los fieles, congregados de madrugada para rezar los maitines, se quedaron aterrorizados al ver que el cadáver había salido de su ataúd y se había posado sobre la cúpula. Bajaron el cadáver para enterrarle por segunda vez, pero volvió a ocurrir lo mismo la noche siguiente. Tras un tercer intento, el imán de la mezquita y la parroquia concluyeron que se trataba de un milagro y decidieron construir una especie de sarcófago en el borde de la cúpula. Ahí, dentro de un ataúd, colocaron el cadáver, que no ha vuelto a salir desde hace cinco siglos.

EL FRESCO DE LA IGLESIA SUBTERRÁNEA DE LA MEZQUITA DE BODRUM

11

Avenida Mesih Paşa Cad. n° 25, Laleli
Mercado subterráneo: abierto de 10 a 19 h [varía según la estación del año]
Capilla subterránea: abre el viernes para la oración de mediodía. El resto de los días, preguntar a los responsables de la mezquita
• Tranvía: Laleli

Una princesa cristiana bajo una mezquita

Rodeada de edificios modernos, la mezquita de Bodrum (mezquita de la bodega) ocupa el emplazamiento de dos antiguas iglesias superpuestas: la iglesia superior, convertida en la mezquita actual hacia 1500, y la iglesia inferior que, con un aljibe que ha sobrevivido al paso de los siglos, ha dado su nombre a la mezquita.

El aljibe, auténtico laberinto con columnas, es hoy un mercado cubierto subterráneo y, en el lado izquierdo del ábside de la iglesia inferior, se distingue vagamente un fresco con una princesa haciendo una ofrenda a la Virgen María. Se trataría de Teodora, la mujer de Romano I Lecapeno, que fue enterrada aquí.

A principios del siglo X, Romano I, drungario (comandante) de la flota bizantina, compró el palacio de Myrelaion (palacio del aceite de mirra). Convertido en emperador, transformó su palacio personal en palacio imperial y construyó la iglesia de Myrelaion para que sirviera de capilla al monasterio homónimo, adyacente al palacio. Romano I Lecapeno decidió también que la iglesia también tenía que servir de capilla fúnebre para su familia, rompiendo así con una tradición de seis siglos según la cual los miembros de las familias imperiales eran enterradas en la cripta de la iglesia de los Santos Apóstoles, sobre la que se construyó la actual mezquita de Fatih.

Después de que los otomanos conquistasen la ciudad, el gran visir Mesih Paşa convirtió la iglesia de Myrelaion en mezquita en torno al año 1500. *Mesih*, que significa 'mesías' en árabe, era un nombre que varios griegos de nombre *christos* ('mesías' en griego) habían llegado a usar después de la conquista otomana: Mesih Paşa era efectivamente el sobrino del último emperador bizantino Constantino XI Paleólogo. Desde entonces el edificio pasó a llamarse Mesih Paşa Camii o Bodrum Camii (ver más arriba). La mezquita sufrió dos incendios, en 1782 y en 1911. Después del último, fue abandonada a su suerte, hasta que en 1965 unas obras de restauración y arqueológicas descubrieron la capilla inferior. Tras una burda pero sólida restauración en los años 1980, la mezquita abrió al culto musulmán en 1986. El imán de la mezquita estará encantado de hacerle una visita de la capilla inferior, en un inglés muy correcto. La pequeña biblioteca de la mezquita reúne grandes clásicos de la teología musulmana y de la historia bizantina.

Según algunos, el emperador realizaba aquí mismo, por capricho, ritos paganos. La historia parece poco veraz ya que Romano I Lecapeno era más bien conocido por su excesiva piedad. Hacia el final de su reinado, ya pasaba la mayor parte de su tiempo con monjes. Depuesto en 944, fue obligado a tomar los hábitos monásticos y exiliado a la isla de Proti, la actual Kınalıada, una de las islas Príncipe. Allí reunió a un consejo de 300 monjes y confesó públicamente sus pecados para pedir la absolución antes de ser azotado por un joven novicio.

EL MUSEO DEL ÇUKUR MUHALLEBICI

Avenida Kalpakçılar Cad. n° 151
Grand Bazar
Beyazıt

- www.boybeyi.com
- Abierto de lunes a sábado, de 8.30 a 19 h. Domingos cerrado
- Tranvía: Beyazıt

Joyas en el pudin

Bajo las bóvedas del Gran Bazar, el pequeño y sorprendente edificio de madera con su cúpula de latón situado cerca de la Puerta de Mahmud Paşa es conocido localmente como Çukur Muhallebici (la tienda de los púdines del foso): çukur significa 'foso' (la tienda se encuentra efectivamente en la parte más baja del Gran Bazar) y el *muhallebi* es un postre típicamente turco, a base de leche, que recuerda un poco a un pudin. La tienda albergó durante mucho tiempo una pastelería especializada en este tipo de postres.

Se dice que el Çukur Muhallebici ocupa el emplazamiento del punto de control de las aduanas del mercado bizantino, predecesor del Gran Bazar otomano construido progresivamente a partir de 1461.

En aquella época, la tienda del Çukur Muhallebici desempeñaba un importante papel: cuando las damas del harén venían a comprar al Gran Bazar, acompañadas de eunucos y de guardias, accedían a la planta de arriba de la tienda por la pequeña escalera exterior y compraban joyas y telas totalmente protegidas, al abrigo de los curiosos. Los guardias esperaban en la planta baja y los eunucos se quedaban con las damas, como en el palacio. A principios del siglo XIX, el sultán Mahmud II, el mismo que se deshizo de los jenízaros (ver p. 56), decidió poner un poco de orden en las costumbres del harén: en su opinión el contacto tan íntimo entre sus odaliscas y los atrevidos comerciantes del bazar era poco decente. Prohibió las visitas de las damas al Gran Bazar y cambió la actividad de la tienda: la planta baja pasó a ser una comisaría y la planta de arriba una especie de torre de vigilancia para los bomberos.

Hacia el final del Imperio, unos particulares compraron la tienda y se convirtió en la pastelería arriba mencionada. En 1970, la vendieron a la familia de los Boybeyi, joyeros desde 1881. Hoy, la planta baja es la sala de exposiciones de la casa Boybeyi. La planta superior se ha convertido en un pequeño museo familiar donde se exponen joyas personales, antiguas caligrafías y fotos del viejo Estambul o de miembros de la familia Boybeyi, armas con incrustaciones de piedras preciosas, estolas de seda bordadas de oro y plata, relojes de metales preciosos, una calesa en miniatura con incrustaciones de piedras preciosas, rosarios de piedras preciosas, antiguos instrumentos de navegación de precisión…

EL ÁGUILA DEL GRAN BAZAR

Puerta İnciciler Kapısı del Gran Bazar
A la salida del Cevahir Bedesteni (mercado de las joyas) que da a la calle Kuyumcular, en dirección a Ağa Sokak, hacia Mahmutpaşa
Tranvía: Beyazıt/Kapalıçarşı

“Una controversia histórico-arquitectónica en torno a un ave

Dentro del Gran Bazar (Kapalıçarşı – 'mercado cubierto' en turco), la puerta İnciciler está compuesta en realidad de dos puertas consecutivas. Como la puerta interior está mal iluminada, pocos son los visitantes que ven el bajorrelieve de un águila bizantina que les contempla desde el fondo de la historia. Para Joseph Hammer (1774-1856), historiador austriaco autor de la gigantesca *Historia del Imperio otomano*, la presencia de este águila bastaba para concluir que el Cevahir Bedesteni, núcleo en torno al cual se construyó el Gran Bazar, era de época bizantina. Aunque otros historiadores, tanto turcos como extranjeros, aceptaron esta conclusión sin dudar, la tesis de los orígenes bizantinos terminó encontrando opositores y la controversia casi deriva en un extraño conflicto cultural greco-turco para saber si el mercado era de origen otomano o bizantino.

Los trabajos de archivo revelan que al día siguiente de conquistar la ciudad, Mehmet el Conquistador construyó de cero el Cevahir Bedesteni y el Sandal Bedesteni, los núcleos del Gran Bazar. El primer acta de la fundación que el Conquistador creó para financiar el mantenimiento de Santa Sofía, convertida en mezquita, menciona dos nuevos mercados cuyos ingresos debían de ser transferidos a la susodicha fundación. De igual modo, el historiador (post) bizantino Kritovoulos describe con precisión los mercados que construyó Mehmet el Conquistador cerca de su palacio, en el espacio que hoy ocupa la Universidad de Estambul. La arquitectura de los dos mercados es típica del siglo XV otomano y presenta similitudes con los mercados de Edirne. Según Çelik Gülersoy, responsable de numerosas restauraciones patrocinadas por el Touring Club turco (toda la calle Soğukçeşme entre la mezquita de Santa Sofía y el palacio de Topkapi, el barrio de Chora/Kariye Camii, etc.), esos argumentos son bastante más serios que un ave.

Sin embargo la cuestión es saber de dónde viene ese pájaro, cuyos orígenes bizantinos no arrojan duda alguna. La respuesta puede ser sencilla: aunque la estructura del Gran Bazar es de estilo puramente otomano, su infraestructura es bizantina ya que hay muchas cisternas y subterráneos de la época de los basileos. El Cevahir Bedesteni se erigió probablemente en el lugar que ocupaba un mercado al aire libre, o un mercado cubierto que acabó en ruinas, del cual los otomanos “reciclaron” un adorno. No es el primer caso de reutilización de elementos arquitectónicos bizantinos por parte de los constructores otomanos, al igual que los monumentos bizantinos que están salpicados de elementos de templos romanos y helénicos.

EL BAJORRELIEVE DEL ARNAVUT HAN

14

Mesih Mehmet Paşa Sok nº 2
Molla Fenari Mahallesi, Beyazıt
• Tranvía: Beyazıt o Çemberlitaş. Entre estas dos paradas, tomar la calle Kürkçüler Pazarı Sokak, hacia el norte, del lado del Gran Bazar. La entrada del Arnavut Han está en la segunda calle a la derecha

La nación albanesa en busca de su alfabeto

Construido en 1882 como un edificio de referencia, el Arnavut Han (*Han* designa un antiguo caravasar) tiene sobre su puerta principal un precioso frontón que representa a sus fundadores: en él se ven a los dos hermanos albaneses Lázaro (Lazaros) Tanos y Manolis Tanos, rodeados de ovejas, con las manos unidas sobre una mesa, probable alusión a la fundación de una actividad ligada al comercio de ganado. Ambos hermanos visten trajes típicamente albaneses. El apellido de los hermanos está escrito dos veces, en los alfabetos griego y cirílico respectivamente. El idioma albanés no tenía de hecho un alfabeto propio cuando se construyó el Arnavut Han: se codificó en 1908 durante el Congreso de Manastir (Bitola).

En la Albania otomana, eran frecuentes las inscripciones multilingües y en distintos alfabetos (otomano, griego, eslavo) en los edificios o monumentos públicos para que se comprendiesen bien todos los elementos étnicos del país. Para los estambulitas, la fachada del Arnavut Han también tiene, además del griego y del cirílico, epígrafes en otomano y en armenio que se pueden ver, pero son indescifrables.

Şemseddin Sami (Fracheri) (1850-1904), lingüista, escritor y enciclopedista otomano de origen albanés, fue el primero en intentar crear un alfabeto

albanés. Además de sus trabajos lingüísticos en albanés, a él se debe la primera novela en caracteres otomanos (*Taaşşuk-ı Talat ve Fitnat* en 1872), la primera enciclopedia en lengua turca (*Kamus-ül Alam*, 1889-1898), el primer diccionario turco que haya respectado los estándares europeos (*Kamus-ı Türkî*, 1901) así como un excelente diccionario francés-turco (*Kamus-ı Fransevî*, 1905). Aunque está enterrado en Estambul, la Albania de Enver Hoxha reclamó los restos de Şemseddin Sami, por considerarle un héroe nacional.

ALBANIA, ESTAMBUL, EL IMPERIO OTOMANO Y TURQUÍA

Ocupada por el Imperio otomano durante más de cuatro siglos, de 1506 a 1912, Albania desarrolló relaciones muy estrechas con la Turquía actual y muchos turcos son de origen albanés, aunque hayan perdido su lengua nacional.

Algunos ejemplos: el hijo de Şemseddin Sami, Ali Sami Yen, es el fundador del club de fútbol Galatasaray; el rey Zogo de Albania era un antiguo alumno del colegio Galatasaray; el autor del himno nacional turco, Mehmet Akif Ersoy, es albanés por parte de padre.

Aunque desde el punto de vista histórico los albaneses musulmanes se integraron fácilmente en la cultura turca, los albaneses cristianos ortodoxos se helenizaron rápidamente. Por ejemplo, la excelente pastelería Baylan de Kadıköy, considerada un recuerdo de las tradiciones burguesas griegas de la ciudad, pertenece a una antigua familia albanesa ortodoxa.

Del mismo modo, aunque la historia oficial griega representa a los héroes de la revolución griega como los descendientes de Homero que se rebelaron contra el yugo turco, para otros, estos héroes eran más bien antiguas familias albanesas ortodoxas que no hablaban una palabra de griego. Por otra parte, las tropas enviadas para sofocar la rebelión estaban compuestas principalmente de albaneses [musulmanes], aunque la rebelión fue en realidad una guerra civil entre albaneses ortodoxos y musulmanes.

LOS SECRETOS DEL CARAVASAR BÜYÜK VALIDE HAN

15

Çakmakçılar Yokuşu n° 31
Barrio de Mercan
• Tranvía: Beyazıt

> ***Una vista panorámica escondida, una torre y una cúpula bizantina...***

Pocos edificios ofrecen tanta variedad como el Büyük Valide Han para atestiguar de la sucesión de culturas y del cosmopolitismo propio de Estambul: una mezquita chiita convive con una torre bizantina que sirvió de sala del tesoro a una sultana otomana de origen greco-serbio, virtuosa de las intrigas de palacio y tres veces regente. El Büyük Valide Han, literalmente Gran Taberna de la Madre, es un caravasar construido a principios del siglo XVII por el sultán Kösem para financiar sus fundaciones benéficas. Se compone de tres patios sucesivos: la puerta de entrada se abre sobre un pequeño patio triangular en el que una segunda puerta da al patio principal, en medio del cual hay una mezquita donde se celebra el culto musulmán según el rito chiita. El caravasar no era solo un lugar donde se comerciaba: también ofrecía hospitalidad a los comerciantes de todas las religiones y confesiones. Los iranís acabaron quedándose de forma duradera en el caravasar y establecieron incluso una imprenta que publicaba libros proscritos por la Sublime Puerta y libros del Corán antes de que las autoridades religiosas otomanes autorizasen su reproducción por otros medios que las copias manuscritas.

En la planta superior, hay que pedirle a uno de los tenderos la llave de las escaleras que dan al tejado de las cúpulas, en el que se pueden pasear con prudencia. Las vistas que se extienden hasta el Cuerno de Oro, Galata, el Bósforo y la parte asiáticas son increíbles.

Al fondo a la izquierda del segundo patio, un corredor estrecho y oscuro lleva a un tercer patio que está flanqueado por una torre cuadrada de 25 metros de alto. Dicha torre, que existía antes del caravasar, sirvió de prisión en la época bizantina y formaba parte, según algunos historiadores, del pretorio construido por el emperador Arcadio cerca del Macros Embolos (literalmente el Largo Pórtico, una avenida larga con pórticos a ambos lados). En la última planta del patio está la cámara donde la sultana Kösem escondía sus tesoros; hoy es un taller cuyo propietario estará encantado de invitarle a pasar para mostrarle una magnífica cúpula bizantina nervada y unos frescos otomanos.

UNA SINAGOGA EN EL TEJADO

El Büyük Çorapçılar Han (caravasar de los fabricantes de calcetines), construido en el siglo XVI, tiene una particularidad sorprendente, comparable a los hospicios rusos de Karaköy (ver p. 191): tiene una sinagoga en el tejado.

El edificio es obra de Piyale Paşa, gran almirante de la flota otomana bajo Solimán el Magnífico y Selim II, con cuya hija se casó. Este hombre de origen croata, capturado después de la batalla de Mohács de 1526 y reclutado por el Palacio, ascendió rápidamente en la jerarquía militar y fue nombrado gran almirante de la flota en 1553, cargo que ocupó hasta 1567. Como la mayoría de los hombres de Estado otomanos, construyó, como en este caso, edificios cuyos ingresos se destinaron a obras benéficas.

Hoy, los fabricantes de calcetines han cedido su lugar a los comerciantes de ropa de todo tipo y a la parafernalia de las ceremonias de la henna.

En la primera planta, una puerta metálica da acceso a la sinagoga. Según algunas fuentes, unos judíos rusos crearon esta sinagoga en los años 1880 gracias a las generosas donaciones de Camondo. Otros pretenden que, tras la revolución bolchevique, unos judíos rusos que emigraron a Turquía compraron dos tiendas en la primera planta para unirlas con vistas a crear esta sinagoga. El interior no tiene ningún interés estético.

Avenida Mahmutpaşa Yokuşu n° 209-217, en la esquina de la cuesta Fincancılar Yokuşu.

TUMBA DE BABA CAFER

17

Avenida Ragıp Gümüşpala nº 2
Junto al Zindan Han, del lado del Cuerno de Oro
Eminönü
• Abre teóricamente todos los días de 10 a 19 h
• Tranvía: Eminönü

Dos santos musulmanes en la cripta de una prisión otomano-bizantina

Detrás de la torre de piedra adyacente al Zindan Han, una puerta de vidrio da a una cripta abovedada encalada. Sumergida en una penumbra casi mística, la antigua prisión otomana de Baba Cafer alberga dos santos olvidados, protagonistas de una sorprendente historia: un embajador abasí enviado a Bizancio, que dio su nombre a este lugar, y Alí Babá, su carcelero bizantino convertido en musulmán. Aunque las preciosas rejas de las tumbas así como el cabestrante del pozo (todos pintados de verde oscuro, siguiendo la piedad popular) son de la época otomana tardía, este subterráneo data de la Edad Media.

En el siglo IX d. C., el califa abasí Harún al-Rashid (786-809) envió dos embajadores ante el emperador bizantino Nicéforo I (8002-811), siendo uno de ellos, Cafer, descendiente de Hussein, hijo de Alí, yerno y primo del Profeta. Durante su misión, se desencadenó una fuerte disputa entre los bizantinos y los miembros de la colonia musulmana de Constantinopla, quienes acabaron muertos. No enterraron los cadáveres de los musulmanes y empezaron a descomponerse en las calles. Cafer se presentó ante el emperador y lo reprendió severamente, lo que le valió acabar en el calabozo de una torre situada en el Cuerno de Oro. El otro embajador, el jeque Maksud, logró convencer al emperador de dar una sepultura decente a los muertos, pero no

pudo salvar a Cafer, quien murió envenenado y encerrado en su calabozo. Durante su encarcelamiento, Cafer habría realizado unos milagros que convencieron al carcelero de convertirse al islam. Tomó el nombre de Alí, sufrió el martirio y fue enterrado junto a Cafer.

En la toma de Constantinopla, Abdürraif Şamadani, que formaba parte de las tropas que entraron en la ciudad por aquí, descubrió la tumba de Cafer, declaró ser uno de sus descendientes y se convirtió en su guardián.

La cárcel bizantina siguió con las mismas funciones y su puerta fue bautizada "Bab-ı Cafer" (la puerta de Cafer), antes de convertirse con el tiempo en "Baba Cafer" (Padre Cafer), dado que su vecino de tumba tomó el nombre de Alí Babá. Han atribuido virtudes terapéuticas a la tierra de ambas tumbas, que visitaban especialmente las mujeres embarazadas. El ritual se completaba bebiendo agua del pozo situado en la celda. La presencia de otro Baba Cafer en la prisión de Kütahya y la existencia de otros santos vinculados a prisiones, mazmorras, calabozos y celdas, recuerda a un culto generalizado dedicado a los santos encarcelados.

La gestión de la cárcel de Baba Cafer pasó a manos de los jenízaros, que no tardaron en abusar de ello. El abastecimiento de la cárcel dependía de la caridad de los estambulitas, que venían con regularidad a dejar comida, ropa y limosnas, y los jenízaros cobraban comisiones por entregar las donaciones a los detenidos. Los sobornos se convirtieron en algo habitual para suavizar las condiciones de reclusión. En 1622, los jenízaros liberaron a todos los prisioneros para celebrar el nombramiento del nuevo sultán. Tras la abolición del cuerpo de los jenízaros en 1826, la cárcel de Baba Cafer se convirtió en una prisión solo para prostitutas y luego fue transformada en puesto de guardia. En el siglo XIX le añadieron un edificio de estilo europeo, pero la torre original de la cárcel, pegada a la tumba de Baba Cafer, ha permanecido intacta.

Hoy restaurada, la cárcel de Baba Cafer se ha convertido en un edificio de referencia llamado Zindan Han, que alberga una joyería de gran lujo, tiendas de artículos turísticos y un restaurante.

MUSEO DEL FERROCARRIL

Dentro de la estación de Sirkeci, entrando a la izquierda
• Visita gratuita de 9 a 17 h. Cerrado domingos y lunes
• Tranvía y metro: Sirkeci

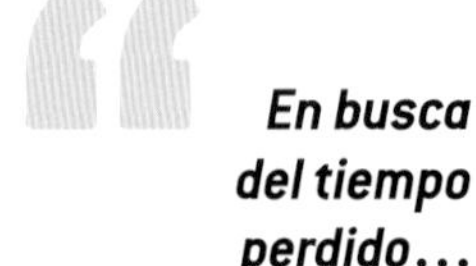

En busca del tiempo perdido...

Dentro de la monumental estación de Sirkeci, última estación del mítico Orient Express, el pequeño museo del ferrocarril posee una colección de objetos que encantará a los nostálgicos de la epopeya ferroviaria: la locomotora de un tren de cercanías con el que uno se puede divertir moviendo el volante, unas instalaciones de modelismo ferroviario, una de las estufas austriacas que calentaban antaño la sala de espera, uniformes, gorros, relojes, banderas e instrumentos de señalización, aparatos telegráficos que usaban los empleados, vajillas y cubertería de plata que se usaron en los vagones restaurante...

Justo al lado del museo encontrará un buen restaurante, el *Orient Express Restaurant*, cuyos muros están salpicados de imágenes antiguas de ferrocarriles. El restaurante abre de 11.30 a 24 h y el bar de 7.30 a 23 h.

"PASARÁ POR ENCIMA DE MI ESPALDA, SI ES NECESARIO"

La construcción del ferrocarril del Imperio otomano, terminada en 1850, debía reflejar los esfuerzos de modernización de aquella época: la fastuosidad de la estación de Sirkeci debía pues maravillar al visitante europeo. El arquitecto alemán August Jasmund, que terminó el edificio en 1890, no escatimó en esfuerzos para dar a la estación un aspecto de palacio de estilo oriental ecléctico: un portón de estilo selyúcida, vidrieras de inspiración otomana, granito de varias canteras europeas, sillares de Marsella, estufas de salas de espera de fabricación austriaca...

Esta estación suntuosa se construyó en el emplazamiento de una estación provisional: una línea ferroviaria ya llegaba a Sirkeci durante el sultanato de Abdülaziz I (1861-1876) que sentía verdadera pasión por el ferrocarril. Cuenta la leyenda que cuando los ingenieros le pidieron permiso para pasar la línea de Sirkeci por los jardines del palacio de Topkapi, él contestó: "Pasará sobre mi espalda, si es necesario". Así pues, la línea pasó por el jardín, aun cuando supuso la demolición de antiguos pabellones bizantinos y otomanos.

GRAFITIS JENÍZAROS

Mezquita Nueva
Plaza de Eminönü
• Visitas: desde la oración de la mañana hasta la de la noche. Para acceder, mostrar interés profesional o intentar "negociar" con el guarda de la entrada
• Tranvía: Eminönü • Metro: Sirkeci

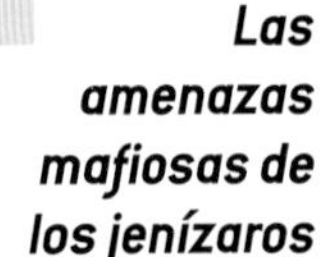

Las amenazas mafiosas de los jenízaros

En la escalera que lleva al balcón circular (interior) de la cúpula de la Mezquita Nueva, pasando por debajo de las tres cúpulas minúsculas de la esquina este, destacan, junto a la puerta de la cúpula, unos extraños grafitis grabados con puñal (siglos XVII-XVIII) por los jenízaros de la 56ª Compañía. Se distinguen principalmente jarras y embarcaciones.

Los jenízaros transmitían mensajes muy claros a quien sabía (y debía) comprenderlos. Según los expertos, la galera, símbolo de la 56ª Compañía (que dotaba de arcabuceros a la flota de guerra), señalaba que la zona estaba bajo control jenízaro y que todos debían someterse a su autoridad. Las jarras (en realidad aceiteras) indicaban que solo ellos podían vender aceite para lámparas y que quien intentara hacerles la competencia sería disuadido con firmeza.

Tras su periodo de glorias militares, los jenízaros se convirtieron en una auténtica mafia haciendo todo tipo de negocios con zonas de influencia compartidas con distintas compañías (ver p. 56). El comandante de la 56ª Compañía, que también se encargaba de la aduana marítima cerca de la mezquita de Ahi Çelebi, vivía cerca de la Mezquita Nueva (1597-1665) desde donde extorsionaba a todo el barrio, incluso a los burdeles de la "calle donde los ángeles no entran" (ver pág. anexa).

"LA CALLE DONDE LOS ÁNGELES NO ENTRAN"

A principios del siglo XIX, la calle Melekgirmez, detrás de la Cámara de Comercio de Estambul (Istanbul Ticaret Odası), se había convertido en el centro de libertinaje de los jenízaros, donde gestionaban burdeles y retenían a mujeres que habían secuestrado. Su terrible fama le valió el nombre de *Melekgirmez sokak* (la calle donde los ángeles no entran) porque los pecados que se cometían en ella eran de los que espantaban a las criaturas celestes.

Había muchas *bekâr odaları* (habitaciones para solteros), esas viviendas que los jenízaros tenían en la ciudad, fuera de su cuartel: la 56ª Compañía de los jenízaros controlaba las casas de la calle.

Mucho antes de la sangrienta supresión del cuerpo de los jenízaros en 1826, el sultán Mahmud II alegó una epidemia de peste para destruir las casas del barrio y construir en su lugar, en 1813, la Hidayet Camii (la mezquita del Camino de la Salvación), un nombre que explicaba bien su razón de ser. Se cuenta que se hallaron numerosos esqueletos de mujeres en las excavaciones que se llevaron a cabo para construir la mezquita.

La mezquita original de madera fue reemplazada en 1887 por el edificio de sillares actual, bajo Abdulhamid II. Está en el cruce de la avenida Yalı Köşkü Caddesi y Şeyhülislam Hayri Efendi Caddesi. Su arquitecto es el famoso Vallaury, que adoptó un curioso estilo mitad morisco mitad egipcio.

LOS JENÍZAROS

Los jenízaros (en turco, *yeniçeri*, 'nueva milicia'), cuerpo de guardia de los sultanes otomanos, se transformaron en una temible infantería de élite que sembró el terror en los rangos de los ejércitos enemigos. Según el famoso historiador austriaco Hammer, su creación fue "mil veces más devastadora que la de la pólvora".

Hacia 1360, Murad I, tercer soberano otomano, promulgó la ley del *pentchik* (literalmente, la ley de un quinto) que establecía que uno de cada cinco prisioneros de guerra se convertiría en un esclavo destinado a servir al ejército. Tras ser capturados, vivían unos años con familias musulmanas en Anatolia para iniciarse en la cultura turca y musulmana, antes de ser trasladados al cuartel de los *acemis* (literalmente, novicios o inhábiles) en Gallipoli (en el estrecho de los Dardanelos, al sur de Estambul) para recibir formación militar y convertirse en jenízaros.

Los jenízaros eran expertos en, entre otras cosas, el uso del arcabuz que tuvo un papel decisivo en las batallas campales, sobre todo en Mohács en 1526, donde protegieron a la artillería otomana que aniquiló al ejército húngaro. Adquirieron un prestigio guerrero que mantuvieron con orgullo durante varios siglos.

Aunque los jenízaros no tenían derecho a casarse, una regla contraria al islam que fomenta el matrimonio, los jenízaros jubilados obtuvieron al final el derecho a casarse bajo Selim I a principios del siglo XVI. No se privaron de hacer valer este derecho y los cuarteles de los *acemis* empezaron a llenarse de hijos de jenízaros. La orden de los jenízaros empezó pues a degenerar progresivamente en una especie de mafia de la que cualquiera podía hacerse miembro previo pago de un soborno (la orden contaba con hasta 45 000 individuos, sin capacidad guerrera alguna).

Los jenízaros también fueron los que establecieron numerosos cafés por toda la ciudad, lo que les aseguraba un considerable control de la vida social y económica: los jenízaros ya no sembraban el terror en el enemigo sino en todos los estambulitas, incluido el sultán: en sus múltiples revueltas, los jenízaros llegaron a destronar sultanes, incluso a asesinar a uno, Osman II. Tuvo que pasar más de un siglo para que un sultán se atreviese a suprimir el cuerpo de los jenízaros que envenenaba la vida política, social y militar otomana: en 1826, el sultán Mahmud II, con el respaldo del pueblo y de los ulemas, hizo uso de la artillería que había formado personalmente según los métodos europeos para aplastar a los jenízaros en sus cuarteles. Los supervivientes de aquella operación, llamada *Vaka-i Hayriye* ('el incidente afortunado') por la historiografía otomana, fueron perseguidos y ejecutados a conciencia. Su recuerdo fue borrado hasta en la más mínima reliquia, se prohibió el uso de los títulos de los jenízaros y de su jerga, arrasaron sus cuarteles y desmantelaron los *hamames* que frecuentaban, símbolo de sus costumbres poco loables. El sultán se inventó incluso una historia de muertos vivientes en Tirnovo, en la actual Bulgaria, para acusar a los jenízaros de vampirismo (ver p. 202).

La orden de los jenízaros estaba formada por compañías (*orta*) que llevaban, cada una, un símbolo propio. El jenízaro tenía tatuado en su cuerpo el símbolo de su *orta*, que también se añadía a los documentos, sellos, banderas, armas, polvorones, tiendas, utensilios, como la vajilla y las linternas así como, después de que la orden se "profesionalizase", los cafés y demás establecimientos que gestionaban. Tras suprimir la orden, Mahmud II mandó eliminar los símbolos grabados en los edificios y en las tumbas (que también tenían el gorro característico de los jenízaros, el *bork*) aunque algunos sobrevivieron.

Según la leyenda, la orden de los jenízaros habría sido fundada por el santo fundador del bektashismo, Haji Bektash Veli (1209-1271), quien, no obstante, vivió un siglo antes de la creación del cuerpo de los jenízaros. Esta orden religiosa musulmana muy tolerante, con fuertes supervivencias chamánicas, encontró una gran oportunidad en los jenízaros, como en otros muchos grupos que tuvieron que convertirse bruscamente al islam y aguantaron mal los rigores de la doctrina sunita. La supresión de la orden de los jenízaros supuso el fin del bektashismo: Mahmud II mandó ejecutar a los líderes bektashíes que servían a los padres espirituales en los cuarteles y cerró sus monasterios.

ΠΑΤΡΙΑΡΧΕΥΟΝΤΟΣ
ΦΩΤΙΟΥ τȣ Β
ΚΑΙ
ΕΠΙΤΡΟΠΕΥΟΝΤΩΝ
ΔΙΑΜΑΝΤΗ ΓΙΑΝΝΑΚΑΚΗ
ΒΑΣΙΛΕΙȣ ΡΩΤΖΙΚΑ
ΙΩΑΝΝȣ ΧΑΤΖΑΝΕΣΤΗ
ΛΕΩΝΙΔΑ ΝΙΚΟΛΑΙΔȣ
ΜΗ ΜΟΝΑΝ
ΟΨΙΝ

EL AGUA SAGRADA DE SAN TERAPON

Avenida Alemdar Cad. Nº 32
• Tranvía: Gülhane

Un *aghiasma* pegado a las murallas del palacio de Topkapi

Justo frente a la parada del tranvía de Gülhane, el pequeño *aghiasma* (fuente de agua sagrada) de san Terapon está tallado en las murallas del palacio de Topkapi. El *aghiasma*, que posee un pozo y una fuente de mármol finamente cincelada, rematada por el icono de mármol de un santo, recuerda al visitante que no solo debe lavarse el rostro sino también sus pecados, con la famosa frase palíndroma (que, en griego, se lee tanto del derecho como del revés) "Νίψον ἀνομήματα, μὴ μόναν ὄψιν" ("Lava los pecados, no solo el rostro"). La fuente en sí data de la era republicana (1931) y fue una donación de la comunidad griega, bajo el patriarcado de Focio II. Dados los milagros de san Terapon y el nombre de este santo, este *aghiasma* tendría virtudes terapéuticas. Aunque el edificio actual data de la mitad del siglo XIX, la leyenda de san Terapon se remonta a mucho antes: san Terapon era un obispo que habría obrado milagros de sanación en Chipre en el siglo VI. Sus reliquias se conservaban en un monasterio hoy desaparecido, situado en el jardín del palacio de Topkapi, cerca del *aghiasma* actual. Durante el reinado del sultán Abdülmecid, un manantial surgió de los muros del palacio y los griegos de la ciudad no tardaron en correr hacia el milagro obrado por san Terapon, aunque otros atribuyen el chorro de agua a unas obras de reparación de la cisterna muy cerca de Yerebatan, que habrían provocado una fuga de agua hacia Gülhane.

El sultán-califa terminó cediendo a las súplicas de la comunidad griega y autorizó que se construyera un nuevo *aghiasma* en las murallas de su palacio.

EL MUSEO DEL COLEGIO ALEMÁN DE CAĞALOĞLU

Türkocağı Cad. n° 4
Cağaloğlu
• Se puede visitar de lunes a viernes de 9 a 17 h previa reserva llamando al (0 212) 514 1570
• Tranvía: Gülhane o Sultanahmet

Un museo en una cámara acorazada

El colegio alemán para chicos (İstanbul Erkek Lisesi, que en realidad también acoge a chicas desde hace varias décadas) ocupa los muros de la antigua sede de la Deuda Pública Otomana (ver más abajo) desde 1933. Se puede entrar al magnífico colegio, previa reserva, con el pretexto de visitar el pequeño museo del colegio, que ocupa la antigua cámara acorazada (fabricada por Panzar S.A., en Berlín). Entre otras cosas se pueden ver una antigua manguera contra incendios, objetos relacionados con los *scouts* de los que el colegio fue uno de los pioneros, así como objetos que pertenecieron a los alumnos del colegio que murieron en la Segunda Guerra Mundial, en la que participaron como voluntarios.

100 AÑOS PARA DEVOLVER LA DEUDA DEL IMPERIO OTOMANO

El Imperio otomano contrajo su primera deuda externa en 1854 para financiar los gastos de la guerra de Crimea, una política de préstamos que se emprendió para realizar obras públicas tales como el ferrocarril, puertos y nuevos palacios conforme al protocolo europeo. El Imperio, incapaz de gestionar sus deudas, entró en crisis después de la guerra ruso-turca de 1877-1878. En 1879, se declaró incapaz de pagar sus deudas y, durante diez años, dejó en manos de los acreedores la recaudación del impuesto sobre el timbre, las bebidas alcohólicas, la pesca, la sal y el tabaco, así como el impuesto sobre la seda. Un decreto de 1881 institucionalizó esta práctica, creando la Deuda Pública Otomana, una especie de sociedad privada gestionada por un consejo de administración formado por representantes de los acreedores ingleses, holandeses, franceses, alemanes, austriacos e italianos, así como por el Banco Otomano y banqueros de Gálata. La institución se instaló primero en el Celal Bey Han, antes de que el arquitecto Vallaury terminase el edificio actual en 1897.

Durante los trabajos preparatorios del Tratado de Lausana de 1923, que se convertiría en el certificado de nacimiento de la República turca, el reparto de la deuda resultó ser una de las cuestiones más controvertidas, dado que las potencias querían cargar a la nueva Turquía todas las deudas del Imperio. Una solución equitativa repartió las deudas entre Turquía y los países independizados del Imperio otomano después la guerra de los Balcanes de 1912-1913 y la Gran Guerra. La República turca terminó de pagar su parte en 1954, justo un siglo después de que el Imperio otomano solicitase su primer préstamo.

LA MURALLA DE SEPTIMIO SEVERO

Avenida Babıali Cad. n°13
Cağaloğlu
• Tranvía: Sultanahmet

Los vestigios de la muralla construida por un emperador romano antes de Constantinopla

Paseando por la acera del colegio Cağaloğlu Anadolu Lisesi, en la avenida Babıali, es difícil no ver el largo muro de piedra que se extiende sobre un centenar de metros. Sin embargo, poca gente sabe que este muro es una auténtica reliquia rara de una época anterior a la existencia de Constantinopla.

En 196 d. C., el emperador Septimio Severo (193-211) tomó la ciudad de Bizancio, un pequeño núcleo urbano de veinte mil habitantes que habían apoyado a Pescenio Níger, un diputado de la provincia romana de Siria que se había negado a aclamarle como emperador.

Para castigar a Bizancio, que había aguantado ferozmente un asedio que duró tres años, Septimio Severo desmanteló la ciudad, mandó demoler sus murallas y cambió su nombre por el de Augusta Antonina.

Aunque Bizancio ya tenía una primera muralla, de 657 a. C., que protegía esencialmente la acrópolis de la ciudad, situada aproximadamente sobre la colina en la que estaba el palacio de Topkapi (de hecho, es probable que la muralla occidental de Topkapi siga la línea de la primera muralla de Bizancio), Septimio Severo, habiendo entendido la posición estratégica de la ciudad, mandó levantar nuevas murallas que aumentaron considerablemente la superficie de la urbe: la muralla empezaba a la altura de la Mezquita Nueva y crecía hacia el sur.

El único vestigio de esta muralla sería este trozo que aún está a la vista, aunque algunos historiadores se oponen a esta identificación alegando que este muro pertenecía a una gran cisterna o bien que era un añadido a la antigua muralla de Bizancio. Según esta última hipótesis, la muralla de Septimio Severo retoma la línea de la antigua muralla de Bizancio que el emperador ordenó eliminar.

Constantino el Grande (324-337) mandó construir la tercera muralla y Teodosio II (408-450), la cuarta y última.

LOS PEDAZOS DE LA PIEDRA NEGRA DE LA KAABA DE LA MECA

23

Mezquita de Sokollu
Şehit Mehmet Paşa Yokuşu, n° 20-24
Barrio de Kadirga
También se puede entrar desde la calle Su Terazisi Sok
• Tranvía: Sultanahmet

Unos pedazos traídos de la Meca en el siglo XVI

A unos pasos de Sultanahmet, la mezquita de Sokollu es una pequeña obra de arte del arquitecto Sinan que tiene una particularidad casi única en el mundo musulmán: debajo de la puerta de entrada, en el *mihrab* (hornacina que indica la dirección de La Meca), en el *minber* (púlpito) y debajo de la cúpula del *minber*, hay cuatro fragmentos de la Piedra Negra (*Hajar al Aswad, Hacer-i Esved* en turco) de La Meca.

La Piedra Negra de La Meca es una piedra sagrada ovoide de 30 centímetros de diámetro, de un metro y medio de alto, situada en la esquina sureste de la Kaaba, la construcción en forma de cubo ubicada en el centro de la mezquita de La Meca. Según la tradición, Abraham la habría colocado ahí. Cuenta una leyenda que esta piedra antediluviana era originalmente blanca y se tornó negra tras el diluvio de la época de Noé, al haberse contaminado las aguas con los pecados de la humanidad.

En 605, un incendio dañó la Kaaba y el calor rompió en pedazos la Piedra Negra. Tras limpiarla, hubo un litigio entre los jefes de las tribus de La Meca sobre el hecho de saber quién tendría el honor de volver a poner la piedra negra en su sitio. Como el conflicto amenazaba con degenerar en batalla, decidieron confiar la tarea al joven Mahoma, que aún no era Profeta pero que ya se había ganado la confianza de los ciudadanos: Mahoma colocó la Piedra Negra sobre un gran trozo de tela que los notables de La Meca sujetaron todos a la vez para devolverla a su sitio. Tras la llegada del islam, se conservó la Piedra Negra como homenaje al profeta Abraham y como recuerdo de la solución amistosa que ofreció el profeta Mahoma, quien de hecho besó la piedra como señal de sumisión a la Voluntad Divina, cuyas manifestaciones marcaron la historia de esta piedra. Todos los musulmanes adoptaron este gesto para formar parte del ritual de la peregrinación.

Tras conquistar las ciudades santas del islam en 1517, los otomanos encontraron la Kaaba en tal estado de abandono que hubo que restaurarla: durante la segunda mitad del siglo XVI reforzaron los muros y rehabilitaron el edificio. Aprovecharon esa ocasión para mandar a Estambul unos fragmentos que se desprendieron de la piedra e integrarlos en distintos sitios de la mezquita de Sokollu.

Hoy en día, los peregrinos turcos de La Meca que no han podido tocar la Piedra Negra debido a la enorme afluencia de gente también pueden completar su ritual y tocar un trozo de la Piedra Negra en la mezquita de Sokollu Mehmet Paşa.

Hay otro fragmento de la Piedra Negra incrustado en el exterior de la mezquita de Solimán el Magnífico, en el cementerio de la mezquita de Süleymaniye.

EL MILION BIZANTINO

Plaza de Sultanahmet
En la esquina de la Cisterna Basílica
• Tranvía: Sultanahmet

El centro de Constantinopla y del mundo

En la esquina norte de la plaza de Sultanahmet, del otro lado de la entrada de Santa Sofía con respecto a la avenida Divanyolu, aunque de lejos parece una simple piedra vertical, en realidad son los restos del gran milion de oro (ver más abajo), desde donde se medían las distancias en la época bizantina.

El milion, que existía todavía cuando los otomanos tomaron la ciudad, desapareció en un periodo indeterminado y fue redescubierto durante unas excavaciones realizadas en 1957. Construido poco después de la fundación de Constantinopla en 324 por Constantino el Grande, este edificio, que se inspira del *Milliarium Aureum* de Roma, consta de cuatro pilares que soportan una cúpula.

Según algunos historiadores, el milion bizantino también era en sus orígenes un templo pagano dedicado a Tique, diosa de la fortuna, divinidad protectora de la ciudad. Esta permanencia del politeísmo no era nada sorprendente ya que el clima de pluralismo religioso reinaba en la nueva capital del Imperio que poseía al menos tanto templos paganos como iglesias. De hecho Constantino no recibió el bautismo más que en su lecho de muerte. No fue hasta después cuando cubrieron el milion de imágenes y símbolos cristianos.

Posteriormente también, se empezaron a celebrar las ceremonias imperiales bajo la cúpula del milion, que delimitaba no solo el centro de la ciudad, desde donde se medían las distancias en millas bizantinas (una milla bizantina = 1480 m) sino también del mundo, puesto que toda la tierra habitada (*oikoumene*) pertenecía teóricamente al Imperio y su capital era llamada emperatriz de las ciudades o ciudad reinante (*Basilevusa*).

El milion también marcaba el comienzo de la gran avenida de *Mese* (literalmente "del medio"), que cruzaba la ciudad dividiéndola en dos, para pasar a través de la Puerta Dorada (Porta Aurea) de la muralla y convertirse en la Via Egnatia, una calzada romana construida en el siglo II a. C. que atravesaba las provincias de Tracio, Macedonia y Ilírico para llegar a Dyrrachium (Durrës, en Albania) en el Adriático.

¿DE DÓNDE VIENE LA PALABRA "MILION"?

La palabra "milion" viene de *Milliarium Aureum*, una columna dorada que el emperador Augusto mandó erigir en el Foro romano, para que sirviera de punto de partida de las carreteras: los hitos colocados en las calzadas romanas se llamaban "miliarios" porque marcaban una distancia de mil pasos. El *Milliarium Aureum*, miliario por excelencia, era el centro desde el que se medían las distancias en millas.

VESTIGIOS DE LAS TRIBUNAS DEL ANTIGUO HIPÓDROMO ㉕

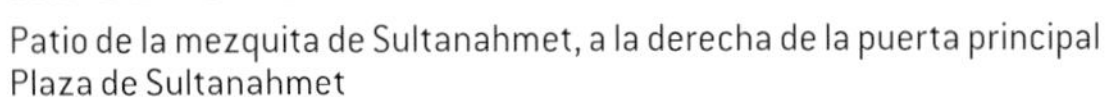

Patio de la mezquita de Sultanahmet, a la derecha de la puerta principal
Plaza de Sultanahmet
• Tranvía: Sultanahmet

El último ejemplo de los bancos de piedra para espectadores del hipódromo

En el patio exterior de la mezquita de Sultanahmet, pocos son los visitantes que se fijan en el discreto banco de piedra blanca situado a la derecha, nada más entrar. Se trata del último vestigio de las tribunas del famoso hipódromo desde donde los bizantinos veían las tan populares carreras de carros.

El hipódromo, cuya construcción se inició con Septimio Severo (193-211) siguiendo el modelo del Circo Máximo y concluyó con Constantino el Grande (324-337), fue el centro de la vida social, incluso de la política, de la ciudad: el palco real (catisma) del hipódromo, situado donde hoy se encuentra la Fuente Alemana, comunicaba directamente con el Gran Palacio, un complejo enorme que abarcaba desde el hipódromo hasta el mar.

Los principales equipos de carreras eran los Verdes y los Azules, eternos rivales que constituían también facciones políticas y que asumían una función policial. Según una tradición infundada, los equipos de fútbol de Fenerbahçe y de Galatasaray descenderían de esos equipos.

Cuando trasladaron el palacio imperial a Blanquerna en 1264, las carreras de carros cedieron su lugar a las justas de caballeros inspiradas en los cruzados que ocuparon la ciudad de 1204 a 1261.

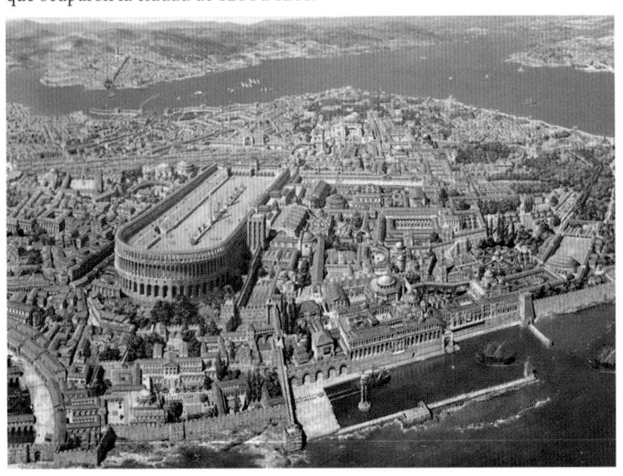

OTROS VESTIGIOS DEL HIPÓDROMO

Además de este banco y de los obeliscos y la columna de las serpientes situados en medio de la *spina* (eje que divide dos pasillos del hipódromo), la *sphendone* representa otro vestigio, menos conocido, del hipódromo. Es una construcción que servía de muro de contención para el extremo suroeste del hipódromo. Según algunos historiadores, las cuatro estatuas de caballos que coronan la puerta principal de la basílica de San Marcos de Venecia, robadas por el dogo Dandolo durante la Cuarta Cruzada en 1204, no estaban en la catisma, como se suele pensar, sino entre las arcadas de la *sphendone*.

VESTIGIOS DEL FARO DE BUCOLEÓN

Avenida Kennedy, cerca de la puerta de Çatladıkapı, entre Cankurtaran y Kumkapi
• Tranvía: Sultanahmet

El vestigio de un ingenioso sistema de espejos que transmitía señales luminosas procedentes de la Cilicia

La torre cuadrada del faro de Bucoleón, rodeada de una muralla de época otomana, constituía el punto final de un ingenioso sistema de espejos que transmitía señales luminosas procedentes de la Cilicia, provincia del sur del Imperio bizantino, y que servía sobre todo a alertar de las invasiones árabes. Hubo un total de siete estaciones de transmisión, que cubrían una distancia de quinientas millas: el castillo de Lulum cerca de Tarso, el monte Argaeus, Isamus, Aegilus, la colina de Mamas, Cyrisus, Mocilus y la colina de Auxent (actual Kayışdağı, barrio asiático de Estambul), antes de llegar al faro de Bucoleón. Esta increíble señalización, auténtica telegrafía inalámbrica pionera, tenía un pequeño defecto: solo funcionaba los días soleados.

Por la noche, o los días nublados, había que recurrir a señales de fuego, menos visibles y menos eficaces. Según la leyenda, el emperador Miguel III, apodado el Beodo (reinado de 842 a 867), tras recibir un mensaje la víspera de unos importantes juegos en el circo, mandó cancelar las señales para no ser molestado en sus momentos de disfrute.

El faro de Bucoleón, hoy conocido como Faros, formaba parte del palacio del mismo nombre, construido por Teodosio II (408-450). El nombre del palacio proviene de la palabra *bukolos* ('pastor' en griego) que evoca la presencia de algún santuario pagano dedicado a una divinidad pastoral. Según una avanzada etimología en la Edad Media, la palabra Bucoleón vendría de "*bous kai león*" (el toro y el león).

Las embarcaciones imperiales llegaban al puerto de Bucoleón por estar situado frente al palacio. El puerto no se parecía al pequeño puerto actual y desapareció bajo la avenida Kennedy Caddesi, construida en el espacio ganado al mar durante los años 1950 con escombros de las obras de urbanismo que arrasaron Estambul. Las partes del palacio que sobrevivieron hasta hoy y el faro datan probablemente de la época de Teófilo (829-849).

Un peregrino ruso que visitó la ciudad en 1390 y el viajero florentino Cristoforo Buondelmonti, de paso por Constantinopla en 1420, cuentan que la torre ya estaba en ruinas. El faro original, de planta circular, albergaba en su cima cuatro columnas que rodeaban las paredes de vidrio y en cuyo centro ardía el fuego del faro. Una iglesia situada detrás del faro y dedicada a la Virgen guardaba unas preciadas reliquias, entre las que figuraba la ropa que llevaba Cristo el día de su crucifixión. La iglesia fue saqueada durante la Cuarta Cruzada en 1204.

LA FUENTE DEL HOTEL FOUR SEASONS

Calle Tevkifhane Sok. Nº1
Sultanahmet
• Tranvía: Sultanahmet

Una fuente diseñada sin grifo, en memoria de un mártir

Aunque la fuente situada en la esquina de la entrada principal del lujoso hotel Four Seasons (en el cruce de las calles Tevkifhane y Kutlugün) parece una fuente otomana clásica (es de 1788), un ojo observador se dará cuenta de que no tiene grifo. No es que lo hayan robado, como sucedió con otras fuentes de la ciudad: la fuente nunca tuvo, ni debía tener, grifo. No tiene ningún orificio en el bloque de mármol por donde tendría que pasar el agua. La inscripción que figura en la fuente lo explica: la fuente conmemora la sed de los mártires de Kerbala (ciudad situada en el Irak actual), una tragedia que se remonta a la fundación del islam.

En 680 del calendario juliano y 61 de la Hégira, Hussein, hijo de Alí y nieto del profeta Mahoma, fue asesinado junto con algunos miembros de su familia y seguidores en Kerbala por un ejército enviado por Yazid, califa omeya rival de la casa de Alí. Este acontecimiento, que originó la rama chiita del islam, dio lugar a los actuales rituales de la Ashura que pueden incluir, en algunas regiones, la autoflagelación.

Según la leyenda, el campamento de Hussein en Kerbala sufrió un largo asedio en el que padecieron cruelmente la falta de agua. La sed fue la que empujó a Hussein a ordenar un ataque que le llevó al martirio. Sin grifo y sin agua para siempre, la fuente del Four Seasons invita a los creyentes a meditar sobre este sufrimiento.

Aunque el islam turco es sunita, mantiene una relación especialmente buena con el chiismo (preocupación por diferenciarse del islam árabe, fortísima influencia persa en la época selyúcida, influencia del sufismo, incluso sunita, que venera a Alí y a sus descendientes por motivos esotéricos, etc.) y conmemora la tragedia de la Kerbala mediante oraciones y el reparto del postre *Aşure*, hecho con maíz hervido, frutos secos e ingredientes sorprendentes como judías y garbanzos.

EN LOS ALREDEDORES:

VESTIGIOS DEL GRAN PALACIO DEL HIPÓDROMO

Entrada planta superior: café-restaurante Palatium, calle Kutlügün sokak 31 (frente a la fuente del hotel Four Seasons, ver más arriba). Entrada planta baja: café-restaurante Albura Kathisma, avenida Yeni Akbıyık Cad. n° 36-38.

Aunque a primera vista el Palatium no destaca entre los innumerables cafés-restaurante de Sultanahmet, las dos escaleras situadas en su jardín conducen a un laberinto de pasillos y de salas abovedadas de impresionantes dimensiones. Son los vestigios del Gran Palacio del hipódromo, residencia de emperadores bizantinos hasta que los cruzados conquistaron la ciudad en 1204 (después de que los bizantinos reconquistasen Constantinopla en 1261, los emperadores residieron en el palacio de Blaquerna, conocido como palacio de Constantino VII Porfirogeneta).

GRAFITI RÚNICO EN SANTA SOFÍA

Santa Sofía
Sultanahmet Mh., Ayasofya Meydanı, Fatih
• Abierto todos los días de 9 a 17 h en invierno y de 9 a 19 h en verano (último acceso una hora antes del cierre)
• Tranvía: Sultanahmet

"El pasado desconocido de los vikingos en Bizancio

Dentro de Santa Sofía, en la planta de arriba, se pueden ver, sobre la balaustrada de mármol de la galería de las mujeres, algunos grafitis rúnicos difícilmente descifrables. Las únicas palabras legibles son *Halvdan* y *Are*, que significan "mitad danés" y "águila" respectivamente. Dichas inscripciones en el idioma y el alfabeto vikingo son la prueba de un pasado desconocido: el de la guardia varega de los emperadores bizantinos. Los primeros vikingos llegaron a Constantinopla como comerciantes: los bizantinos les llamaron varegas, derivado de la palabra *Vaeringjar*, procedente del ruso *Varyag*, que significa vendedor ambulante. En aquel entonces, la convivencia entre rusos y vikingos era tan pacífica que estos últimos participaron en la creación del Estado ruso y se propuso incluso una palabra escandinava (*rossmen* – remeros) para explicar la etimología de la palabra ruso. Ya en 830, el rey de Suecia Björn envió una embajada al emperador Teófilo. Y en 950, el emperador Constantino VII Porfirogeneta describía en su *De administrando imperio* la ruta comercial entre Escandinavia y el Mar Negro. Esta ruta no solo se usaba para el comercio: en 1925, bajo Romano I Lecapeno, toda una flota vikinga descendió desde el Mar Negro para saquear las orillas del Bósforo. La flota bizantina tuvo que usar fuego griego para repeler a los intrépidos nórdicos.

La hostilidad terminó convirtiéndose en una colaboración: admiradores de las virtudes guerreras de los vikingos, los bizantinos los reclutaron para la guardia imperial hacia el año 1000 y, a veces, algunas tropas vikingas se unían al ejército bizantino como fuerzas auxiliadoras. Estas estaban acantonadas en San Mamas (el actual Beşiktaş), en las afueras de la ciudad y cerca del palacio de Constantino VII Porfirogeneta, intramuros. Los mercenarios varegas lucharon a las órdenes de Romano Diógenes, en la trágica batalla de Mantzikert (Malazgirt) cerca del lago de Van, en 1701, donde el ejército selyúcida aplastó al ejército bizantino y emprendió la conquista turca de Anatolia.

El emperador Alexis III envió entonces embajadas a los tres reyes escandinavos solicitándoles guerreros para su guardia varega. Estos protegieron con valentía al emperador bizantino durante la Cuarta Cruzada de 1204, que originó la conquista y el saqueo de Constantinopla por parte de los cruzados. Los varegas, apodados "bárbaros con hachas", permanecieron en el servicio imperial hasta principios del siglo XIII, que corresponde al declive de la edad de oro vikinga.

Las inscripciones rúnicas de Santa Sofía fueron grabadas sin duda con la daga de algún soldado vikingo que estuviera vigilando la galería de las mujeres, donde los hombres no podían entrar, salvo algunos miembros privilegiados de la familia imperial. Cansado de estar de guardia protegiendo a la emperatriz durante una interminable liturgia bizantina y seguro de no ser visto desde el trono imperial, se dedicó probablemente a matar el tiempo grabando su nombre, mientras que sus compañeros de armas esperaban en el vestíbulo de mármol, a la salida de la iglesia.

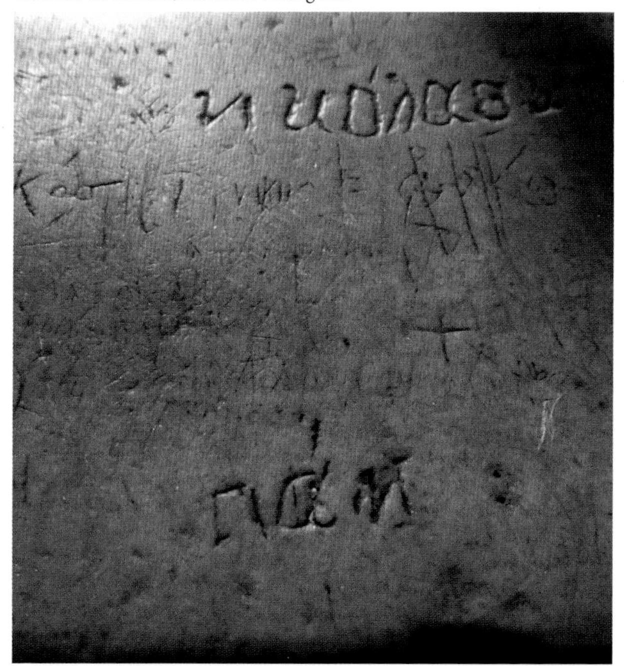

OTRAS INSCRIPCIONES RÚNICAS EN VENECIA

En Venecia hay un león enfrente del Arsenal que tiene unas inscripciones rúnicas grabadas. Traído de Atenas en 1687 por el dogo Francesco Morosini (que pasó a la posteridad por haber sido el autor de la explosión del Partenón en Atenas, donde estaba el polvorín de los turcos), este león montaba guardia antaño en la entrada del puerto griego de Pireo, cerca de Atenas. Estas inscripciones se grabaron en el siglo XII por orden del rey noruego Harald III Haardrade (1015-1066). Este, tras morir su hermanastro Olaf II, partió al exilio a Constantinopla donde se convirtió en el jefe de la guardia varega, un cuerpo de élite del ejército bizantino, y conquistó Atenas, donde fue aparentemente a sofocar una insurrección. Ver la guía *Venecia insólita y secreta* del mismo editor.

LA FUENTE DEL VERDUGO

Primer patio del palacio de Topkapi, entre el Ba-i Hümayun (la puerta imperial) y el Bab-üs selam (la puerta del saludo, o de la paz) a la derecha, en el muro
• El palacio abre de 9 a 16.45 h (del 15 de abril al 30 de octubre hasta las 18.45 h). Martes cerrado

“*Para lavar los “instrumentos” de trabajo del verdugo...*

Reclutados entre los trabajadores balcánicos del imperio, los verdugos del Imperio otomano dependían del Bostandji-Bachi (*Bostancıbaşı* en turco; literalmente, el jardinero jefe).

En efecto, los jardineros se encargaban tanto del mantenimiento de los espacios verdes como del orden público y por lo tanto no solo se ocupaban de tallar los arbustos y las flores, sino también de cortar cabezas.

El legendario maestro del cuerpo de los verdugos era Kara Alí (siglo XVII) que había estrangulado, entre otros, a un sultán destronado y a un gran visir. Odiados por el pueblo, los verdugos eran enterrados en un cementerio especial en Eyüp (ver p. 84) con estelas funerarias cuadrangulares, sin inscripciones.

Contrariamente a todas las fuentes otomanas decoradas con bonitas caligrafías, la fuente del verdugo no tiene ninguna inscripción.

En 1889, Abdülhamid II ordenó que metiesen la fuente del verdugo dentro de la Bab-i Hümayun, con motivo de la primera visita del emperador Guillermo II: los verdugos venían a esta fuente a lavar sus “instrumentos” de trabajo y, sin duda, el sultán no quería herir la sensibilidad de su augusto amigo con semejante visión macabra.

En 1930, a petición del director del Museo de Antigüedades, Halil Bey, la fuente volvió a su sitio.

Las cabezas decapitadas se exponían en la pequeña columna situada delante de la fuente.

Curiosamente, la puerta de Jaffa en Jerusalén también fue derruida para que pudiera pasar la procesión imperial de Guillermo II. Sin embargo tuvo menos suerte que la fuente del verdugo ya que nunca fue reconstruida y hoy sigue faltando en la preciosa muralla otomana que rodea la ciudad santa.

CEVRI KALFA: CUANDO EL IMPERIO SE SALVÓ CON UN PUÑADO DE BRASAS

En 1807, el sultán reformista Selim III fue destronado y sustituido por el joven sultán títere Mustafá IV, fácilmente manipulable por los sectores reaccionarios y los jenízaros. Un año más tarde, Alemdar Mustafa Paşa, fiel al sultán destronado, reunió a las tropas del Danubio y bajó a Estambul con el fin de destronar a Mustafá IV y de volver a coronar a Selim III, encarcelado en el palacio de Topkapi. Cuando los soldados de Alemdar Mustafa Paşa intentaban derribar las puertas del palacio, Mustafá IV ordenó ejecutar a Selim III y a su sobrino Mahmud, el príncipe heredero. Un grupo de eunucos atacaron a Selim con cimitarras y dagas; el gran sultán músico intentó defenderse en vano con su *ney*, una flauta de caña muy preciada en la música sufí. Habiendo asesinado al tío, el príncipe Mahmud se convirtió en el último objetivo de los verdugos quienes le encontraron en una escalera que llevaba a la planta superior de sus apartamentos, acompañado de algunos empleados del harén y de sus odaliscas. Justo cuando los eunucos estaban a punto de alcanzar al joven príncipe de 23 años, Cevri Kalfa, una odalisca circasiana del harén, fiel a Mahmud hasta la muerte, tuvo una idea brillante: bajó al horno del hamam y volvió con una escudilla de brasas que lanzó sobre los asaltantes mientras ordenaba a los empleados del harén que subiesen al príncipe heredero al tejado. Luego bajaron al príncipe al patio interior del harén por una escalera improvisada, le calzaron unos zapatos que un funcionario del palacio había abandonado y le ocultaron entre alfombras enrolladas. Alemdar Mustafa Paşa, que había llegado a Estambul con sus tropas, le proclamó sultán acortando el ritual imperial.
Mahmud II reinó hasta 1838, dejando su huella en la historia otomana como un gran hombre de Estado y un reformista convencido, al continuar con la política que inició su tío asesinado, Selim III, que le había educado como a un hijo.
Cabe destacar que este acontecimiento salvó probablemente al imperio de un final más rápido que el que conoció, ya que Mustafa IV, el sultán al poder (ejecutado meses después de ser destituido), no tuvo ningún hijo varón. Mahmud II nombró a Cevri Kalfa responsable de la tesorería del harén hasta que esta entregada mujer falleció.
Cuando murió, Mahmud II mandó construir en su memoria, en 1819, la escuela primaria Cevri Kalfa (avenida Divanyolu Cad. Nº14 – Sultanahmet). También hay una mezquita Cevri Kalfa en Üsküdar, erigida en su honor por Mahmud II. En 1858, la escuela primaria se convirtió en una escuela de arte para chicas y luego en una escuela de artes gráficas en la era republicana. Albergó unos tribunales después de que el palacio de justicia se incendiara en 1933 y, en 1945, volvió a ser una escuela primaria. Desde 1985, es la sede de la Fundación de la Literatura Turca que posee una librería y una preciosa pastelería donde se pueden degustar postres tradicionales en un ambiente de época.

INSCRIPCIONES OTOMANAS DE SARCÓFAGOS BIZANTINOS 30

Palacio de Topkapi

El recuerdo de sarcófagos bizantinos en un palacio otomano

Justo después de entrar por la puerta principal al palacio de Topkapi, a la derecha, delante de las cisternas, una de las columnas del pórtico tiene dos inscripciones superpuestas: recuerdan el descubrimiento de unos sarcófagos bizantinos bajo las raíces del plátano que todavía se alza delante del pórtico.

La primera inscripción, de 1847, recuerda que se descubrieron dos tapas de sarcófagos bizantinos entre las raíces, pero que no se sacaron para no dañar el árbol. La segunda inscripción, de 1919, concluye que se desenterraron las tapas y se llevaron al museo de Arqueología, sin causarles daño alguno. La inscripción es obra de Ismail Hakki Altunbezer, decano de los calígrafos de la época, lo que parece indicar la importancia otorgada a estos descubrimientos arqueológicos.

Aunque está eclipsado por los palacios de Dolmabahçe y de Yildiz, el palacio de Topkapi no quedó abandonado en 1919 y la dinastía otomana vivió en él durante el declive del Imperio.

El descubrimiento de los sarcófagos no es nada sorprendente, dado que el palacio de Topkapi se sitúa en lo que fue la acrópolis de la antigua ciudad de Bizancio y, por lo tanto, está lleno de vestigios bizantinos, como las cisternas que todavía pueden verse en el jardín del palacio.

OBELISCOS CONMEMORATIVOS DE LOS REPOLLOS Y LAS BAMIAS

31

Jardín del palacio de Topkapi
• Abierto de 9 a 16.45 h (del 15 de abril al 30 de octubre hasta las 18.45 h). Martes cerrado

El recuerdo de unas increíbles hazañas deportivas

En el jardín del palacio de Topkapi (entrar por la puerta principal, girar a la derecha hacia los edificios militares) y en varios lugares de Estambul, especialmente en Çengelköy y en Paşabahçe (ver p. 263) en la orilla asiática del Bósforo, hay unas pequeñas y curiosas columnas con forma de repollo y de bamia, una hortaliza también conocida como "cuerno griego" o "quimbombó" en español (lat. *Hibiscus Esculentus*).

El monumento conmemorativo del jardín de Topkapi tiene dos columnas de las cuales una, erigida por Selim III (sultanato de 1789 a 1807), representa un repollo, para honrar a un tirador del equipo de los Repollos que, tirando con un fusil, había alcanzado un huevo a una distancia de 434 pasos (ver página anexa).

La bamia es una hortaliza curiosa, rara en Europa, que representa una de las delicias de la cocina turca y se prepara con carne de cordero o de pollo. Se seca al sol en verano para consumirse en invierno.

EL REPOLLO Y LA BAMIA: DOS HORTALIZAS, SÍMBOLO DE DOS EQUIPOS DEPORTIVOS DEL PALACIO DE TOPKAPI

El repollo y la bamia eran los símbolos de dos equipos deportivos del palacio de Topkapi cuyo origen, según la leyenda, se remonta a principios del siglo XV, época en la que el futuro sultán Mehmed I, por entonces gobernador en Amasya (al noreste de Ankara) había organizado unas competiciones deportivas. Los contrincantes eran unos caballeros de Amasya, ciudad conocida por sus bamias, y de Merzifon, una ciudad cercana conocida por sus repollos. Con la participación de los empleados del palacio, los dos equipos se institucionalizaron bajo el símbolo de sus respectivas hortalizas. Las contiendas entre los partidarios de los Repollos y de las Bamias se dieron primero en Edirne (Adrianópolis) y luego en Estambul, donde Mehmed II, apodado el Conquistador, comenzó a organizar juegos deportivos en el jardín del flamante palacio de Topkapi. Estas versiones otomanas de los equipos deportivos verdes y azules de la época bizantina formaban parte de la cultura y de la vida social estambulita. Los colores cambiaron un poco: el equipo de los Repollos se vestían de verde y el de las Bamias de rojo.Las intrigas palaciegas contaminaron estos juegos y, durante un tiempo, los eunucos blancos (reclutados en los Balcanes y encargados de la policía interna del palacio) se identificaron con el equipo de las Bamias y los eunucos negros (comprados por comerciantes en África del Norte, a veces castrados por especialistas en monasterios coptos en Egipto, y con funciones importantes en el harén) con el de los Repollos. La rivalidad se convirtió en hostilidad, sobre todo porque los juegos deportivos, violentos, donde el tiro al arco o con fusil eran muy populares, eran una especie de preparación a la guerra: se practicaba sobre todo el *tomak*, donde los adversarios se pegaban con unas especies de mazos o de látigos de fieltro. También jugaban a una especie de polo, donde los jinetes se lanzaban jabalinas y bolos de madera. Los sultanes asistían a menudo a los juegos, recompensaban generosamente a los ganadores e incluso intervenían para poner fin a los juegos que degeneraban en verdaderas batallas campales. A veces, tras los juegos, se organizaban conciertos, bailes, espectáculos de acrobacia y de prestidigitación.

Selim III y su sobrino Mahmud II (sultanato de 1808 a 1839) fueron los más apasionados y los últimos espectadores de los juegos de los Repollos y las Bamias. A Selim le gustaba tanto el repollo que compuso un poema en su honor: “El repollo, que nace en pleno invierno / se parece al mazo de Cosroes y da vitalidad al hombre / porque es como unas hojas frescas de rosa...”. Su elección deportiva estaba predeterminada. En 1812, Mahmud II organizó dos juegos en Büyükdere, al norte del Bósforo, hacia Sariyer, al que asistieron los diplomáticos europeos procedentes de sus cercanas embajadas de verano. Estos regalaron frutas y dulces a los jugadores de los Repollos y las Bamias, cuyo juego había sido particularmente espectacular, apoyados por los lemas de sus seguidores: “¡Fueza de los Repollos!”, “¡Delicias de las Bamias!”. Mahmud II, defensor de las Bamias y gran organizador de los juegos de las hortalizas, también fue el que los suprimió. Tras la supresión del cuerpo de los jenízaros en 1826, abolió en 1832 la administración interna del palacio (*Enderun*) de la que dependían los Repollos y las Bamias y adoptó los métodos modernos de formación militar, con la ayuda de los oficiales prusianos. Los antiguos juegos de guerra habían perdido su razón de ser.

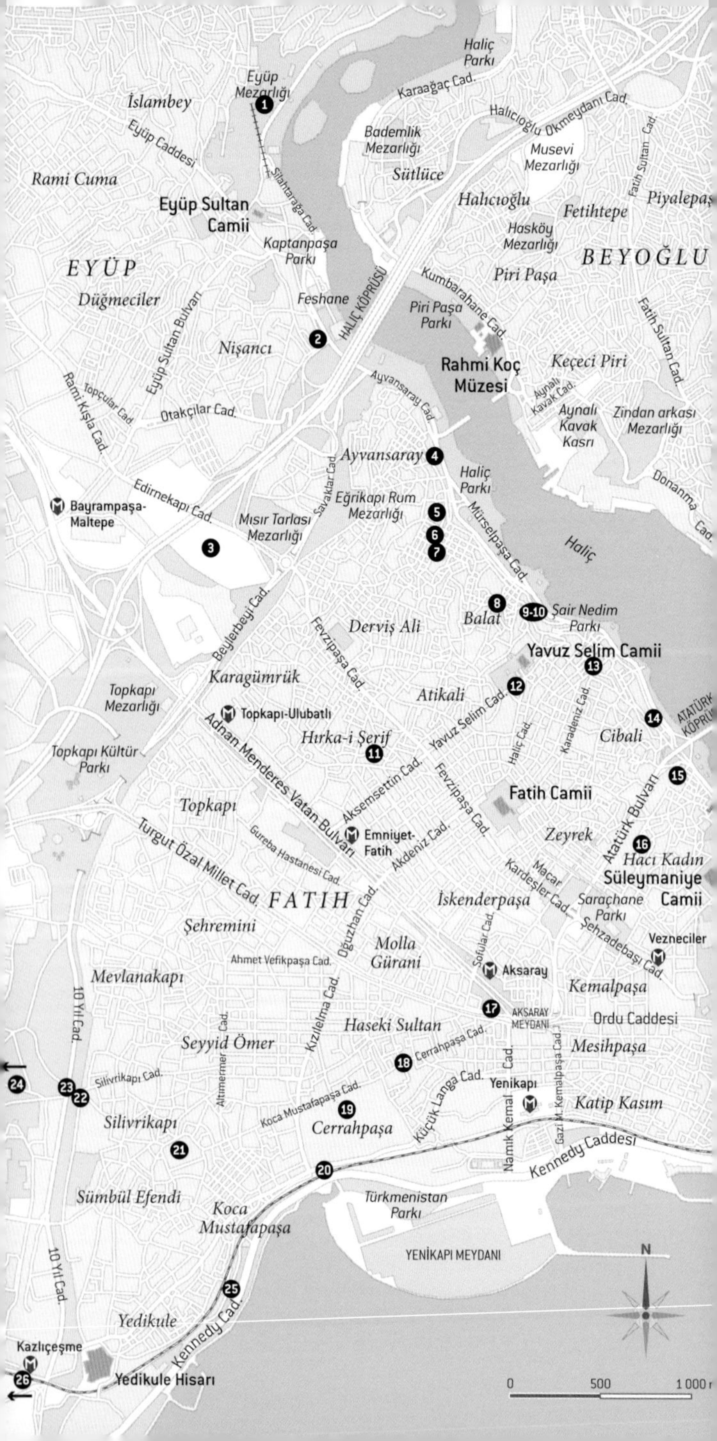

Haliç Parkı
Eyüp Mezarlığı
Karaağaç Cad.
İslambey
Halıcıoğlu Okmeydanı Cad.
Eyüp Caddesi
Bademlik Mezarlığı
Musevi Mezarlığı
Fatih Sultan Cad.
Rami Cuma
Silahtarağa Cad.
Sütlüce
Eyüp Sultan Camii
Halıcıoğlu
Fetihtepe
Piyalepaş
Kaptanpaşa Parkı
Hasköy Mezarlığı
EYÜP
BEYOĞLU
Piri Paşa
HALİÇ KÖPRÜSÜ
Kumbarahane Cad.
Düğmeciler
Feshane
Piri Paşa Parkı
Fatih Sultan Cad.
Eyüp Sultan Bulvarı
Nişancı
Rahmi Koç Müzesi
Keçeci Piri
Topçular Cad.
Ayvansaray Cad.
Aynalı Kavak Cad.
Rami Kışla Cad.
Otakçılar Cad.
Aynalı Kavak Kasrı
Zindan arkası Mezarlığı
Ayvansaray
Savaklar Cad.
Haliç Parkı
Donanma Cad.
Edirnekapı Cad.
Eğrikapı Rum Mezarlığı
Bayrampaşa-Maltepe
Mısır Tarlası Mezarlığı
Mürselpaşa Cad.
Haliç
Beylerbeyi Cad.
Şair Nedim Parkı
Derviş Ali
Balat
Fevzipaşa Cad.
Yavuz Selim Camii
Karagümrük
Atikali
Topkapı Mezarlığı
Yavuz Selim Cad.
Karadeniz Cad.
ATATÜRK KÖPRÜSÜ
Topkapı-Ulubatlı
Adnan Menderes Vatan Bulvarı
Hırka-i Şerif
Haliç Cad.
Cibali
Topkapı Kültür Parkı
Aksemsettin Cad.
Fevzipaşa Cad.
Fatih Camii
Atatürk Bulvarı
Topkapı
Emniyet-Fatih
Zeyrek
Turgut Özal Millet Cad.
Gureba Hastanesi Cad.
Akdeniz Cad.
Hacı Kadın
Macar Kardeşler Cad.
Süleymaniye Camii
FATIH
İskenderpaşa
Saraçhane Parkı
Oğuzhan Cad.
Şehremini
Şehzadebaşı Cad.
Sofular Cad.
Vezneciler
Molla Gürani
Ahmet Vefikpaşa Cad.
Aksaray
Mevlanakapı
Kızılelma Cad.
Kemalpaşa
10 Yıl Cad.
AKSARAY MEYDANI
Ordu Caddesi
Haseki Sultan
Altımermer Cad.
Seyyid Ömer
Cerrahpaşa Cad.
Namık Kemal Cad.
Gazi M. Kemalpaşa Cad.
Mesihpaşa
Silivrikapı Cad.
Yenikapı
Küçük Langa Cad.
Koca Mustafapaşa Cad.
Katip Kasım
Silivrikapı
Cerrahpaşa
Kennedy Caddesi
Sümbül Efendi
Türkmenistan Parkı
Koca Mustafapaşa
YENİKAPI MEYDANI
10 Yıl Cad.
N
Yedikule
Kennedy Cad.
Kazlıçeşme
Yedikule Hisarı
0
500
1 000 m
1
2
3
4
5
6
7
8
9-10
11
12
13
14
15
16
17
18
19
20
21
22
23
24
25
26

FATIH
CUERNO DE ORO OESTE

LÁPIDAS DE VERDUGOS

1

Cementerio de Eyüp
Alrededores del monasterio de Karyağdı Baba Tekkesi
Calle Karyağdı, detrás del café Pierre Loti
• Bus: Eyüpsultan (tomar luego el teleférico o ir por la avenida İdris Köşkü Cad.)

Piedras en bruto, sin inscripciones

Aunque antaño las tumbas de los verdugos estaban en una parcela especial dentro del enorme cementerio de Eyüp, hoy solo quedan algunas alrededor del monasterio de Karyağdı.

Se distinguen porque son las únicas sin inscripciones. En la época otomana, los verdugos, odiados por el pueblo, eran enterrados con lápidas funerarias cuadrangulares sin inscripciones, hechas de piedra calcárea en bruto que normalmente se usaba para revestir edificios, mientras que las lápidas ordinarias eran talladas en mármol de la isla de Mármara, con finos ornamentos y elegantes inscripciones.

Curiosamente, los verdugos tenían derecho a sepulturas de peor calidad que las personas a las que ejecutaban. Sin embargo, tenían un entierro religioso y decente.

El monasterio de Karyağdı (literalmente "ha nevado") debe su nombre al hecho de que la pendiente donde está el monasterio era el punto septentrional de la antigua ciudad y ahí caía la primera nieve del año.

Hay otras tumbas de verdugos en los patios de las mezquitas de Zal Mahmut Paşa (entre las avenida Zalpaşa Caddesi y Feshane Caddesi, barrio de Nişancı, Eyüp) y de Cezeri Kasım Paşa (cruce de la avenida Zalpaşa y la calle Cezeri Kasım Akarçeşme, barrio de Çömlekçiler, Eyüp).

El palacio de Topkapi también posee una fuente de los verdugos (ver p. 77) en su interior.

EL MINARETE DE LA MEZQUITA DE DEFTERDAR

2

Avenida Defterdar, Eyüp
Nişancı
Bus: Feshane

> ***Un minarete rematado con un tintero y una pluma***

Aunque el minarete de una mezquita suele estar rematado con un *alem*, una especie de adorno metálico en forma de media luna, el *alem* de la mezquita de Defterdar se compone de seis medialunas concéntricas sobre las que hay un tintero esférico y una pluma, cuyo original se fabricó con una caña especialmente seleccionada y tratada.

La mezquita de Defterdar, proyectada por el arquitecto Sinan, fue construida en 1541 por Mahmud Çelebi, llamado "Nazli" (el caprichoso), ministro de las Finanzas (*defterdar*) bajo Solimán el Magnífico. Fue él quien colocó sus herramientas de caligrafía sobre el minarete para recordar que era un reputado calígrafo en su época: Mahmud Çelebi había sido incluso alumno del jeque Hamdullah, el verdadero fundador de la Escuela de Caligrafía otomana, y seguía cultivando su arte en sus ratos libres como ministro de las Finanzas, en el apogeo del poder económico del imperio.

Se dice que le llamaban "el caprichoso" debido a lo avaricioso que era como ministro.

TUMBA DE KÖPEKÇI HASAN BABA

3

Cementerio de Edirnekapi
Frente a la casa del nº9 de la calle Otakçıbaşı
Avenida Fethi Çelebi
Edirnekapi
- Abierto desde el amanecer hasta el anochecer
- Metro y bus: Edirnekapi

El santo patrón de los perros

Dentro de la zona conocida como Misir tarlasi (campos de maíz) del cementerio Edirnekapi, donde se encuentra el mausoleo del compositor Itri, hay una sepultura que suele estar rodeada por una manada de perros. La tumba en sí no tiene nada de especial, sin embargo alberga los restos de un personaje muy pintoresco.

Köpekçi Hasan Baba siempre estaba acompañado de perros que le obedecían ciegamente; era un vagabundo de finales de la segunda mitad del siglo XIX al que a veces llamaban en árabe *Ebu-I Kilab* (padre de los perros). Daba de comer a los perros uno a uno y, cuando un perro intentaba comerse la comida de otro, lo apartaba de la manada durante tres días, un castigo que el perro infractor aceptaba sorprendentemente. Cuando iba a otro barrio,

juntaba los perros de ese barrio para pasearlos por la ciudad y, aunque también daba de comer a gatos callejeros, no establecía con ellos vínculos tan personales como con los perros.

Considerado el jefe de los otros vagabundos de Estambul, Hasan Baba dormía delante de una puerta de la mezquita de Fatih donde realizaba las cinco oraciones diarias.

También tenía una reputación de santo. La leyenda cuenta que un día paró a un transeúnte para pedirle limosna. Mientras que este hurgaba en sus bolsillos para darle algo, se desprendió un pedazo de muro: el transeúnte habría muerto sin duda si no le hubiese parado Hasan Baba. Cuando la gente le consultaba, era capaz de predecir el futuro recitando poesía. Antes del estallido de las hostilidades entre el Imperio otomano y Grecia en 1897, había predicho con exactitud el día del inicio de la guerra y su resultado, y gozaba del respeto del alto clero musulmán que le dejaban predicar en las mezquitas.

Un día, incluso, habría influenciado indirectamente al sultán: cuando los cristianos se quejaron ante él de los impedimentos que encontraban para obtener la autorización de construir una nueva iglesia, Hasan Baba garabateó al instante estas palabras dirigidas al sultán: "¡Mi sultán! Si no permites que se construya la iglesia, ofenderás a la vez a Jesús y a Moisés". Considerando la reputación de Hasan Baba, el sultán autorizó la construcción de lo que hoy se cree que es la iglesia búlgara de San Esteban, una historia bastante creíble dado que esta iglesia se construyó cuando Hasan Baba vivía, en la época del sultán Abdul Hamid II.

ICONOSTASIO DEL MILAGRO APÓCRIFO DE LA VIRGEN

4

Aghios Dimitrios Xyloportas
Kırk Ambar Sok. nº 12
Ayvansaray
• Bus: Balat Hastanesi

Tener las manos cortadas...

La iglesia de Dimitrios Xyloportas (Aya Dimitri Rum Ortodoks Kilisesi en turco) alberga un maravilloso iconostasio, cuya hoja derecha representa un tránsito de la Virgen en la que hay un rabino, vestido de dignatario otomano (la iglesia se fundó en el siglo XVIII), cuyas manos, que se mantienen agarradas al féretro de la Virgen, acaban de ser amputadas por la espada de fuego del arcángel Miguel.

La escena representa un desconocido milagro de la Virgen y es relatada entre otras en la *Leyenda dorada* de Santiago de la Vorágine. Según este texto, mientras la Virgen dormía (según la tradición cristiana, la Virgen no muere antes de su Asunción, está simplemente dormida) y era transportada por unos fieles, un tal Jefonías se acercó al cuerpo de la Virgen. Queriendo demostrar que la Virgen no había adquirido la santidad, se acercó al féretro de la Virgen y lo tocó. Sus manos fueron mágicamente amputadas y el hombre se desplomó.

Erigida en el emplazamiento de una iglesia bizantina, Aghios Dimitrios Xyloportas (con las puertas de madera) también lleva el nombre de un patricio bizantino, Nicolas Canavis (Kanavi), que vivió durante la conquista latina de la ciudad en 1204. La antigua iglesia fue la sede provisional del Patriarcado griego, mientras transformaban la iglesia de santa Sofía en mezquita y el Patriarcado se establecía definitivamente en su ubicación actual en el Phanar, a principios del siglo XVII. El edificio actual se construyó en 1730 y ha sido restaurado varias veces.

La iglesia de San Giacomo dell'Orio en Venecia posee un cuadro que representa la misma escena. Ver la guía *Venecia insólita y secreta* del mismo editor.

LA PUERTA DE LA IGLESIA DE SURP HREŞDAGABET

5

Calle Kamış Sokak n° 2
Balat
• Bus: Balat o Köprübaşı

Inscripciones en alemán antiguo

En pleno Cuerno de Oro, la iglesia de Surp Hreşdagabet es una iglesia armenia con una magnífica puerta de hierro fundido adornada con interesantes bajorrelieves de inspiración religiosa. La puerta habría sido descubierta durante unas excavaciones realizadas en el palacio de Topkapi en 1742 bajo el sultanato de Mahmud I y adquirida por Babik, herrero principal del palacio, quien la colocó entre la nave y la capilla lateral izquierda de la iglesia.

Aunque se consideró durante tiempo que la puerta era de época romana por los caracteres "latinos" que figuran en ella, en realidad la inscripción es alemán antiguo y la puerta data del siglo XVIII. La inscripción de la hoja izquierda, situada debajo de la imagen de la expulsión de los mercaderes del templo por Jesús, cita los versículos del Evangelio según san Juan (II/15-17) relacionados con este acontecimiento. La hoja de la derecha alaba la victoria de san Jorge matando al dragón, cuya imagen está encima.

El *aghiasma* (ver p. 241), bastante inusual en una iglesia armenia, indica la presencia de un antiguo santuario bizantino que se llamaba Aghios Stratios o Taksiarhes (arcángeles, en griego, que corresponde al nombre armenio de la iglesia). En ruinas, la iglesia fue donada en el siglo XVII a los armenios mediante un decreto imperial. Arrasada en repetidas ocasiones por incendios, la iglesia actual data de 1835 y custodia preciosos iconos, como el de Tcharkhapan Surp Asdvadzadzin (Santa Madre de Dios que impidió los males) e Hyntragadar Surp Asdvadzadzin (Santa Madre que concede los deseos). Se accede al *aghiasma* dedicado a san Artemio (martirizado en 363 por el emperador Juliano el Apóstata) por la capilla lateral. En ella se exponen reliquias, como los huesos de santa Peprona, descubiertos en este lugar en 2006.

Antaño, el segundo fin de semana de septiembre, se celebraba una curiosa liturgia en esta iglesia donde los fieles de todas las religiones se reunían en busca de sanación, practicando una especie de chamanismo y sacrificando gallos. Unos diáconos repartían alfombras de oración a los musulmanes que hacían primero las abluciones islámicas antes de bajar al *aghiasma* para beber agua. El Patriarcado, cansado de las cadenas de televisión que abusaron divulgando imágenes de estos rituales, decidió prohibirlas.

EL PÚLPITO DE LA SINAGOGA DE AHRIDA

Entre las calles Kürkçü Çeşme Sokak y Gevgili Sokak
Balat
- Se puede visitar previa autorización del Gran Rabinato
- Tel.: [0212] 293 8794
- seheratilla@yahoo.com
- www.turkyahudileri.com

¿El Arca de Noé o un barco que salvó a los judíos de España?

La sinagoga de Ahrida, construida en el siglo XV y arrasada por un incendio en 1693, fue reconstruida a partir de 1694 y declarada Monumento Histórico en 1989. Es la sinagoga más grande y sin duda una de las más antiguas de Estambul. Tiene un imponente *teva* (púlpito que recuerda el altar del Templo de Jerusalén) en forma de proa de barco, en el centro. Aunque para muchos esta proa de barco representa el Arca de Noé, para otros la proa remite sencillamente a los barcos de la flota otomana comandada por Kemal Reis que salvó a los judíos de España y les llevó a tierra otomana en 1492. Se atribuye la siguiente frase al sultán de aquel entonces, Bayezid II: "Llamáis a Fernando rey sabio, pero exiliando a los judíos empobrece su país y enriquece el mío".

La restauración que se realizó en 1992 parece corroborar una antigua leyenda según la cual la sinagoga se constituyó derribando un muro que separaba dos sinagogas adyacentes.

Fue en Ahrida donde Sabbetai Sevi [ver p.224] habría predicado ante la comunidad judía de Estambul para convencerles de que él era el Mesías esperado.

LOS JUDÍOS EN TURQUÍA: SEFARDÍES, ROMANIOTES Y ASQUENAZÍES

Los judíos españoles, llamados sefardíes, siguen constituyendo hoy el grueso de la comunidad judía de Turquía que incluía también a los romaniotes, descendientes de la comunidad judía bizantina, cuyos orígenes se remontan a la diáspora judía de la época helénica de antes de Cristo que desapareció al mezclarse con sefardíes de la época otomana. Aunque su apelativo les define como los judíos del Imperio otomano, los bizantinos se llamaban en realidad *romanos* porque el término de Imperio bizantino es un invento de los historiadores del siglo XVI. También hay una minúscula comunidad asquenazí, formada con las emigraciones de los judíos alemanes que huían de la opresión antisemita del feudalismo bávaro en el siglo XV y de los judíos de Europa central y oriental por razones económicas en el siglo XIX. Los judíos de la Turquía actual siguen muy unidos a España y hablan a menudo *ladino*, castellano mezclado con palabras turcas, aunque los jóvenes lo hablan cada vez menos. La revista quincenal Şalom, que se publica en turco, siempre le dedica unas páginas.

Ahrida debe su nombre a sus fundadores, oriundos de Ohrid en Macedonia, que emigraron a Estambul a principios del siglo XV. Ahrida es la pronunciación griega de Ohrid; en la época los judíos de Bizancio hablaban un dialecto griego particular [el yevánico].

LA PIEDRA AGUJEREADA DE LA IGLESIA DE TAXIARCHIS

7

Iglesia de Taxiarchis
Avenida Ayan Cad. nº 25 - Balat

"Una reminiscencia de los cultos antiguos de las "piedras agujereadas""

En el jardín de la iglesia de Taxiarchis (también llamada *Aghios Stratios* en griego o *Aya Strati* en turco) hay un edificio que alberga un *aghiasma* (fuente sagrada) dedicada al arcángel san Miguel. Cuenta la leyenda que el arcángel agujereó la gran piedra que está al nivel del suelo, en medio del muro interior, y que divide el edificio casi en dos.

Según la tradición, las personas con enfermedades mentales que pasan a través de este agujero se curan y los niños se libran de las enfermedades infantiles. Y también dicen que los deseos se cumplen. Este ritual de origen pagano, en medio de una iglesia ortodoxa, se remonta a la Antigüedad.

En la Antigüedad, atravesar un agujero era a menudo iniciático: el agujero simboliza el útero materno y pasar a través del agujero, un renacimiento espiritual.

En los textos antiguos, la piedra agujereada de Taxiarchis se llamaba Zurlopetra o Zolohopetra que significaría "la piedra de los locos" y habría dado nombre al barrio vecino: Zuropetra. Aunque está demostrado que la iglesia existe desde el siglo XVI, el edificio en cambio es de 1833. A pesar de que la parroquia griega del barrio desapareció por completo, la iglesia está en perfecto estado y posee una colección de numerosos iconos antiguos.

OTRAS PIEDRAS AGUJEREADAS EN ANATOLIA

En Anatolia abundan las piedras agujereadas: en el pueblo de Solfasol, hoy perdido entre los barrios de Ankara, hay una piedra agujereada en el sótano de un mausoleo de santo: solo los inocentes pasan sin dificultad por el agujero, mientras que los pecadores, incluso los delgados, se quedan atrapados. En Nallıhan y cerca de Gaziantep, pasan a los niños con tosferina a través de una piedra agujereada. En Mudurnu y en Isparta, los niños anoréxicos pasan a través de una piedra agujereada para curarse. En Erzurum, en un molino, pasar a través de la piedra cura el estrabismo, la tos y la afonía. En Alaşehir también (la "Filadelfia" del Apocalipsis de san Juan), pasar a través de la piedra cura la tos. Cerca de Selçuk, los jóvenes pasan a través de la piedra agujereada para casarse. En Karaman, realizan este ritual para tener niños. El ejemplo más conocido de las piedras agujereadas está a tres kilómetros de Hacıbektaş, donde está el mausoleo de Hacı Bektaş Veli, fundador de la orden sufí Bektaşiye y venerado por los alevíes que organizan un gran festival anual alrededor de su mausoleo. La piedra agujereada de Hacıbektaş está al fondo de una cueva donde el santo se retiraba a recogerse y a meditar. Aquí también solo pasan los inocentes: el pecador que se queda atrapado en ella debe hacer una promesa al santo para liberarse.

Podemos encontrar piedras agujereadas en la Italia meridional, con rituales parecidos: la Sacra Roccia di San Vito en Calimera, en Puglia, también está en medio de una iglesia. Los fieles pasan a través del agujero de esta roca una vez al año, el lunes del ángel, para purificarse de sus pecados, para pedir fertilidad y para curarse de enfermedades.

SÍMBOLO MASÓNICO DEL COLEGIO GRIEGO ORTODOXO DE FENER 8

Calle Sancaktar nº 36
Fener
• Se puede visitar solicitándolo amablemente a los vigilantes del colegio

Un colegio patriarcal con un símbolo masónico

El magnífico edificio que se puede admirar en el número 36 de la calle Sancaktar, en Fener, data de los años 1880. Con el color escarlata de sus ladrillos de Marsella, su imponente tamaño y su arquitectura ecléctica que recuerda a un castillo de hadas, el Colegio para Chicos de Fener (Fener Rum Erkek Lisesi) domina las vistas del Cuerno de Oro. A menudo lo confunden con el Patriarcado Griego. Los afortunados visitantes que tienen la suerte de entrar se maravillan con la belleza de la arquitectura interior, con la ingeniosa distribución de las salas y con la calidad de los adornos neoclásicos. La dirección del colegio tiene la costumbre de colgar en las paredes de la gran sala de reuniones, como un loable acto de reconocimiento, las fotos de todos los antiguos profesores del colegio. Entre ellos destaca Kenan Rifai, gran figura de la hermandad de los Rifai de principios del siglo XX, que enseñó la lengua francesa a los alumnos del colegio patriarcal, lo que da una idea sobre la apertura de mente y el nivel intelectual del liceo, así como del sufismo de principios de este siglo.

Los suertudos que obtengan permiso para subir hasta la linterna de la cúpula del colegio, que sirvió de observatorio astronómico, se quedarán sin aliento con las vistas que les esperan. Después de visitar el colegio por dentro, se recomienda ver el edificio por fuera para descubrir la firma del arquitecto, Constantino Dimadis, graduado del colegio de Fener.

Curiosamente, la firma del arquitecto, que está grabada en la parte trasera del edificio, está rodeada de signos masónicos que dejan una sombra de duda sobre las afiliaciones de Dimadis. Aunque el colegio de Fener no es un seminario de formación para el clero, no deja de ser una institución eclesiástica, al menos en sus orígenes, y la Iglesia ortodoxa nunca sintió gran simpatía por la masonería.

Además, el edificio se inauguró en pleno inicio del sultanato de Abdul Hamid II, que buscó desmantelar una red de masones a la que pertenecía su predecesor, Murad V, destronado y encerrado por problemas mentales y porque cabía la posibilidad de que retomase el trono.

Siguiendo los pasos de la Academia Patriarcal de la época bizantina, el patriarca Gennadios Scholarios fundó el Gran Colegio Griego (Rum Mekteb-i Kebiri), en virtud de los privilegios otorgados por el firmán (decreto imperial) de Mehmed el Conquistador en 1454, a saber un año después de que la ciudad fuese conquistada.

Muchos dragomanes y eclesiásticos griegos de la época otomana se graduaron en esta institución. El Gran Colegio se encargó también de formar a los gobernadores de dos principados danubianos del Imperio, Valaquia y Moldavia, que eran elegidos entre la aristocracia del Phanar (barrio del Patriarcado en torno al cual se estableció la clase de los comerciantes y de los burócratas griegos), los fanariotas. La base del curso educativo era la teología, pero también incluía filosofía antigua y moderna así como filología y literatura antiguas. El colegio se trasladó a Kuruçeşme (Xriokrinis) a principios del siglo XIX y volvió a Fener hacia los años 1850. A partir de los años 1860, se convirtió en un colegio de educación clásica.

LA PUERTA CLAUSURADA DEL PATRIARCADO GRIEGO ORTODOXO 9

Calle Sadrazam Ali Paşa Cad. n° 35
Desde Eminönü o Unkapani, tomar el bus o taxi en dirección a Eyüp
No confundir con el colegio patriarcal, en lo alto del Cuerno de Oro, que los comerciantes del barrio tienden a indicar como el Patriarcado

Un patriarca colgado

Curiosamente, la puerta de entrada del Patriarcado Griego Ortodoxo de Constantinopla es la que vemos a la izquierda de la entrada principal: la puerta central está cerrada y clausurada por una reja en memoria del ahorcamiento del patriarca Gregorio V en esta misma puerta en 1821: habría apoyado la insurrección griega que estalló en el Peloponeso, simultáneamente con los obispos de Nicomedes, Anquialo y Éfeso.

Gregorio V fue finalmente canonizado como mártir de la independencia griega pero la historiografía turca, al contrario, le declaró como el arquetipo del griego pérfido que traicionó al Imperio, su benefactor.

La Iglesia ortodoxa siempre se mostró desconfiada hacia la Revolución Francesa así como hacia la ideología nacionalista que esta empezó a exportar al mundo entero, sobre todo a los Balcanes. El clero griego reaccionó rápido contra las "ideas impías" de la Revolución, con panfletos en los que probablemente Gregorio V participó. De hecho, el Patriarcado no tenía ningún interés en permitir el surgimiento de Estados-nación en los Balcanes, lo que habría significado una separación de la Madre Iglesia. Además de sus privilegios de época bizantina, el Patriarca ejercía un poder político sobre sus fieles, aunando en sus manos el poder religioso y político de los emperadores bizantinos de quienes retomó el emblema –el águila imperial– y los títulos. Había entrado tan bien en el engranaje del aparato administrativo otomano que las comunidades ortodoxas de los Balcanes que no hablaban griego se quejaron de la helenización forzada por parte del clero, en connivencia con la Sublime Puerta. Tras un siglo de autocensura por ambas partes, fue el delegado Eleuterios Venizélos quien rompió el silencio en la conferencia de Lausana de 1923, ya que la presencia del Patriarcado en Estambul estaba siendo cuestionada. Según el eminente político, durante la insurrección griega, Gregorio V permaneció fiel a la Sublime Puerta, hasta el punto de amenazar con excomulgar a los ciudadanos otomanos que participaban en la insurrección. Pero como jefe simbólico de su comunidad, le responsabilizaron de los actos de sus fieles, lo que le llevó al patíbulo. Según una leyenda persistente, la puerta clausurada se abrirá de nuevo cuando Estambul vuelva a ser Constantinopla, tras ser liberada del poder turco.

EL PATRIARCADO GRIEGO ORTODOXO DE CONSTANTINOPLA

Hoy, el Patriarcado de Constantinopla/Estambul, con su estatua de *primus inter pares* con respecto a los otros patriarcados ortodoxos (Alejandría, Antioquía, Jerusalén, Moscú, Belgrado, etc.), representa los casi 2000 fieles ortodoxos de Estambul. Como institución eclesiástica, el patriarca ortodoxo de Estambul es reconocido como "ecuménico" y dispone de poderes de administración directos sobre las iglesias ortodoxas de varios países, como las comunidades ortodoxas de Europa occidental y de América del Norte y del Sur. También las otras iglesias ortodoxas autónomas o autocéfalas la reconocen como una autoridad espiritual ecuménica.

EL BAJORRELIEVE DE LA MANO DE MAHOMA ⑩

Aghiasma de san Charalambos
Jardín del Patriarcado Griego Ortodoxo
Sadrazam Ali Paşa Cad. n° 35

> **"*Un monasterio ortodoxo bajo la protección del profeta del islam*"**

Entre los iconos y los restos de ornamentos arquitectónicos bizantinos que decoran el pequeño *aghiasma* dedicado a san Charalambos, situado en el jardín del Patriarcado, un bajorrelieve de una mano de mármol con una especie de mitra a su lado pasa desapercibido. Situada junto a la escalera de la biblioteca, al fondo del camino que, a la derecha, bordea el muro de la iglesia patriarcal de San Jorge, esta mano tiene la excepcional particularidad, en este espacio exclusivamente cristiano, de representar a Mahoma, profeta del islam, que protege un antiguo monasterio ortodoxo con su mano.

Antaño, esta mano decoraba la puerta de un edificio monástico que pertenecía a la cercana iglesia de San Juan de Pródromo (Mürsel Paşa Caddesi n° 134, Balat). Esta tenía la particularidad de ser un *metoquion* (embajada) del monasterio de Santa Catalina, en el monte Sinaí, en Egipto.

Al igual que el monasterio del que depende, tiene la importante característica de tener la protección oficial de Mahoma: el islam reconoce el monte Sinaí como el lugar donde Moisés recibió la revelación de los diez mandamientos: el Corán hace referencia a ello en la sura 52 *At-Tûr* (El Monte). Desde sus inicios, el islam mantuvo buenas relaciones con la comunidad monástica de Santa Catalina. En 1623, un documento firmado por el propio profeta habría eximido a los monjes de Santa Catalina de pagar los tributos e invitado a todos los musulmanes a ayudarles, en caso necesario. Agradecidos, los monjes autorizaron transformar la iglesia en mezquita en la época fatimí, lo que facilitó la vida de los viajeros musulmanes que gozaban de la hospitalidad monástica durante la peligrosa travesía de la península del Sinaí.

Los orígenes de la iglesia de San Juan Pródromo se remontan al siglo XIV, a una época en que se llamaba San Juan de los Cazadores. Tras ser restaurada en el siglo XVII conforme a un decreto imperial otomano, la iglesia fue adscrita al Patriarcado de Alejandría, luego, a petición del embajador de Rusia y por razones políticas, cedida al monasterio (ortodoxo) de Santa Catalina en el monte Sinaí. Se consideró oportuno entonces recordar a los que pasaban por ahí que estaban bajo la protección del profeta, la cual se extendía a las dependencias de dicho monasterio, colocando el bajorrelieve de una mano. Cuando este bajorrelieve se desprendió de su sitio, decidieron conservarlo en este pequeño *aghiasma* del Patriarcado.

LA TÚNICA DEL PROFETA DE LA MEZQUİTA DE HIRKA-İ ŞERIF

11

Muhtesip İskender Mahallesi
Akseki Cad.
Fatih
Se puede ver la reliquia durante el ramadán
• Abierto desde la oración de la mañana hasta la oración de la noche
• Metro: Emniyet/Fatih

Una reliquia sagrada planchada

La mezquita de Hırka-i Şerif, construida por el sultán Abdülmecid en 1851, es la guardiana de una de las reliquias más sagradas del islam: la túnica del profeta.

Recientemente, fue víctima de un exceso de devoción: la plancharon.

Uwais al-Qar(a)ni (*Veysel Karani* en turco), un hombre que se convirtió al islam cuando el profeta aún vivía pero al que nunca conoció personalmente, recibió como regalo la túnica del profeta. Sin embargo, la tradición islámica le venera como a un *sahabi*, un término que se aplica a los compañeros directos del profeta, debido a su anhelo de ver a Mahoma y al vínculo espiritual que se creó entre él y el profeta. Más allá de un simple regalo, la túnica Qarani que recibió de Alí, cuarto califa y yerno del Profeta, simboliza la transmisión del conocimiento espiritual, la auténtica gnosis. Los descendientes de Uwais al-Qarani, la familia de Uwaisi, la guardaron y la llevaron a Estambul a principios del siglo XVII por decreto imperial de Ahmed I. La familia Uwaisi mantuvo el privilegio de la custodia de esta reliquia extremadamente valiosa porque es un efecto personal del profeta y porque encarna la comunicación de su tradición esotérica: en la tradición musulmana, al ponerse una vestimenta que perteneció a otra persona, uno se identifica con ella. Aún hoy, hay jeques que llevan túnicas que pertenecieron a generaciones de jefes religiosos.

Los edificios destinados a la conservación de la Santa Túnica incluyen una mezquita, una residencia para el representante más mayor de la familia Uwaisi, así como un pequeño cuartel para el equipo de policías encargado de proteger la reliquia, hoy transformada en escuela de primaria. La arquitectura tan ecléctica del conjunto, donde las columnas dóricas conviven con el barroco y el neogótico al estilo Imperio, esconde también maravillosas caligrafías hechas con un cálamo (una pluma hecha con caña) de Kazasker Mustafa Izzet Efendi.

Desde su traslado a Estambul, la túnica ha sido objeto de una veneración especial por parte de los estambulitas. Antaño se mostraba a los fieles durante las dos últimas semanas del ramadán, hoy se exhibe durante el mes de ramadán, dadas las importantes masas de gente.

Tiene 120 centímetros de largo, es de color beige y se compone de ocho piezas de una tela tejida con el pelo que crece debajo de la garganta de los camellos jóvenes.

En 2009, no se exhibió la túnica por razones bastante misteriosas. La versión que contaron, desmentida por las autoridades religiosas de la ciudad, es que en 2002 la última restauradora de la túnica habría contratado a una mujer demasiado diligente y devota y que esta habría planchado la túnica varias veces. La restauradora se habría preocupado al cabo de un tiempo por su rápido y extraño desgaste, y, espantada, habría confiado la reliquia a un experto en restauración de tejidos antiguos.

Hay otra túnica del profeta, tejida con pelo de cabra, que se conserva en la sección de las Santas Reliquias del palacio de Topkapi, al que ha dado su nombre habitual: Pabellón de la Túnica de la Dicha [Hırka-i Saadet Dairesi]. El poeta Kâ'b Bin Zuheyr recibió como regalo del profeta esta túnica que Selim I llevó a Estambul tras la conquista de Egipto mientras estaba bajo el poder del sultanato mameluco, poseedor de las Santas Reliquias del islam.

LA CISTERNA DEL SULTÁN

12

Avenida Yavuz Selim, calle Ali Naki nº 4
Fatih
• www.sultansarnici.com
• Tel.: (0212) 521 07 20
• Bus: Çarşamba

Una cisterna romana transformada en salón de bodas

En el corazón del barrio musulmán conservador de Fatih, la Cisterna del Sultán (Sultan Sarnıcı) se construyó en realidad en la época del emperador romano Teodosio (378-395). Aunque es más pequeña que la Cisterna Basílica en Sultanahmet, su tamaño sigue siendo espectacular con sus 28 columnas (de las cuales 21 son de mármol y 7 de granito) donde figuran numerosas cruces cristianas. Las técnicas de construcción y los ornamentos son muestras de aquella época de transición hacia el estilo bizantino. Esta cisterna, considerada uno los más grandes depósitos subterráneos de la ciudad, se vació en la época otomana para servir (como varias otras cisternas) de taller de hilado textil, debido a la gran humedad que el hilado necesita.

Tras una excelente restauración, desde 2007 la cisterna se alquila para cenas y banquetes de boda, en un ambiente deliciosamente misterioso.

OTRAS CISTERNAS MONUMENTALES EN ESTAMBUL

Las cisternas de época romano-bizantina son tan numerosas en Estambul que no es raro descubrir una durante la construcción de un nuevo edificio o de una rehabilitación en la península histórica. Estas son las tres más importantes:
La más famosa es la de Basílica Cisterna (Yerebatan Sarnıçı) con sus 336 columnas (avenida Yerebatan, nº 1/3 Sultanahmet). También en Sultanahmet, la Cisterna de Binbirdirek (también llamada de Filoxeno) descansa sobre 224 columnas (avenida de Imran Öktem cad. nº 4). Construida por Teodosio II (408-450), la Cisterna de Teodosio (Şerefiye Sarnıçı), en Çemberlitaş (av. Pierre Loti), tiene 32 columnas.

TUMBA DE UN APÓSTOL

Mezquita de la Rosa
Gül Camii
Calle Gül Camii sokak nº 26
Barrio de Küçükmustafapaşa
En el Cuerno de Oro, detrás de la iglesia griega de San Nicolás, al oeste del puente de Unkapani, subiendo el Cuerno de Oro
• Bus: Kadir Has/Unkapani

Un santo cristiano en una mezquita

En la pilastra situada entre el ábside y la nave derecha de la mezquita de la Rosa, un escalera estrecha conduce a una celda minúscula donde hay una tumba típicamente musulmana. En lo alto de la entrada hay una inscripción otomana que significa "la tumba de un apóstol, compañero de Jesús". Aunque tanto las fuentes bizantinas como las otomanas

guardan silencio sobre el nombre del apóstol, podría tratarse de un santo bizantino poco conocido, enterrado en la iglesia, que los otomanos tomaron como uno de los apóstoles. Al ser personajes reconocidos por la tradición islámica, van más acorde con un santuario musulmán.

La mezquita de la Rosa también llama la atención por la importante presencia de sellos de Salomón en prácticamente todos los muros y todas las bóvedas (ver p.32 sobre la simbología de esta figura).

La pequeña puerta de la muralla bizantina, muy cerca de la mezquita de la Rosa, se sigue llamando *Aya Kapı*, es decir "puerta de la santa", en una mezcla de turco (*kapı*: puerta) y de griego (*aghia/ayia*: santa), sin duda en memoria de la iglesia dedicada a santa Teodosia.

¿POR QUÉ LA MEZQUITA SE LLAMA "MEZQUITA DE LA ROSA"?

Originalmente era una iglesia dedicada a santa Eufemia que acabó en ruinas. Basilio I (867-886) rehabilitó el edificio y lo dedicó a santa Teodosia, una santa martirizada en 729 por los iconoclastas por oponerse a la supresión del icono de Cristo colgado en la puerta de Chalke del Gran Palacio del Hipódromo. Guardaron las reliquias de la santa en esta iglesia, que se convirtió en una especie de capilla funeraria para la familia de Basilio I.
La fiesta de santa Teodosia se celebraba entonces el 29 de mayo. Según la leyenda, cuando el ejército otomano ocupó la ciudad el 29 de mayo de 1453, los soldados que entraron en la iglesia se la encontraron cubierta de rosas. Se había celebrado santa Teodosia la noche anterior, porque según el calendario bizantino, el nuevo día empieza con el crepúsculo. Como las rosas que decoraban el edificio aún estaban frescas, la iglesia reconvertida pasó a llamarse "mezquita de la Rosa".
No obstante esta leyenda es controvertida. Por un lado, los habitantes de la ciudad asediada tenían sin duda cosas mejores que hacer que ir a buscar rosas frescas y decorar con ellas una iglesia, en vísperas de la caída del Imperio bizantino. Por otra lado, la iglesia de Santa Teodosia se usó durante mucho tiempo como arsenal de la flota tras la ocupación y no se convirtió en mezquita hasta finales del siglo XV. ¿Habrán bautizado realmente la mezquita en homenaje a un acontecimiento ocurrido varias décadas antes?
La mezquita adoptó su forma definitiva bajo Selim II (1566-1574). Fue probablemente su arquitecto principal, el gran Sinan, quien rehabilitó el edificio que se había dañado con el terremoto de 1509. La cúpula actual descansa directamente sobre las pechinas y las bóvedas, mientras que el edificio original tenía probablemente bajo la cúpula un tambor con ventanas, típico de la arquitectura bizantina.

MUSEO REZAN HAS

Universidad Kadir Has
Avenida de Kadir Has Caddesi, Cibali
• Tel.: (0212) 533 6532 o (0212) 534 10 34
• Abierto todos los días de 9 a 18 h (salvo festivos nacionales, religiosos y Año Nuevo)
• Bus: Unkapanı-Kadir Has

Un museo en un antiguo hamam convertido en fábrica de tabaco y luego en universidad

Situado en el centro de la universidad privada de Kadir Has, el museo Rezan Has, del apellido de la esposa del empresario industrial que fundó la universidad (ver más abajo), se construyó cuando restauraban la antigua fábrica de tabaco en 2002.

Hoy alberga la universidad, y los vestigios del hamam otomano y de la cisterna bizantina situados debajo del edificio han sido transformados en museo. En él se puede ver una colección arqueológica con algunas piezas que se remontan a 7 000 años a. C., así como archivos y objetos procedentes de la tabacalera. La piedra central del hamam y el sistema de circulación del vapor, que data probablemente del siglo XVII, están en buen estado de conservación. La cisterna conocida como Seferikoz, del nombre del barrio vecino, es del siglo XI y descansa sobre 48 bóvedas, 15 pilares y 20 columnas. Sirvió de almacén para la fábrica de tabaco y de tienda de víveres durante la Segunda Guerra Mundial. Una parte del museo exhibe los recuerdos y los objetos personales de Kadir Has. Se le puede ver, inmortalizado en estatua de cera, vestido con su ropa original, sentado en su mesa de trabajo real. La estatua está tan lograda que en la oscuridad de los subterráneos se cree que es, de lejos, el director del museo, absorto en su trabajo. La sala de exposiciones del museo también acoge exposiciones temporales de arqueología en las que se muestran épocas específicas, así como exposiciones de arte, sobre todo dedicadas a la pintura turca.

La prestigiosa universidad privada Kadir Has ocupa los espacios restaurados de una fábrica que perteneció a la Compañía de Tabacos, una empresa creada en 1884 que tenía el monopolio de la recogida de tabaco y que empezó a fabricar cigarrillos en 1900. Aquel año, la fábrica formaba una especie de ciudad dentro de la ciudad, con su propia policía, sus hospitales, sus tiendas, sus colegios, sus bomberos, sus restaurantes y sus sindicatos. La colaboración entre hombres y mujeres, que además eran de orígenes diversos, era una novedad en Estambul. La fábrica fue nacionalizada en 1925 y no tardó en convertirse en uno de los núcleos de los movimientos de izquierdas que organizaban huelgas y alentaban a la toma de conciencia de la clase obrera. Así, en los años 1960, el barrio de Cibali se convirtió en uno de los bastiones del Partido Obrero de Turquía (*Türkiye İşçi Partisi, TIP*), uno de cuyos objetivos era la adopción del principio de gratuidad de la educación pública. Por lo tanto, combatieron sobre todo la creación de universidades privadas. La ironía del destino quiso que unas décadas después, una universidad privada ocupase los muros de esta antigua ciudadela del TIP. La fábrica de tabaco abandonada se vendió en 1997 a la fundación de Kadir Has (1931-2007), un empresario industrial que había sido el primer distribuidor de los neumáticos Michelin en Turquía. Tras cuatros años de reformas dirigidas por Mehmet Alper, la universidad Kadir Has fue inaugurada el 13 de febrero de 2002 por su benefactor. La rehabilitación del edificio obtuvo el premio Europa Nostra en 2003.

EL *AGHIASMA* DE SANTA MARÍA DE VEFA 

(Ayın Biri Kilisesi)
Avenida de Unkapanı, detrás de los bloques de edificios deEstambul Manifaturacılar Çarşısı
Barrio de Vefa
• Bus: Unkapanı

Una fuente de agua milagrosa "una vez al mes"

El primer día de cada mes, la iglesia ortodoxa de Santa María de Vera es objeto de un *aghiasma* (celebración ligada a una fuente de agua sagrada –ver p. 241) que le dio su nombre turco: Ayın Biri Kilisesi (iglesia del primero de mes) o *Ayda Bir Kilisesi* (iglesia de una vez al mes).

Ese día, una interminable fila de visitantes, la mayoría musulmanes aunque la iglesia es cristiana, celebra un ritual preciso. Primero hay que comprar una llave, luego pedir un deseo, después dar una acción de gracias, cada uno según su religión y su confesión, y por último, tirar la llave al mar, a un lago o a un río.

Muy probablemente, en el momento de la conquista, hubo una iglesia donde se ubica el edificio actual. Abandonada, un epirota (un griego originario de Epiro), cuya hija vio la fuente sagrada de la iglesia en un sueño, reconstruyó la iglesia. Las excavaciones permitieron descubrir un *aghiasma* y un icono de mármol del siglo XI, hoy protegido dentro de un estuche de cuero. La familia vendió la iglesia a la Hermandad Educativa de Macedonia que amplió los edificios.

CONSTANTINO PALEÓLOGO Y EL ORIGEN DEL NOMBRE DEL BARRIO DE VEFA

Parece que la iglesia de Santa María de Vefa se erigió cerca de la tumba perdida de Constantino XI Paleólogo, el último emperador bizantino, que murió defendiendo su capital contra los turcos. Según la leyenda, tras la caída de la ciudad el 29 de mayo de 1453, Constantino XI Paleólogo siguió luchando en las calles hasta que un esclavo árabe del sultán Mehmed I le mató. En el momento de su último aliento, Constantino le habría dicho a su asesino: "*M'ephages!*" (me has comido), de ahí el nombre del barrio, que primero se llamó Mefa, y luego Vefa. Una etimología más creíble recuerda que el jeque Vefa (Muslihiddin Mustafa) construyó un complejo educativo y piadoso en este barrio en los años posteriores a la conquista.
No obstante, esto no excluye que la tumba de Constantino XI Paleólogo, "invisible e insignificante" según la leyenda, esté en algún sitio de la iglesia de Santa María de Vefa.

EL VASO DE MUSTAFA KEMAL ATATÜRK

Tienda Vefa Bozacisi
Katip Çelebi Cad. Nº 104/1
Vefa
• Tel.: (0212) 519 49 22
• www.vefa.com.tr
• vefa@vefa.com.tr
• Metro: Vezneciler

El superviviente del boza y de la şıra

Café y comercio a la vez, la elegante tienda Vefa Bozacisi ofrece algunas bebidas típicamente turcas: sirven el *boza* de octubre a abril y la şıra, el resto del año.

Vefa Bozacisi ("casa del *boza* del barrio de Vefa) fue fundada por una familia albanesa originaria de Prizren que emigró a Estambul en los años 1870, justo antes de que los Balcanes se convirtiesen en el escenario de la guerra ruso-turca. Mientras que los armenios empezaban a liderar la producción de *boza*, esta familia tuvo una idea genial con la que hicieron fortuna en el barrio de la alta burocracia: sustituyeron los barriles de madera, propicios a la proliferación de bacterias que estropeaban con rapidez el preciado líquido, por inmensas tinajas de mármol, higiénicas y a la vez decorativas, para conservar el *boza*. La creciente fama de la tienda de Vefa atrajo clientes tan ilustres como Mustafa Kemal Atatürk, fundador de la República, fiel a la tienda y cuyo vaso personal se expone con orgullo dentro de una campana de cristal.

Antaño, Estambul contaba con cientos de casas de *boza*; también se elaboraba en familia, una práctica que se está perdiendo en la actualidad. La tienda de Vefa debe su supervivencia a la calidad de su producción. Todavía existen productores de *boza* en Tracia turca, recuerdo de sus orígenes balcánicos.

La şıra, que se sirve durante la temporada de calor, es una bebida refrescante elaborada con zumo de uvas, o a veces, con uvas secas sumergidas en agua. Su tiempo de fermentación la expone a las represalias religiosas (ya que, si transcurre demasiado tiempo, se transforma en vino).

Además de la producción tradicional del *boza* y de la şıra, la tienda de Vefa también vende vinagre, muy solicitado por los sibaritas, así como vinagre balsámico, de inspiración italiana. Se pueden llevar todos los productos en preciosas botellas de vidrio. En verano, los helados artesanales son exquisitos.

EL *BOZA*, UNA BEBIDA CONTROVERTIDA

El *boza* es una bebida ligeramente fermentada elaborada con mijo y azúcar. Muy rico en carbohidratos, en vitaminas y en ácido láctico, se recomienda para grandes deportistas y mujeres embarazadas. Antaño se elaboraba con trigo, maíz y otros cereales.

Sus orígenes se remontan sin duda al *zythum*, una bebida fermentada elaborada por los egipcios en la Antigüedad. La *Anábasis* de Jerofonte menciona una bebida parecida, que se bebía en una región que corresponde a la actual Anatolia oriental. En la época otomana, la elaboración del *boza* era el privilegio de las poblaciones balcánicas, principalmente de los albaneses. Los soldados lo bebían en grandes cantidades para poder resistir al frío de los Balcanes.

El consumo del *boza* fue objeto de una interminable controversia teológica, porque la deliciosa bebida contenía un poco de alcohol. Los jurisconsultos distinguían el *boza* "ácido", rico en alcohol, del *boza* "dulce", que los buenos musulmanes podían beber sin crisis de conciencia. Pero algunos sultanes, como Murad IV [1623-1640] o Selim III [1789-1807], más devotos, prohibían formalmente todo tipo de *boza*, tanto el dulce como el ácido. Esta prohibición también tiene su explicación en el hecho de que las tiendas de *boza* se convertían en lugares de reunión popular, donde se fomentaban los complots políticos.

Antiguamente, se servía con canela espolvoreada, jengibre y coco finamente rayado. Hoy, se sirve con canela y garbanzos asados, llamados *leblebi*.

EL CONVENTO DE LOS INDIOS

Calle Horhor Cad.
Barrio de Guraba Hüseyin Ağa
En la plaza de Aksaray, al principio de la avenida Horhor Cad., cerca de la mezquita de Murat Paşa
• Abierto de lunes a viernes de 9 a 17 h
• Metro: Yusufpaşa • Tranvía: Aksaray

Una embajada del sufismo indio en el centro de la ciudad

En medio de la algarabía de la plaza de Aksaray, una fuente de piedra con techo piramidal pasa casi desapercibida a pesar de su imponente tamaño. Pertenece al complejo del monasterio de los indios (Hindiler Tekkesi), erróneamente llamado monasterio de los hindús (Hindular Tekkesi –'hindú' es la religión, 'indio' la nacionalidad–), incluso en sus placas oficiales. También se le llama el convento de Horhor, en referencia a su fuente: una onomatopeya dada a las fuentes en las que el agua corre silenciosa.

Dentro, algunas tumbas emergen en un pequeño jardín a los pies de una casa de madera. Según la costumbre otomana, los derviches indios son enterrados con lápidas que retoman la forma de sus tocados, algunos de los cuales son típicamente indios, como los sombreros en forma de barca invertida o los que son asimétricos y acabados en punta, muy distintos de los turbantes otomanos que en general son redondos o esféricos, o feces clásicos.

Este convento, fundado en el siglo XV por orden de Mehmed el Conquistador, es uno de los más antiguos de los de la hermandad sufí Nakchbendie. Siempre ligado a la rama india de esta orden, de quien recibía visitantes, este monasterio se convirtió en un auténtico hospicio para todos los derviches indios en el siglo XIX.

Además de su función como puente entre los sufismos otomano e indio, el monasterio de Horhor también se convirtió en un lugar de actividades políticas: el imán Mehmed, enterrado en el cementerio del monasterio, formaba parte de la delegación enviada a Estambul en 1787 por Tipou Sultan, soberano de Mysore, para pedir ayuda al sultán otomano Adbül Hamid I en su lucha contra el colono inglés. A principios del siglo XX, el jeque del monasterio, Riyazeddin Babür Efendi, se convirtió en el superior del monasterio de los indios de Jerusalén (*Tekye-t-ul Hunud*), donde se unió al ejército otomano para luchar contra los ingleses en la Primera Guerra Mundial. Habiendo perdido Jerusalén, regresó a Estambul para dirigir el monasterio de Horhor. No escapó de los ingleses, que vinieron a arrestarle durante la ocupación aliada en Estambul. Además de Jerusalén, existe otro monasterio de los indios en Üsküdar.

VESTIGIOS DE LA COLUMNA DE ARCADIO

Calle Haseki Kadin Sokak
Justo al lado de la famosa pastelería Cerrahpaşa (avenida Kocamustafapaşa Cad. n° 16)
Cerrahpaşa Mahallesi
• Tranvía: Yusufpaşa o Haseki

Un vestigio olvidado de Bizancio

No muy lejos del hospital/Facultad de Medicina de Cerrahpaşa, entre dos casas de la calle Haseki Hadin Sokak, hay un sorprendente bloque de piedras que llega casi a la misma altura que la casa de la derecha. Este vestigio está justo al lado de la célebre pastelería Cerrahpaşa (avenida Kocamustafapaşa Cad. n° 16): de hecho, se recomienda entrar en el patio trasero de la pastelería para tener otras vistas de los restos de la columna.

Esto es lo que queda del pedestal de la gigantesca columna bizantina (47 metros de alto), erigida para celebrar las victorias del emperador Arcadio (395-408) y de su padre, Teodosio I (379-395). Antaño se alzaba en medio del Foro de Arcadio que se ubicaba aquí mismo (y del cual no queda nada) y descansaba sobre un pedestal cuadrado que ha sobrevivido hasta hoy. La columna relataba las victorias del ejército imperial con bajorrelieves que subían en espiral a lo largo del fuste, siguiendo el ejemplo, probablemente, de las columnas de Trajano y de Marco Aurelio en Roma, que también inspiraron a Napoleón para construir la columna de Vendôme en París. El interior de la

columna albergaba una escalera de caracol que subía hasta la terraza situada en lo alto de la columna. La estatua de Arcadio fue añadida en 421, bajo Teodosio II.

La columna sobrevivió a importantes terremotos, como el de 740, que logró destruir la estatua de Arcadio. En la era otomana, en los siglos XVI y XVII vinieron a verla varios viajeros europeos, cuyas descripciones nos permiten reconstruir la forma del monumento. En estado de abandono, la columna fue demolida a principios del siglo XVIII, dejando solo el bloque de piedras que ha sobrevivido hasta hoy.

Evliya Çelebi, gran viajero e historiador otomano (1611-1682), relata en su maravilloso *Seyyahatname* (Libro de viajes) que en la cúspide de la columna también había la estatua de una niña. Según la leyenda, esta volvía a la vida una vez al año y daba tal grito que los pájaros que volaban sobre la columna caían al suelo. Los vecinos del barrio se daban un festín con ellos. Según Evliya Çelebi, en el momento del nacimiento del profeta Mahoma, un gran terremoto sacudió la ciudad e hizo pedazos la columna. Según la leyenda, la columna se reconstruyó sola.

En la época otomana, la columna se llamaba *Avrat Taşı* (la piedra de la dama), porque todos los domingos había un mercado para mujeres. En la sociedad otomana clásica, donde los hombres y las mujeres iban por separado, las mujeres lo tenían difícil para ir a los mercados quincenales donde los comerciantes eran normalmente hombres. Se organizaban pues mercados especiales solo para mujeres, donde las vendedoras presentaban su mercancía a sus clientas.

UN SUEÑO QUE DA LA VUELTA AL MUNDO

«اوليا چلبی سياحتنامه‌سی»نك طبعنی استلزام ايدن بعض مقدمات

ببليوغرافيا

— اوليا چلبی سياحتنامه‌سی —

En la noche del 19 de agosto de 1630 (1040 de la Hégira), Evliya Çelebi, funcionario del Palacio, estaba plácidamente en su cama, en un estado "medio dormido, medio despierto", cuando se vio en sueños, sentado cerca del *minbar* de la mezquita de Ahi Çelebi en la que entró de repente una multitud luminosa de fieles, formada por profetas y santos del islam, con Mahoma a la cabeza. Se reunieron allí para dar apoyo espiritual al Khan Giray de Crimea, que estaba en guerra, y se disponían a celebrar la misa de la mañana. Uno de los santos instó a Evliya Çelebi a participar en la celebración de la oración y a besar, luego, las manos del profeta Mahoma diciéndole: "Şefaat *ya Resulallah*" (Clemencia –literalmente: intercesión ante el Señor– ¡Oh profeta de Dios!)

Evliya Çelebi obedeció y, tras presentarse ante el profeta para besarle las manos, le entró miedo delante de la majestad profética y se equivocó con la fórmula ritual y dijo: "*Seyahat Ya Resulallah*" (Viajes, ¡Oh Profeta de Dios!). Según la leyenda, al profeta le habría gustado su equivocación y le contestó: "He intercedido en tu nombre, ¡viaja sano y en paz!". Cuando despertó, Evliya Çelebi fue a consultar a dos místicos expertos en interpretación de sueños que convinieron en pronosticarle una vida feliz y largos viajes en el otro mundo.

Sus numerosos periplos dieron origen al *Seyyahatname* (Libro de viajes), una obra en 10 volúmenes donde a veces la observación más realista se mezcla con la imaginación más desenfrenada (mujeres pariendo elefantes, gatos congelados en el aire al saltar de un tejado a otro en invierno y descongelados en verano...), describiendo un rico panorama de la historia, de la economía, de la geografía, de la etnología, de la sociología y del folclore de los países que visitó, pero también de la vida otomana de la época.

Evliya Çelebi empezó visitando Estambul, del que describe los monasterios de derviches, las mezquitas, las madrasas, así como las tabernas, los conciertos, los lugares de ocio y los numerosos vicios como las bebidas y las drogas. A partir de 1640, acompañó a hombres de Estado en sus viajes a Anatolia, Siria, Palestina, Irak, el Hiyaz, Egipto, Sudán y los Balcanes. También participó en misiones enviadas a Irán, Azerbaiyán, Georgia, Caucaso, Crimea, Hungría, Austria, Alemania, Holanda, Polonia, Suecia, Rusia, etc. Participó asimismo en la conquista de Creta, como un auténtico reportero de guerra adelantado a su tiempo.

Situada al lado de la Universidad de la Cámara de Comercio de Estambul, Estambul Ticaret Üniversitesi, a orillas del Cuerno de Oro, la mezquita de Ahi Çelebi, construida en el siglo XV, es obra de Ahi Çelebi Tabib Kemal, director del gran hospital construido por Mehmed el Conquistador y médico personal del sultán Bayezid II. Especialista en urología, es el autor de un tratado sobre cálculos en riñones, vejiga y vesícula. La mezquita de Ahi Çelebi ha sido recientemente restaurada tras años de abandono debido a unos problemas de inclinación causados por la inestabilidad del terreno situado al borde del Cuerno de Oro.

VESTIGIOS DE UN OBELISCO

Campus de la Facultad de Medicina – Hospital de Cerrahpaşa
Se ve bien durante el día (abierto de noche sin iluminación)
Avenida Koca Mustafa Paşa Cad. n° 53
• Tranvía: Findikade

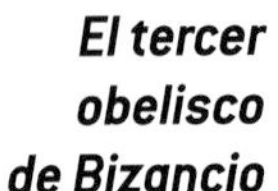

El tercer obelisco de Bizancio

Cuando se fundó la cuidad de Constantinopla, Constantino el Grande (324-337) ordenó que trasladaran un obelisco egipcio de Karnak a esta "segunda Roma", a semejanza de la primera Roma, que ya tenía unos cuantos. Este enorme bloque de granito (de la época de Tutmosis III, 1502-1488 a. C.) se erigió en 390, bajo Teodosio I, en la plaza del hipódromo, donde hoy sigue estando.

Hallado en las excavaciones arqueológicas de Sarayburnu, el segundo obelisco se alza en la actualidad en el jardín del Museo Arqueológico.

Las fuentes escritas mencionan un tercer obelisco cuyo rastro se había perdido. Las recientes obras de restauración en la mezquita de Esekapi han sacado a la luz un trozo de granito que parece proceder de este obelisco. Efectivamente, este bloque de granito rosa, de sección cuadrada y de forma ligeramente piramidal, con dimensiones de 80x90x300 centímetros, parece que pertenece realmente a un obelisco.

Descubrieron el bloque en el patio de la mezquita de Esekapi y de la madrasa de Ibrahim Paşa. La mezquita de Esekapi era en sus inicios una iglesia bizantina construida entre finales del siglo XIII y principios del siglo XIV, situada cerca de una puerta de la muralla, llamada la Puerta de Cristo, de ahí el nombre turco de Isakapi, convertido en "Esekapi", para dar un nombre al edificio.

Entre 1551 y 1560, el visir Hadim Ibrahim Pachá (el eunuco) transformó la iglesia en mezquita y el arquitecto Sinan se encargó de construir la madrasa que integró en el edificio. Sin duda, el trozo de obelisco podía verse bien en aquella época, pero se cree que no lo pudieron levantar debido a su enorme peso: el bloque de granito permaneció oculto bajo el suelo de la mezquita durante siglos. En el terremoto de 1894 la mezquita se vino abajo y todo el complejo quedó en ruinas, antes de que lo integraran en el campus de la Facultad de Medicina en los años 1960.

EL *MARTYRIUM* DE LA IGLESIA DE SAN MINAS ⑳

Nafiz Gürman Cad. Bestekâr Hakkı Bey Sok. Kocamustafapaşa/Samatya
Iglesia abierta los domingos
- Para el resto de los días llamar al (0 212) 586 1650 o al (0 212) 588 9296
- Tren: Koca Mustafa Paşa

Un olvidado edificio romano de Estambul

La iglesia de San Minas (Agios Minas) esconde en sus cimientos uno de los monumentos romanos más desconocidos de Estambul. En completo abandono, se puede visitar según el humor del mecánico del taller que está en la parte inferior de la iglesia, en la avenida Nafiz Gürman.

Si va, tendrá acceso a un *martyrium* de principios de la edad cristiana: en esta pequeña catacumba están enterrados los santos mártires Pápilo y Carpo, cuyos nombres se unieron para formar Pápilocarpo, y luego Policarpo.

Según fuentes antiguas, el *martyrium* se construyó en el siglo IV o V con base en el mismo modelo que la Cúpula de la Roca en Jerusalén. Aunque está descuidado, el *martyrium* es impresionante con sus altas bóvedas y su ambiente tenebroso.

Reconstruida numerosas veces, la iglesia situada encima del *martyrium* data de 1833. Cambiaron su nombre al de San Minas probablemente por el hecho de que los habitantes del barrio prefirieron este santo, especialmente venerado por los ortodoxos, a san Policarpo, cuya *aghiasma* (fuente de agua sagrada) se encuentra en el subsuelo.

EL CIPRÉS DE LA MEZQUITA DE SÜMBÜL EFENDI

Kocamustafapaşa Cad.
Kocamustafapaşa Medresesi sokak
Fatih
• Tren: Koca Mustafa Paşa
• Bus: línea Kocamustafapaşa

Un árbol, una cadena, la justicia y el fin del mundo

Ubicada a unos pasos de la mezquita de Kocamustafa Paşa, la mezquita de Súmbül Efendi (Súmbül Efendi Camii) es un antiguo monasterio dedicado a san Andrés, que se construyó en 1284. En 1486 convirtieron el monasterio en mezquita, pasando a ser la sede de la orden de los derviches Sünbüli. En ella se puede ver la tumba del jeque Yusuf Sinan Efendi, llamado Sünbül Efendi, fundador de la orden. En el patio hay otras dos tumbas, construidas en 1813, que pertenecerían a las hijas de Husein, nieto del profeta (e hijo de Alí y Fátima), cuarto califa del islam. Junto a las tumbas, se alza un ciprés seco, antaño rodeado por una cadena de la que uno de sus extremos colgaba hacia el suelo. Según la leyenda popular, los bizantinos capturaron a las dos hijas de Husein y las obligaron a renunciar a su fe: encerradas cerca del ciprés, tenían cuarenta días para convertirse. Una vez superado el plazo, las asesinaron a los pies del ciprés y las enterraron cerca de él.

Más tarde, el ciprés también sirvió para hacer justicia: colocaron al presunto autor de un crimen debajo del árbol, si la cadena del ciprés tocaba la cabeza del sospechoso, era culpable, pero, si la cadena no le tocaba, el hombre era inocente.

Según una última leyenda, si la cadena se rompía repentinamente y caía al suelo, significaba el fin de los tiempos. Para evitar riesgos inútiles, el Ayuntamiento sencillamente quitó la cadena, de la que no queda ningún vestigio.

PARA LOS NIÑOS A QUIENES LES CUESTA LEER Y ESCRIBIR...
Según una vieja creencia, los niños tartamudos o con dificultades para leer y escribir tenían que subir al balcón circular [şerefe] del minarete y dar varias vueltas completas para solucionar su problema.

LOS JACINTOS DE LA MEZQUITA
Sün(m)bül significa 'jacinto' en turco: al jeque Sünbül Efendi le gustaba adornar su turbante con jacintos cuando llegaba la temporada de esta flor. El complejo religioso está repleto de este símbolo, que está integrado en todos los elementos de la vida estética de la orden de los Sünbüli: caligrafías, adornos, estelas funerarias, vestimenta...

Una de las tumbas ubicadas delante de la mezquita pertenecería a una hija del último emperador de Bizancio, Constantino Dragazès. Se habría convertido al islam y habría sido enterrada aquí mismo.

LA MAZA DE SILIVRIKAPI

Puerta de Silivrikapi (puerta de la muralla bizantina interior)
Avenida 10. Yil Dac.
• Bus: Silivrikapi (línea de Zeytinburnu)

Una maza como recuerdo de una hazaña deportiva

Oculta dentro de la Puerta de Silivrikapi (puerta de la muralla bizantina interior), una sorprendente maza de gigantesco tamaño cuelga del muro. Contrariamente a lo que se podría creer, no se usó para noquear a los enemigos durante una feroz guerra medieval: se usó sencillamente en los entrenamientos deportivos de los guerreros.

Los otomanos, (y sobre todo los jenízaros –ver p. 56), cuando batían un récord en una competición deportiva, tenían por costumbre colgar los objetos del récord (jabalina, arco o maza…) en el muro, ya sea de una mezquita o de una puerta monumental.

Aunque las mazas se usaban normalmente en los entrenamientos de los guerreros, a modo de mancuernas, con un peso de 25 a 30 kilos, el sultán Murad IV (que gobernó de 1623 a 1640), conocido por su fuerza hercúlea y por su imponente estatura, se entrenaba con una maza de 102 kilos, cuya asa sujetaba con el dedo meñique.

La inscripción que acompaña a la maza colgada en Silivrikapi revela la identidad del héroe: "Cualquiera que contemple esta maza de Idris el luchador, originario de Rize, miembro del cuerpo de los alabarderos del Antiguo Palacio, y recita la Fatiha (Primer Capítulo del Corán, recitado para los difuntos) entregará su alma a la fe, 1090 la Hégira - 1679 del calendario juliano".

Hasta hace unos años, dos gruesos huesos de ballena, cuya desaparición es igual de misteriosa que sus orígenes, coronaban la maza.

Las mazas de entrenamiento que se usaban en el palacio de Topkapi se conservan en la sección de armas del museo del palacio.

EL HIPOGEO DE SILIVRIKAPI

Junto a la Puerta de Silivrikapi de la muralla bizantina
Avenida Yil Cad. nº10

- Bus: Silivrikapi (línea de Zeytinburnu)
- Tras entrar por la puerta exterior de Silivrikapi, girar enseguida a la izquierda, sin pasar por la puerta interior. El hipogeo se encuentra a unos cincuenta metros, siguiendo el sendero arbolado entre la muralla exterior (exoteichos) y la muralla principal, interior (esoteichos)

Un panteón familiar encajado entre las dos murallas bizantinas

Encajado en el espacio que separa las dos murallas bizantinas (*peribolos*), el panteón familiar de los Silivrikapi no era conocido hasta que se realizaron unas obras de restauración en las murallas en 1988 y sacaron a la luz esta preciosa sorpresa.

El hipogeo, que aparentemente debió pertenecer a una necrópolis muy grande, data probablemente de una época anterior al reinado de Teodosio II (408-450) a quien se deben estas grandes murallas llamadas teodosianas. Son el testigo del periodo de transición del estilo antiguo al arte bizantino propiamente dicho.

Los sarcófagos de mármol y de piedra caliza que posee el panteón tienen unos bajorrelieves con escenas del Antiguo y del Nuevo Testamento, decorados con pavos reales, palomas y lianas. Entre los bajorrelieves que están relativamente en buen estado de conservación, se puede ver a Jesús rodeado de sus apóstoles, a unos santos, así como unos monogramas de Cristo.

Hay otras tumbas bajo el suelo de teselas del hipogeo, que se pueden ver a través de sus tapas rotas.

Lamentablemente, este sorprendente monumento fue víctima, y lo sigue siendo, del cruel vandalismo: en 1989, unos ladrones arrancaron los bajorrelieves que la policía recuperó antes de que se vendiesen en el mercado negro internacional de antigüedades. Hoy se encuentran en el Museo Arqueológico y han sido sustituidos en el hipogeo por unas copias.

Los frescos de los muros interiores, que se podían ver parcialmente cuando se descubrió el hipogeo, también han desaparecido a causa de las hogueras que encendían los vagabundos que buscaban refugio en el panteón.

Aunque suele haber mucha gente en los alrededores de la puerta de Silivrikapi durante todo el día, se recomienda ir en grupo y a plena luz del día.

AGHIASMA DE BALIKLI

Iglesia de Santa María
Iglesia también apodada Zoodochos Pighi (la fuente que da la vida) y Balikli Rum Kilisesi (iglesia de los pescados)
Calle Silivri Kapı Sokak n° 3, Zeytinburnu
No confundir con el hospital de Balikli, ubicado más al sur
- Abierto todos los días de 8.30 a 16.30 h
- Bus: Silivrikapi

"Pescados fritos que saltan dentro de una fuente sagrada

Al lado de la entrada de la iglesia de Santa María, también llamada Zoodochos Pighi (la fuente que da la vida), una estrecha escalera desciende hacia un *aghiasma* (ver p. 241) subterráneo, auténtica capilla acuática donde incluso el iconostasio es de mármol para combatir la humedad omnipresente: un abundante manantial alimenta un gran estanque. Grandes peces nadan en sus aguas cristalinas, de un precioso color verdoso. Unas religiosas ofrecen gratuitamente el agua sagrada dentro de unos frasquitos de plástico, cuyo valor estético deja que desear. Si las monjas se niegan a hablar, no es porque sean tímidas o no sepan hablar idiomas: sencillamente, han hecho un voto de silencio.

Los turcos que acudieron con frecuencia a este manantial para pedir curaciones lo llamaron Balikli Kilise (iglesia de los pescados) y sus orígenes remiten a una curiosa leyenda.

El 29 de mayo de 1453, cuando la ciudad fue tomada por el ejército otomano, un monje estaba friendo unos pescados cerca de esta fuente sagrada, situada en medio de un monasterio. Cuando le informaron de que la ciudad había caído, se negó a creerlo, a menos que los pescados, que estaban fritos por un lado, saltasen al agua de la fuente sagrada. Evidentemente eso fue lo que hicieron los pescados, cuyos descendientes siguen teniendo un lado de color oscuro, porque, según la leyenda, conservan las huellas de la quemadura de la fritura.

El origen de este complejo (iglesia, cementerio, *aghiasma*, monasterio y hospital), se remonta a Justiniano, que habría sanado de unos cálculos biliares gracias a las propiedades terapéuticas del manantial. El edificio actual data de 1833. El higúmeno de esta iglesia es tradicionalmente el patriarca ecuménico, que tiene en ella un pequeño pabellón a su disposición. El cementerio alberga sepulturas de patriarcas y grandes familias aristócratas griegas. Algunas lápidas funerarias del patio de la iglesia tienen epigrafías en karamanli.

En el muro, a la derecha del iconostasio de la iglesia, el gran icono del profeta Elías debe su presencia, según la leyenda, al sultán Mahmud II, que visitó la iglesia tras su inauguración en 1833 y observó que no tenían ningún icono que representase a uno de los profetas del Antiguo Testamento, siendo algunos reconocidos y venerados por la tradición islámica. Se mandó pues realizar este icono, donde el rojo intenso de la vestimenta del profeta resalta con elegancia sobre el fondo oscuro.

MUSEO DE LOS PECES

Cooperativa de productos del mar de Fatih
Avenida Kenedi Cad.
Al borde del mar, a la altura de la iglesia armenia de Narlikapi
Yedikule
• Abierto de 9 a 17 h, salvo el fin de semana.

Una atmósfera sorprendente

Desde 1994-1995, la cooperativa de productos del mar del barrio de Fatih (Fatih Su Ürünleri Kooperatifi) está orgullosa de su sorprendente colección de peces conservados en tarros de cristal rellenos de formaldehido. La tamizada iluminación y la naturaleza de las colecciones, a veces espeluznantes, crean una atmósfera sorprendente, casi misteriosa.

También se puede tomar el té en el pequeño café de los pescadores, en un ambiente rústico pero muy agradable. Aislado del caos de la ciudad, uno se siente casi como en un pueblo de pescadores del mar Egeo.

Esta colección nace de la decisión de la Universidad de Estambul de ubicar su departamento de productos acuáticos, con su colección de peces, en la isla desierta de Hayırsızada (Oxia), una de las Islas Príncipe, a 11 kilómetros al sur de Estambul. El transporte de los estudiantes y el abastecimiento del establecimiento resultaron ser muy complicados, sobre todo por el terrible viento del suroeste (el *lodos*), una verdadera pesadilla para la navegación por el mar de Mármara. Por lo tanto, decidieron volver a trasladar este departamento a Estambul. Por razones desconocidas, la colección de peces se quedó en la isla y el decano de la facultad se la donó a la cooperativa de pescadores de Fatih.

Las primeras especies se remontan a los años 1970 y algunas son especies que desaparecieron hace mucho del mar de Mármara, víctima desde los años 1980 de un importante desarrollo. Desde hace varios años, tras una toma de conciencia ecológica, algunas especies reaparecieron pero otras ya solo se pueden ver en los tarros de la cooperativa. Otros peces, sin embargo, son especies nuevas procedentes de regiones tropicales, que pueden sobrevivir a la subida de la temperatura en el mar de Mármara, como en el resto del mundo.

Por solidaridad marinera, los pescadores de otras regiones han ido trayendo otros peces: hoy el museo posee varias especies del mar Egeo y del mar Negro, incluso de mares más lejanos. Los congrios estilizados que reciben al visitante, al igual que una impresionante variedad de pulpos y de calamares, no han existido nunca en el mar de Mármara.

El museo también tiene moluscos, como esos caracoles del tamaño de un melón, pero no están fechados, contrariamente a todos los peces que tienen minuciosamente anotados la fecha de captura y el nombre en latín. Por falta de espacio y de medios, solo se visita una parte de la colección.

LA FUENTE DE LAS OCAS DE KAZLIÇEŞME 

En medio de la avenida Demirhane Cad., a la altura del monasterio de Erikli Baba (calle Zakirbaşı n° 1)
Distrito de Zeytinburnu
• Metro: Kazlıçeşme (línea Marmaray)

La ayuda de unas ocas en la toma de Constantinopla en 1453

Kazlıçeşme (literalmente "la fuente de las ocas" en turco) es un antiguo barrio de curtidurías que debe su nombre a una fuente decorada con el bajorrelieve de una oca, cuyos orígenes legendarios se remontan a los abundantes manantiales de agua que los turcos descubrieron durante el asedio de la ciudad. Aquel mes de mayo de 1453, el ejército de asedio sufría intensamente la falta de agua; el *Sakabaşı* (maestro de los porteadores de agua) vio unas ocas volar y ordenó a sus ayudantes que descubriesen el sitio donde estas aves aterrizaban, sabiendo con certeza de que encontrarían un manantial.

El bajorrelieve de una oca de la fuente de Kazlıçeşme, que data de 1537, proviene claramente de la reutilización de un monumento más antiguo, como es el caso del águila bizantina de Kapalıçarşı (ver p. 45). ¿Quién habrá sido el escultor otomano que ejecutó semejante obra en tres dimensiones en un periodo donde las representaciones en dos dimensiones de seres animados eran apenas toleradas?

Se trata probablemente de un elemento de un templo de Juno, cuya existencia en esta zona está demostrada: a menudo construían templos de Juno cerca de grandes manantiales de agua. Diosa del matrimonio, Juno estaba relacionada con la fecundidad y la abundancia.

El bajorrelieve de hojas de hiedra insertado junto al de la oca parece provenir de un templo dionisíaco.

Cerca de la fuente, hay un abrevadero que originalmente fue sin duda un sarcófago, así como unas columnas romanas, parecidas a las que hay en el patio del monasterio Bektashi de Erikli Baba, justo detrás de la fuente.

LAS OCAS: DE LA PRIMERA A LA SEGUNDA ROMA

Las ocas de Kazlıçeşme recuerdan mucho al mito fundador de la ciudad de Roma: en el episodio de las "ocas del Capitolio", estas aves dedicadas a Juno salvaron la ciudad avisando a los romanos de que los galos habían intentado escalar los muros del Capitolio de noche. Ironía de la historia, son unas ocas las que salvaron la primera Roma, pero también contribuyeron a la caída de Constantinopla, llamada durante mucho tiempo la segunda Roma.

KAZLIÇEŞME: UN ANTIGUO BARRIO DE CURTIDORES

En la época otomana, una capa freática especialmente rica convirtió Kazlıçeşme en el barrio de los curtidores, grandes consumidores de agua en la que mojaban sus pieles. La industria del cuero vivió tal desarrollo en el siglo XX que los turistas, al llegar a Estambul, eran recibidos en la entrada de la ciudad por un olor nauseabundo insoportable, típico de las curtidurías. Cuando en 1993 se eliminaron las 350 curtidurías de Kazlıçeşme, temieron que las ratas, de las que decían eran capaces de hacerse con los barcos de los puertos más cercanos, invadiesen el barrio. No ocurrió nada. Junto con las curtidurías, lamentablemente también se demolieron los edificios históricos del barrio, entre los que hoy solo sobreviven algunas fábricas antiguas abandonadas y algunas mezquitas, la iglesia de Santa Paraskévi, el monasterio de Bektashi de Erikli Baba, un pequeño cementerio de soldados caídos durante el asedio y algunas fuentes, como la de Kazlıçeşme.

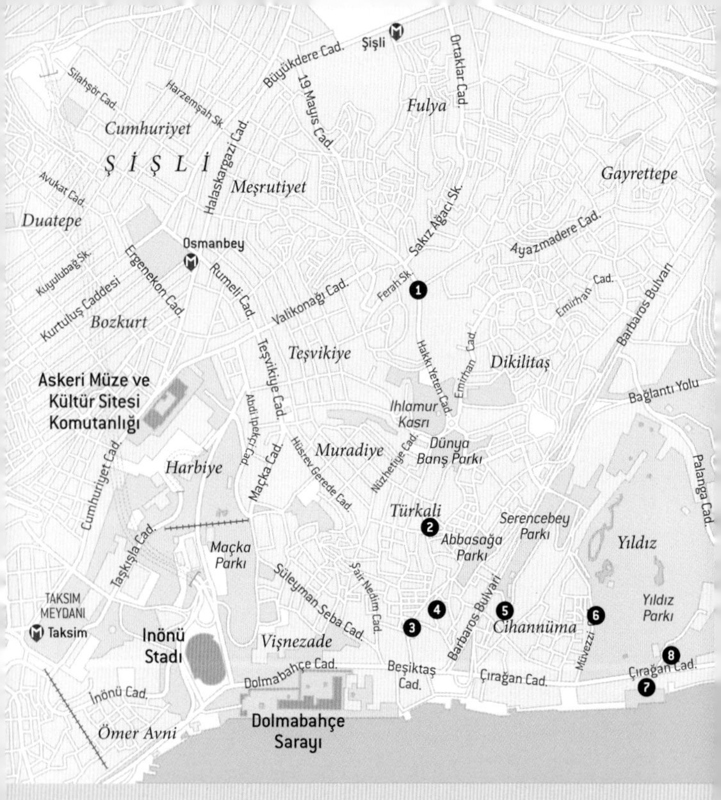

BEŞIKTAŞ - YILDIZ

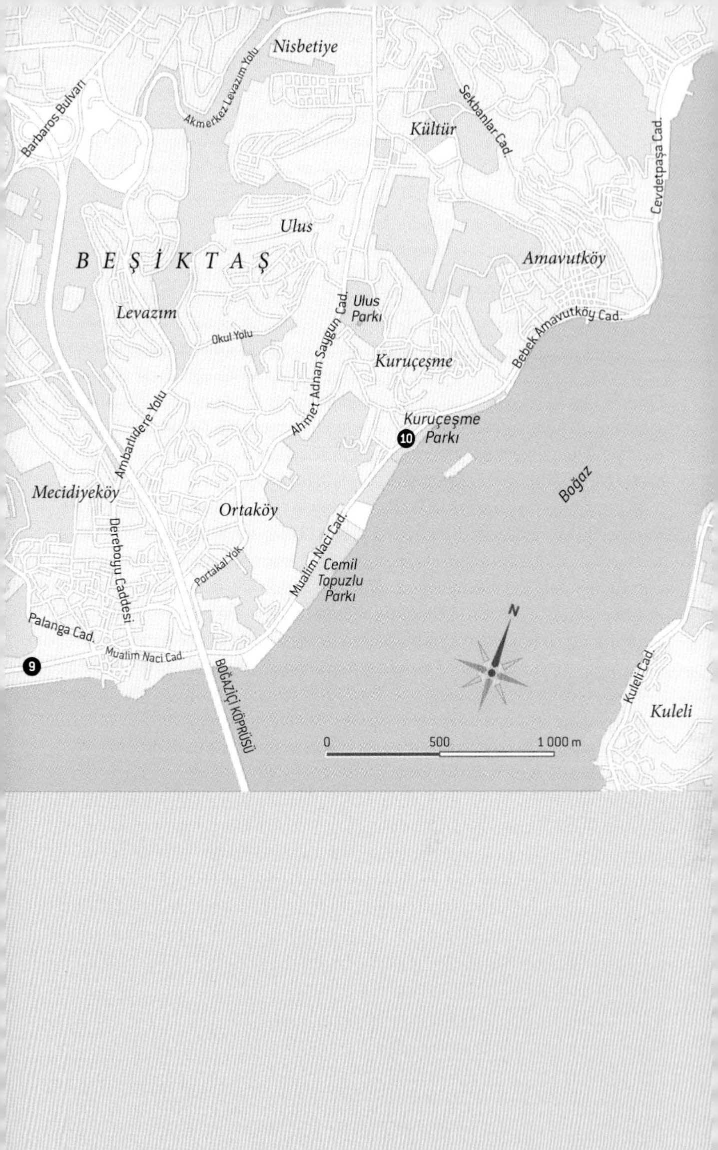

Nisbetiye
Akmerkez Levazım Yolu
Barbaros Bulvarı
Sekbanlar Cad.
Kültür
Cevdetpaşa Cad.
Ulus
B E Ş İ K T A Ş
Amavutköy
Ulus Parkı
Levazım
Okul Yolu
Ahmet Adnan Saygun Cad.
Bebek Amavutköy Cad.
Kuruçeşme
Ambarlıdere Yolu
Kuruçeşme Parkı
10
Boğaz
Mecidiyeköy
Ortaköy
Dereboyu Caddesi
Mualim Naci Cad.
Portakal Yok.
Cemil Topuzlu Parkı
N
Palanga Cad.
Mualim Naci Cad.
9
BOĞAZİÇİ KÖPRÜSÜ
Kuleli Cad.
Kuleli
0
500
1 000 m

TUMBA DE BARDAKÇI BABA

En la entrada del complejo residencial Fulya Terrace Residence
Hakki Yeten Cad. nº 11
Fulya Istanbul

Un enorme engaño

En la entrada del complejo residencial Fulya Terrace Residence, la flamante tumba verde oscuro protegida por una gran urna de cristal pertenece a un tal Bardakçi Baba (el "padre fabricante de cristales"). Aunque la tumba de este santo es objeto de culto desde tiempos remotos según los habitantes del barrio cercano de Beşiktaş, parece en realidad que el "culto" lo inventó un dentista del barrio con la ayuda de unos amigos.

A principios de los años 1970, H. D. estudiaba en la Facultad de Medicina Dental, situada cerca de la tumba de Barbakçi Baba. Él y sus amigos tomaban a menudo un camino que atravesaba un pequeño bosque, donde unos estudiantes habían colocado una mesa para estudiar al aire libre y para, de vez en cuando, beber vino. La mesa siempre estaba llena de vasos. Un día, sin duda inspirados por los efluvios del alcohol, se les ocurrió pintar en la mesa la inscripción "Barbakçi Baba" en mayúsculas. Improvisaron una tumba rudimentaria en la que enterraron un cráneo humano –auténtico– que usaban para sus estudios. Un día, descubrieron que la botella de agua, dejada vacía la víspera, había sido rellenada por algún visitante que había querido honrar al santo: había nacido el culto. A finales de los años 1970, durante la construcción de la avenida Hakki Yeten, unos obreros descubrieron el cráneo y lo enterraron al otro lado de la avenida, colocando encima la inscripción pintada de la mesa. Esta modesta tumba no tardó en atraer multitud de visitantes, que imploraban

curaciones, matrimonios, niños, trabajo... Había un ritual, instaurado espontáneamente, en el que había que romper vasos para hacer peticiones a san Barbakçi Baba... Unas almas caritativas protegieron la tumba con una reja de hierro. Las autoridades religiosas no tardaron en colocar en ella avisos canónicos: "Rece por el alma de Barbakçi Baba. El hombre que yace en esta tumba es un amigo de Dios. No atar tiras, no romper vasos, no encender velas sobre la tumba. Son supersticiones, y es pecado. Rece por su alma y haga sus peticiones directamente al Señor".

En 2009, se construyó el complejo residencial ultra-lujoso de Fulya Terrace Residence frente a la tumba de Barbakçi Baba. Los promotores estimaron que la pobre tumba no encajaba con el estilo de la residencia y decidieron modernizarla dándole su aspecto actual: protegida por una urna de cristal que debía recordar el ritual a Barbakçi Baba. Sustituyeron la inscripción, que sin duda consideraban demasiado larga y sofisticada, por una más lacónica: "Barbakçi Baba – Rece por su alma". Desde entonces la tumba está iluminada por las noches y Estambul tiene su primera residencia moderna con un santo patrón.

Las revelaciones del dentista en 2002 fueron devastadoras para todos, pero no impidieron la construcción del complejo en 2009. H. D. justificó su silencio en su preocupación por proteger el bosque en el que estaba la tumba, que, esperaba, disfrutaría de la inmunidad del santo. No fue el caso y el dentista rompió su silencio cuando derribaron los árboles. Invitó a las autoridades a excavar el terreno para descubrir el cráneo, que aún debía llevar las prótesis de plástico de dientes y arcos dentales, colocados por el joven estudiante. La dirección de los cementerios afirmó que no tenía ningún inventario histórico que mencionase a Barbakçi Baba y que, si las excavaciones arqueológicas confirmaban las revelaciones del dentista, la tumba de Barbakçi Baba debía ser destruida. Cabe destacar de hecho que el rostro del santo no está orientado hacia la alquibla, como debería de ser el caso de una tumba musulmana... Por el momento, la tumba sigue ahí y los antiguos vecinos del barrio siguen creyendo firmemente que Barbakçi Baba existió...

الله
SULTAN FATİH'İN
TUZCUBAŞI'SI
TUZCUBABA HZ.
1420-1500
RUHUNA FATİHA

EL MOLINO DE SAL DE TUZ BABA

Avenida Uzuncaova nº22
Beşiktaş, barrio de Türkali

La tumba de un santo de la sal

Cerca de la mezquita de Yildiz, se ven a veces devotos musulmanes orando con fervor delante de un nicho de mármol decorado que contiene pequeños sacos de sal. Aunque la tapa de mármol que sujeta el nicho está erosionada por la sal derramada desde hace siglos, se puede ver que se trata de un elemento arquitectónico bizantino reutilizado.

Detrás de este nicho se encuentra la tumba de Rum Ali Ağa, responsable del suministro de sal de Mehmed el Conquistador (1432-1481), de ahí su apodo de Tuz Baba (literalmente, "padre-sal"). Lamentablemente es difícil reconocer la tumba tras las posteriores reformas y añadiduras. Justo al lado de la tumba hay un molino de sal manual: según la leyenda, fue al poner en funcionamiento este molino cuando Tuz Baba habría producido milagrosamente sal para el ejército otomano que sufría una grave carencia de sal durante el asedio de Constantinopla.

Hoy, la tumba de Tuz Baba sigue siendo objeto de devociones particulares vinculadas con la sal; los visitantes depositan sacos de sal para pedir sus deseos y los transeúntes mojan sus dedos para comer un poco de sal y recibir la gracia del santo.

La sal también está ligada a la tradición de hospitalidad oriental, común a todas las creencias, que exige que se ofrezca pan y sal al recién llegado.

El nombre de la mezquita que está detrás de la tumba (Rum Ali Ağa) demuestra que hubo un movimiento social importante en la época de la conquista, dado que *rum* significa 'griego'. Tuz Baba fue sin duda uno de los numerosos conversos que ingresaron al servicio del sultán como secretarios, burócratas, arquitectos, diplomáticos...

Según la tradición, Rum Ali Ağa se unió a la hermandad Rifaiyya y se convirtió en santo. Fundada en el siglo XII por Seyyid Ahmed Rifai, la hermandad sufí Rifaiyya (o Rufaiyya) se guía por tres principios: no pedir, no negarse y no acumular riquezas. Algunos miembros de esta orden son conocidos por clavarse alfileres en las mejillas, en un estado de éxtasis místico, para demostrar su insensibilidad al dolor.

EL RETRATO DE LA PANADERÍA YEDI SEKIZ HASAN PAŞA ❸

Mercado de Beşiktaş
Calle Şehit Asım n° 12
Cerca del mercado de pescado

La panadería de un pachá destroza cráneos que no sabía leer ni escribir

En la entrada de la panadería Yedi Sekiz Hasan Paşa, el retrato de un hombre de aspecto patibulario recibe con semblante serio a todo cliente que venga a comprar uno de los deliciosos pasteles: uniformado y con sus gruesos bigotes a la otomana, Hasan Pachá, antepasado de los propietarios de la pastelería, dio su nombre, que significa literalmente "el siete-ocho", al establecimiento secular. El título le vino por haberle destrozado el cráneo a un revolucionario.

A pesar de ser un simple policía, el joven Hasan gozaba de la gracia del sultán Abdul Hamid quien le nombró comandante del cuerpo de guardia de Beşiktaş. El 20 de mayo de 1878, Ali Suavi, joven revolucionario rodeado de voluntarios balcánicos, atacó el palacio de Çiragan, con el objetivo de liberar al sultán Murad V, encarcelado desde su destronamiento en 1876 por razones de salud mental.

Ali Suavi pertenecía al alto clero musulmán y era un personaje complejo: aunque vivió mucho tiempo en el exilio en Europa, donde se casó con una bella inglesa y adquirió costumbres "a la occidental", seguía siendo profundamente musulmán y quería instaurar un régimen constitucional en el Imperio otomano. La restitución al poder del sultán Murad V le habría permitido lograr sus proyectos, máxime siendo los dos masones. Estaba a punto de lograr su objetivo, cuando el comandante Hasan se cruzó en su camino y le destrozó el cráneo con un bastón-maza. La revolución había fracasado.

Para agradecerle por haberle salvado el trono, y sobre todo la vida, Abdul Hamid concedió a Hasan la dignidad de pachá. Pero el nuevo pachá no sabía leer ni escribir, y mucho menos firmar. ¿Cómo iba a autentificar los documentos oficiales?

El pragmatismo otomano puso remedio a ello: bastaba con trazar los número árabes 7 (٧) y 8 (٨) y juntarlos en una línea horizontal para obtener una figura que se pareciera más o menos al nombre de Hasan.

Con su nuevo título, el amo todopoderoso de Beşiktaş hizo reinar el orden usando medios violentos. Él mismo golpeaba con su bastón, instrumento de martirio de Ali Suavi, a los que violaban públicamente el ramadán o maltrataban a los perros callejeros, y a los borrachos.

LA CÚPULA DE LA IGLESIA DE SANTA MARÍA DE BEŞIKTAŞ 4

Iglesia del Descubrimiento del Ataúd de la Santa Madre de Dios (Surp Asdvadzadzin)
Calle Ilhan nº 20
Beşiktaş
• La iglesia abre para la misa del domingo y los días festivos religiosos armenios
• Bus: Beşiktaş

Una cúpula prohibida y disimulada

Invisible desde fuera, la cúpula de la iglesia armenia de Santa María, erigida entre 1836 y 1838, tiene una historia sorprendente: después de sus conquistas, los otomanos autorizaron a los cristianos conservar las cúpulas existentes pero les prohibieron construir nuevas iglesias con cúpulas, prohibición que duró hasta las reformas (Tanzimat) que se iniciaron en 1839 y que garantizaron la igualdad de derechos a las personas no musulmanas del Imperio otomano.

En las grandes tradiciones religiosas, la cúpula simboliza el cielo. En particular en el islam, donde el profeta Mahoma, durante su Ascensión (Miradj), describió el cielo como una cúpula de nácar apoyada sobre cuatro pilares. Sin embargo, las tradiciones esotéricas asociaban la cúpula con un símbolo iniciático. Así lo demuestran los primeros mausoleos otomanos en Bursa cuya cúpula tiene un agujero circular, como el Panteón en Roma, que sirvió de modelo a Santa Sofía. Este agujero central, a menudo equiparado con la estrella polar o el sol, corresponde a la huida del iniciado del mundo condicionado. Los cuatro muros del edificio simbolizan pues el mundo acabado y temporal; la cúpula, la iniciación y la elevación; la cúspide, la liberación y el infinito.

La iglesia fue construida y financiada por el arquitecto Garabed Amira Balyan (1800-1866), quien pertenecía a la famosa familia de arquitectos Balyan a la que debemos la gran mayoría de los edificios públicos (palacios, cuarteles y mezquitas) desde mediados del siglo XVIII hasta finales del XIX. El edificio, con techo de sección triangular, cubre una planta cruciforme. Esta disposición, ideada específicamente para disimular la cúpula, inspiró la planta de la gran sala de recepción del palacio de Dolmabahçe, también construido por Amira Balyan.

Los iconos de Santa María de Beşiktaş son obra de Umed Beyzad (1809-1874), quien también fue pintor de palacio: las relaciones entre el palacio y la comunidad armenia de la época eran muy estrechas. La iglesia, además, se construyó bajo el sultanato de Mahmud II, quien había confiado las arcas del Imperio a expertos armenios.

En la entrada de la iglesia hay un relieve de mármol con un sello de Salomón. Ver p. 32.

EL MONASTERIO DE LOS ŞAZELI

Calle Mehmet Ali Bey sokak nº 14 – Entre el principio de la avenida Yildiz (Yildiz Caddesi) y la cuesta Serencebey (Serencebey Yokuşu)
Beşiktaş
• Abierto para las oraciones

Un centro sufí de estilo art nouveau

"Una hermandad musulmana adoptando el último grito del *art nouveau*: ¡todo un símbolo del reinado!", exclama François Georgeon, gran biógrafo del sultán Abdul Hamid, impulsor del convento de los Şazeli.

Erigido en 1903 por el arquitecto italiano Raimondo d'Aronco en el más puro estilo *art nouveau*, por entonces en boga en Europa, el convento de los Şazeli (Ertuğrul Tekkesi) rebosa de detalles arquitectónicos florales y de otros adornos típicos de este estilo.

El convento se edificó a petición del sultán Abdul Hamid II en honor al jeque Hamza Zâfir Medeni, superior de la hermandad Şazeliye (transcripción árabe: Shadhiliyya), que dio su nombre al convento[1].

El convento (*tekke*) también tiene el nombre turco de Ertuğrul, el nombre del padre de Osman Gazi, fundador de la dinastía otomana: la mezquita del convento servía ante todo de lugar de culto para el régimen Ertuğrul, cuerpo de élite que aseguraba la protección del sultán, cuyos miembros eran reclutados entre los turcomanos de la región de Domaniç, cuna de la dinastía imperial. Se trataba pues de un retorno nostálgico, pero significativo, a las raíces turcas –a veces descuidadas o ignoradas– de la casa de Osman.

El convento también fue un instrumento de la política panislamista del sultán que Bismarck, aunque poco amante de los turcos, consideraba como el mejor diplomático de su tiempo: el jeque Zâfir era oriundo de Tripolitania, en Libia, y gozaba de un enorme prestigio en África del Norte. El convento acogía a jeques y ulemas de distintas regiones musulmanas y, a través de los lazos que establecía entre la capital y los centros espirituales periféricos, contribuía a la influencia de la institución del califato que pertenecía a los otomanos. El estilo *art nouveau* europeo usado aquí, en tierra islámica, concordaba perfectamente con las ideas de la mezcla cultural de la que el convento era un testigo privilegiado.

UN ITALIANO EN ESTAMBUL

El arquitecto italiano Raimondo d'Aronco, establecido en Estambul de 1893 a 1909, fue uno de los arquitectos favoritos del sultán Abdul Hamid, bajo cuyo reinado construyó numerosos edificios públicos y privados que se pueden seguir admirando hoy: una miríada de edificios y pabellones en el recinto del palacio de Yildiz, como el Pequeño Palacio del Chalet (Şale Köşkü) para servir de residencia a Guillermo II durante su visita en 1898; el palacio de la familia Huber en Yeniköy, actual residencia presidencial de verano; la embajada de verano de Italia en Tarabya y el Ministerio de Agricultura, Bosques y Minas, en la plaza Sultanahmet, en el lado opuesto de Santa Sofía.

1 Hermandad fundada hacia finales del siglo XII en Egipto por Abdul Hasan Taqiyuddin Ali bin Abdullah Ach-Chadhali, maestro sufí de origen marroquí. La Shadhiliyya, muy extendida en el norte de África, conquistó Estambul y creció gracias al interés particular que Abdul Hamid tenía por esta hermandad, cuyo jeque se convirtió en el guía espiritual del sultán. Agradecidos y fieles a su benefactor y cofrade, los derviches shadhilis celebraron sus rituales especiales durante el funeral de Abdul Hamid.

LOS MUROS SOBREELEVADOS DE YILDIZ

6

Inicio inferior de la cuesta de Müvezzu Caddesi, Çırağan
Beşiktaş
• Bus: Çırağan

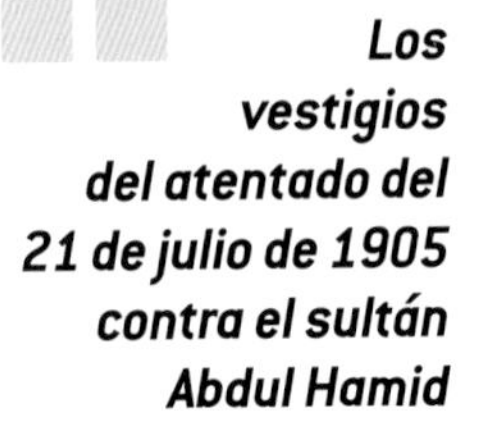

Los vestigios del atentado del 21 de julio de 1905 contra el sultán Abdul Hamid

Si mira con atención, verá que el gigantesco muro que rodea el parque de Yildiz (antiguo jardín del palacio de Yildiz) presenta unas curiosas irregularidades a la altura de la mezquita de Yildiz y de la entrada principal del palacio: hasta cierta altura, el muro está cuidadosamente construido con gruesos sillares, pero parece que los pequeños ladrillos que forman la parte superior fueron colocados con rapidez y sin cuidado. Esta sobreelevación demuestra las extraordinarias medidas de seguridad que se tomaron tras el atentado, con la primera bomba de relojería de la historia del crimen, del 21 de julio de 1905 contra el sultán Abdul Hamid: según el tipo de terreno, el sultán mandó realzar los muros de 5 a 10 metros.

Aquel día, el cuerpo diplomático, los dignatarios del Estado, la guardia imperial vestida de gala, numerosos interesados y periodistas se disponían a asistir a la ceremonia del *selamlik* (intercambio de los saludos entre el sultán y sus súbditos), como es habitual después de cada oración del viernes. Una vez la oración concluida, el sultán, contrariamente a su costumbre, no salió inmediatamente de la mezquita: estaba charlando de teología con el jeque del islam (el Gran Muftí, la mayor autoridad religiosa de la época). Se oyó entonces una detonación ensordecedora: una bomba, colocada debajo de la calesa, acababa de explotar, causando 26 muertos y 58 heridos. La investigación permitió llegar hasta Édouard Joris, anarquista belga unido a la causa armenia. Los conspiradores habían calculado al detalle el tiempo que el sultán tardaba normalmente en llegar a su calesa en cuanto salía de la mezquita. No se sabe lo que movió a Abdul Hamid a entretenerse hablando con el jeque del islam.

Aunque era profundamente devoto, Abdul Hamid desconfiaba de aquel dignatario a quien ordenaba vigilar de cerca: los dos sultanes precedentes habían sido destronados a raíz del asesoramiento jurídico del Gran Muftí de la época.

El comportamiento de Abdul Hamid tras el atentado fue curioso: este soberano, que vivía con el miedo constante de ser asesinado o destronado, demostró tener una valentía y una sangre fría admirables: prosiguió la ceremonia del *selamlik* como si no hubiese pasado nada, calmó a la gente aterrada y prosiguió su jornada con normalidad.

Destronado finalmente en 1909 (¡con base en un asesoramiento jurídico del jeque del islam!), vivió los nueve últimos años de su vida en una calma absoluta, sin rencor ni resentimiento. Antes de ello indultó a Édouard Joris para convertirle en agente de inteligencia a su servicio.

EL HAMAM DEL PALACIO DE ÇIRAĞAN

Hotel Çırağan Palace Kempinski
Avenida Çırağan Cad. n° 32
Beşiktaş

- Visitas previa reserva: neslihan.sen@kempinski.com o cansu.bas@kempinski.com
- Se puede alquilar el hamam para cenar y cócteles
- Bus: Çırağan
- Muelle: Beşiktaş

El hamam personal del sultán que escapó milagrosamente de las llamas

Dentro del magnífico hotel Çırağan Kempinski, el hamam de Çırağan es la única parte histórica del palacio que escapó de las llamas del incendió que arrasó el lugar en 1910.

Aunque ya no se usa como hamam, se puede visitar previa reserva o alquilar para eventos privados.

Obra de Sarkis Balyan (hijo de Garabed Balyan), el palacio de Çırağan terminó de construirse en 1871 para el sultán Abdulaziz, quien no lo pudo disfrutar hasta que no fue destronado en 1876. De 1878 a 1904, el sultán Murad V estuvo ahí encarcelado tras haber destronado unos meses después a Abdulaziz, alegando trastornos mentales. En 1909, el Parlamento otomano dejó su sede cerca de Santa Sofía para trasladarse al palacio donde solo estuvo operativo dos meses: el 6 de enero de 1910, un incendio provocado por un cortocircuito no dejó en pie más que los muros y el hamam.

El hamam de mármol delicadamente labrado es una deliciosa mezcla de estilos otomano clásico y morisco. La segunda sala, al fondo, está coronada por una cúpula con una ventana, en forma de estrella de doce puntas, rodeada de doce ventanas hexagonales que filtran una suave luz blanquecina. Abdulaziz, simpatizante de la hermandad sufí Bektaşi, ¿quiso acaso rememorar la piedra de sumisión (*teslim taşı*) que los miembros de la hermandad llevan al cuello, como recuerdo de los doce imanes del chiísmo, también venerados por ciertas corrientes místicas sunitas?

La estrecha entrada de la segunda sala invita a pensar que, en este lugar, hubo una reja que pudo haber desaparecido en el incendio, como sucedió en el hamam de los sultanes del palacio de Topkapi: esta permitía que el sultán se encerrase tranquilamente durante sus momentos más vulnerables, por ejemplo cuando, al enjabonarse la cabeza, cerraba los ojos.

Se puede alquilar el hamam para cenas y cócteles privados.

YAHYA EFENDİ DERGA
KÜÇÜK SEYHİ
ESSEİD HÜSEYİN ŞEVKİ EFE
AİLESİ

EL CIPRÉS DEL CONVENTO SUFÍ DE YAHYA EFENDI

8

Avenida Çırağan Cad./calle Yahya Efendi sokak n° 2
Abierto desde la oración matutina hasta la oración nocturna
• Bus: Yahya Efendi

> ***El ciprés bajo el cual el jeque conoció al "hombre verde"***

Remanso de paz que, curiosamente, ha sobrevivido en una de las avenidas más frecuentadas de la ciudad, el convento de Yahya Efendi que domina el Bósforo es uno de los pocos conventos sufís de Estambul en haber mantenido su estructura original y su ambiente de recogimiento. Detrás de la pequeña fuente de mármol (llamada Hamidiye, por su donante, el sultán Abdul Hamid) situada a la izquierda del edificio, se alza un ciprés de cinco siglos de vida, objeto de un respeto particular: a los pies del ciprés, el jeque fundador del convento habría visto a Hizir (Khidr en árabe), personaje mítico de la tradición musulmana.

Aunque no se cita su nombre en el Corán, se admite que el versículo 65 del sura 18 (la Caverna) se refiere a él como "uno de nuestros siervos al que le habíamos concedido una gracia procedente de nosotros y al que habíamos enseñado un conocimiento de nuestra parte". Se piensa que fue probablemente un profeta y se le atribuye la inmortalidad hasta el juicio final, para que pueda socorrer a las personas en dificultades, a veces adoptando los rasgos de otra persona, a menudo de un derviche. Nadie puede adivinar su verdadera personalidad mientras que él mismo no la desvele, y a menudo somete a la gente a pruebas. Mendiga alimentos y recompensa a quienes se los dan y castiga a quienes se los niegan.

Según un hadiz, si Hizir se sienta en un desierto seco, este se cubre de hojas verdes cuando se ha marchado: la palabra *hizir* (*khidr*) significa 'verde' y se representa a este personaje vestido de verde. La tradición popular recomienda invocarle tres veces contra el robo, el ahogamiento, los tiranos, los demonios, las serpientes y los escorpiones. Se asocia su personaje al de Ilyas (Elías) con quien se reúne el 6 de mayo para regenerar la naturaleza: es el principio del verano y la fiesta de Hıdırellez (Hızır+İlyas).

Fue bajo el ciprés en cuestión donde Hizir se habría encontrado con el jeque Yahya Efendi (1495-1570), fundador del convento codirigido por las hermandades Naqchbendi y Qadiri en la época otomana y convertido en mezquita en 1925. La sala de las tumbas, situada en la nave principal de la mezquita, alberga la tumba del jeque, así como las de miembros de su familia y de la dinastía otomana, como la sultana Raziye, hija de Solimán el Magnífico e hija espiritual de Yahya Efendi.

El cementerio arbolado que rodea el convento acoge las tumbas de altos dignatarios religiosos y de generales del ejército, jueces, gobernadores y miembros de familias emparentadas con la dinastía imperial.

DESPACHO DE DIRECTOR DEL COLEGIO KABATAŞ

9

Antiguo palacio de Feriye - Çırağan Caddesi nº 40
34349 Ortaköy Beşiktaş
• www.kabatasel.com
• A veces se puede visitar en semana entre las 9 y las 17 h pidiendo permiso en la entrada del colegio. Permiso casi siempre concedido
• Bus: Kabataş Lisesi

El sultán Abdulaziz: ¿suicidio o asesinato?

A veces, pidiendo permiso, se puede entrar al despacho del director del colegio de Kabataş. El despacho ocupa un lugar aparte en la historia del Imperio otomano: fue ahí donde el sultán Abdulaziz fue hallado muerto tras ser destronado (ver pág. contigua). Los antiguos alumnos del colegio de Kabataş y del vecino colegio de Galatasaray (hoy Universidad de Galatasaray) cuentan que, cuando el viento del norte (Poyraz) soplaba muy fuerte de noche y se colaba por los intersticios de los viejos edificios, el fantasma de Abdulaziz vagaba por los dormitorios en busca de sus asesinos. A mediados de los años 1990, también corría el rumor de que en uno de los hoteles del barrio, un empleado fue abofeteado por un anciano ataviado con uniforme otomano y con un fez que, después, desapareció sin dejar rastro...

LOS ÚLTIMOS Y CONTROVERTIDOS DÍAS DEL SULTÁN ABDULAZIZ

Considerado demasiado autoritario, el sultán Abdulaziz fue destronado el 30 de mayo de 1876 y encarcelado en el palacio de Topkapi, en los apartamentos del sultán Selim III, quien fue destronado en 1807 y asesinado en 1808. De carácter melancólico, Abdulaziz quedó profundamente disgustado con la elección de su cárcel. Unos días después fue trasladado al palacio de Feriye (hoy ocupado por el colegio de Kabataş), en Ortaköy. El 4 de junio de 1876, pidió a la sultana madre un par de tijeras para cortarse la barba y se encerró en su habitación. Se oyeron enseguida unos lamentos, lo que llevó a los guardias a derribar la puerta. Adbulaziz yacía en medio de un charco de sangre, con las venas de las muñecas abiertas. Llevaron su cuerpo al puesto de policía del palacio (hoy el exquisito restaurante Feriye) y un consejo de médicos estableció que el suicidio había causado su muerte. Su sucesor Murad V solo gobernó unos meses: también fue destronado por un golpe de Estado. Sospechando de que Abdulaziz, su tío, había sido víctima de un asesinato político, Abdul Hamid, el siguiente sultán, creó un tribunal extraordinario que condenó a muerte a los acusados, entre los cuales estaban el antiguo gran visir Midhat Pachá, dos cuñados del sultán, unos oficiales y un chambelán. Las penas fueron conmutadas a un perpetuo destierro. Desde entonces, una controversia obsesiona y divide la opinión pública turca: el sultán Abdulaziz, ¿se suicidó o fue asesinado?

Nada permite cuestionar el rigor científico del informe médico. La posibilidad de una intrusión del exterior mediante una escalera está descartada: los centinelas se habrían dado cuenta, sobre todo porque la habitación de Abdulaziz estaba en la segunda planta. Aunque existen razones para sospechar que el tribunal extraordinario, reunido cinco años después de los hechos, arrancó algunas confesiones mediante la tortura, algunos elementos también llevan a pensar en un asesinato: apenas se escucharon los gritos y lamentos de las odaliscas del sultán, Hussein Avni Pachá, principal autor del golpe de Estado, se presentó en el lugar de la tragedia, de uniforme y en su barca oficial, ya que sus remeros estaban listos. La narración del descubrimiento del cuerpo parece también muy sospechosa: ¿por qué derribar la gran puerta de la habitación pudiendo usar la pequeña puerta de servicio que comunicaba la habitación del sultán con la habitación contigua? De hecho, esta tiene una ventana que da directamente a la de la habitación del sultán. Por último, pero no por ello menos importante: las dos muñecas del sultán estaban abiertas. No obstante, cuando uno se corta la muñeca, se corta los tendones y las venas, de tal modo que la mano queda paralizada. Con el tiempo, el debate acabó tomando tintes políticos. Abdul Hamid, sucesor de Abdulaziz, fue completamente demonizado por los progresistas y luego por los laicos y los liberales. Los conservadores, al contrario, hicieron de él un símbolo de la sabiduría tradicional y el mártir de las conspiraciones que arruinaron el Imperio. Cualquiera que defienda la tesis del asesinato puede verse tachado de fanático retrógrado y oscurantista, mientras que los defensores de la tesis del suicidio corren el riesgo de ser tratados de sinvergüenzas, traidores, etc.

LA FUENTE SAGRADA DE LA IGLESIA DE SAN DEMETRIO

Kırbaç sok n° 52
Kuruçeşme
• Bendición de la fuente durante la misa del sábado por la mañana de 10 a 12 h aproximadamente
• La duración de la misa varía según la época del año
• Bus: Kuruçeşme

Para obtener curaciones, bodas y exorcismos...

Para acceder al estanque subterráneo donde mana el agua del *aghiasma* (una fuente sagrada) de la iglesia de San Demetrio (Aghios Dimitrios Ksirokrinis en griego, Aya Dimitri en turco), hay que atravesar un túnel bizantino largo y muy húmedo, con bóvedas de ladrillo y salpicado de estalactitas que se han formado con los siglos. En el muro, hay unos anillos; al tocarlos, emiten unos sonidos que, dicen, son apotropaicos: al parecer alejan el mal y los malos espíritus.

El agua del *aghiasma*, dicen, cura las enfermedades, espanta a los demonios y trae suerte. Se recomienda pues ir a San Demetrio el sábado por la mañana, día en que se forma una cola interminable delante de la puerta: la multitud espera a que termine la misa para pedir al cura que rece y bendiga el agua de la fuente para obtener curaciones, bodas y exorcismos. La mayoría de los peregrinos son, en general, musulmanes de la alta burguesía que bajan de Ulus y Etiler, barrios residenciales situados en lo alto del Bósforo. Es un auténtico espectáculo ver a las damas hacer alarde de los últimos accesorios de moda en un lugar tan espiritual y bizantino.

El cura prodiga cuidados sin distinción de religión ni de confesión.

En la época otomana, la iglesia de San Demetrio era la iglesia parroquial del barrio griego, una especie de residencia de verano de la aristocracia griega del barrio de Fener/Phanar. La iglesia original bizantina, que se remonta al siglo XV, se construyó en el emplazamiento de un templo pagano dedicado a Deméter y tal vez a Isis también. Para sacarla de su estado de abandono, el sultán Selim III mandó reconstruirla en 1789 y después fue objeto de varias reformas.

La zona del Bósforo de Kuruçeşme está habitada desde la Antigüedad. Según la leyenda, en la Antigüedad, el laurel de Medea estuvo en este lugar, llamado Bithias, Kalamos o Amopolos. En la época bizantina, Simeón el Estilita y Daniel el Estilita pasaron aquí veintisiete y treinta y tres años respectivamente, subidos a lo alto de una columna.

0
500
1 000 m
N
KAĞITHANE
Çocuk Parkı
Şişli Rum Mezarlığı
Darülaceze Cad.
Piyalepaşa Bulvarı
Kara Yolu
Halide Edip Adıvar
Çifte Cevizler Dere Yolu
Abide-i Hürriyet Cad.
Talatpaşa
Darülaceze Cad.
Halil Rifat Paşa
Harzemşah Sk.
ŞİŞLİ
Meşrutiyet
Etibank Cad.
İncirli Dede Cad.
Cumhuriyet
Akar Cad.
Darülaceze Yolu Sk.
Duatepe
Osmanbey
Halıcıoğlu Okmeydanı Cad.
Kuzey Sk.
Ergenekon Cad.
Baruthane Cad.
Hasret Cad.
Feriköy Mezarlığı
Bozkurt
Askeri Müze ve Kültür Sitesi Komutanlığı
Piyalepaşa
Kuzey Sk.
Fatih Sultan Caddesi
Piyalepaşa Cad.
Piyalepaşa Bulvarı
Yaşı Meydanı Caddesi
Yayla
Feriköy
Seymen Sk.
Kurtuluş Caddesi
Şahin Sk.
Dolapdere Cad.
Kocabaş Sk.
Eskişehir
Cumhuriyet Cad.
Üst Baruthane Cad.
Büyük Piyale Paşa Camii
Akağalar Cad.
Müverrih Ali Cad.
Cindere Parkı
Yenişehir
Kaptanpaşa
İstiklal
Kulaksız Cad.
Irmak Cad.
Dolapdere Taksim Cad.
Yedi Kuyular Cad.
Keçeci Piri
BEYOĞLU
Bülbül
TAKSIM MEYDANI
Aynalı Kavak Kasrı
Bostan
Taksim
Zindan arkası Mezarlığı
Sururi Parkı
Ömer Hayyam Cad.
Küçük Piyale
Çukur
Tarlabaşı Bulvarı
Bahriye Caddesi
İstiklal Caddesi
Sıraselviler Cad.
Camiikebir
Donanma Cad.
Galatasaray Lisesi
Mebusan Yok.
Melak Cad.
Refik Saydam Cad.
İstiklal Caddesi
Fransa Sarayı
Cihangir
Cezayirli Hasan Paşa Parkı
Şişhane
Boğazkesen Cad.
Defterdar Yokuşu
Şair Nedim Parkı
Şişhane
Beyoğlu
Haliç
Şahkulu
Meclis-i Mebusan Cad.
Okçu Musa Cad.
Şerefiye Sk.
Kadir Has Cad.
Galata
Cad.
Istanbul Modern Sanat Müzesi
Özlem Parkı
ATATÜRK KÖPRÜSÜ
Tersane Cad.
Kemeraltı
Karaköy
Karaköy
Haliç
Cibali
Ragıp Gümüşpala Cad.
GALATA KÖPRÜSÜ
Atatürk Bulvarı
Hacı Kadım
Demirtaş
Süleymaniye Camii
Yeni Camii
1
2
3
4
5
6
7
8
9
10
11
12
13
14
15
16
17
18
19
20
21-22
23
24
25
26
27
28
29

BEYOGLU

CEMENTERIO CARAÍTA

1

Avenida Halıcıoğlu Yanyolu caddesi n° 1/1°
Çıksalın
- Abierto desde el amanecer hasta el ocaso
- Bus: Çıksalın (tomar 54Ç en Taksim o 77Ç en Eminönü)

La memoria de una corriente judía olvidada

La sinagoga caraíta (Kahal ha Kadosh Bene Mikra Mahlul sokak, n° 4 en Hasköy) ya no está abierta a las visitas y el pequeño cementerio caraíta de Çıksalın es el último elemento tangible que permite intuir la existencia, en Estambul, de una comunidad judía, considerada herética y reducida a algunas familias (ver pág. contigua).

Abierto desde el amanecer hasta el ocaso, el cementerio está salpicado de antiguas lápidas totalmente recubiertas de inscripciones hebreas. Curiosamente, estas tumbas tienen forma de sarcófago otomano, probablemente como testimonio de las afinidades históricas entre caraítas y turcos.

A veces, en los cementerios musulmanes, se ven otros tipos de tumbas probablemente caraítas, como la que está al lado de la tumba de Hasan Baba (ver p. 86). No obstante, es muy raro encontrar esa forma en los cementerios judíos tradicionales.

¿QUIÉNES SON LOS JUDÍOS CARAÍTAS?

Esta comunidad, antaño floreciente, se ha reducido a unas pocas familias: los oficios ya solo se celebran los días festivos en la única sinagoga caraíta (calle Mahul sokak, n° 4, Hasköy) construida en 1842 con la autorización del sultán Abdulmecid en el emplazamiento de una sinagoga más antigua de época bizantina (cuyo muro ha sobrevivido). Se construyó por debajo del nivel del suelo, como testimonio de la fidelidad de los caraítas a la Escritura Sagrada, según el Salmo 130: “Desde las profundidades, te he invocado, Señor”.

Los caraítas constituyen una comunidad judía poco conocida que el judaísmo rabínico considera herética, porque rechazan la ley oral codificada en el Talmud y se limitan a observar la ley escrita, la Torá.

Aunque el caraísmo nació en Bagdad y en el Cairo entre los siglos VII y IX, sus orígenes podrían remontarse a las antiguas sectas anti-rabínicas como los saduceos. En todo caso, hubo movimientos anteriores que se opusieron a la autoridad de las tradiciones rabínicas y abogaron por recuperar la letra de la Escritura Sagrada. Los caraítas, que a veces se hacen llamar *bené mikrá* (hijo de la lectura) son literalmente los "lectores" de las Escrituras Hebreas. Procedente de la misma raíz semítica, la palabra *qara'a* (leer) en árabe se parece a "Corán".
Aunque el papel del islam era dudoso cuando surgió el caraísmo, su influencia en la filosofía y en los rituales caraítas parece menos cuestionable: al igual que en las mezquitas, los caraítas se descalzan en la entrada de las sinagogas, se postran durante algunas oraciones…).
Anan ben David (715-795), considerado a menudo como el fundador del movimiento, logró salir de la cárcel gracias a su compañero de celda, Abu Hanifa (699-767), gran teólogo musulmán fundador del hanafismo, una de las cuatro escuelas de jurisprudencia sunita, a la que pertenecen la mayoría de los turcos. Obtuvo la autorización para establecerse en Jerusalén, donde su comunidad se desarrolló hasta la Primera Cruzada. Después, el caraísmo se extendió a Siria, a Egipto y a Europa occidental.
La historia de los caraítas parece tener un paralelismo providencial con la de los turcos: muchas comunidades caraítas en Rusia, Crimea, Lituania y Polonia fueron o son turcohablantes. Según algunos historiadores, serían descendientes de los jázaros, pueblo de lengua turca al norte del mar Caspio que adoptó el judaísmo como religión de Estado en el siglo VIII. Fue Arthur Koestler quien redescubrió esta apasionante historia y consideró a los jázaros como la 13ª tribu de Israel, título que dio a su famoso libro. La historia contemporánea agradece a Koestler haber desenterrado el Imperio jázaro de las profundidades del pasado, pero le critica por haber omitido un detalle importante: probablemente no toda la población jázara se convirtió al judaísmo, sino solo la clase dirigente. Por consiguiente, los judíos de Europa oriental no son totalmente de origen jázaro, como lo pretende Koestler. Pero, en lo que respecta a los caraítas turcohablantes, la hipótesis de los orígenes jázaros es más creíble.
La presencia de los caraítas en Estambul está demostrada desde el siglo XII a través de los viajeros judíos. Cuando los turcos conquistaron la ciudad, una numerosa comunidad caraíta vivía en Karaköy, que sin duda debe su nombre a esta comunidad (Karay-Köy: ciudad caraíta). Lamentablemente la sinagoga caraíta de Karaköy desapareció. El periodo posterior a la conquista fue testigo de los intentos de reconciliación entre las autoridades caraítas y las de la comunidad judía mayoritaria.
La administración otomana respetó la autonomía de la comunidad caraíta, cuyas instituciones estaban estrictamente separadas de las de la comunidad judía rabínica. Los matrimonios mixtos, por ejemplo, no estaban reconocidos. Curiosamente, los caraítas siguieron hablando griego después de la caída de Bizancio.

CAFÉ SATIYE SULTAN

2

Avenida Hasköy Cad. nº 1
A 250 metros del Museo Rahmi Koç, en dirección a Karaköy
Hasköy
- Abierto todos los días de 9 h a medianoche
- Bus: Hasköy

Un café en una sinagoga

La preciosa sinagoga Esgher (Ezger), que fue construida a principios del siglo XIX y que estaba comunicada con otras instituciones judías del barrio a través de túneles, fue desmantelada en los años 1940. Cedida a unos particulares, fue un depósito de alquitrán, una fundición, un almacén de vinagre y un taller de alfarería, sucesivamente. Tras una minuciosa reforma para la que se trajeron antiguas tejas de Çanakkale y los restos de los sillares que se usaron para la

Universidad de Estambul (edificio del Ministerio de la Guerra otomano), la sinagoga reabrió sus puertas en 2003 como "café-restaurante Safiye Sultan". Por respeto a la naturaleza sagrada del edificio original, no se vende alcohol pero se puede fumar narguile en un marco espectacular con luz tenue y un espacio sobrecargado de objetos antiguos. En verano, se puede usar el amplio jardín sombreado.

Curiosamente, el café está dedicado a Safiye Sultan, alias Sofia Bellicui Baffo (1550-1605), hija de una familia patricia de Venecia que fue secuestrada por corsarios otomanos cuando iba de camino a ver a su padre, gobernador de la isla de Corfú. Tuvo un papel político preponderante y mantuvo correspondencia con soberanos europeos, como la reina Isabel I de Inglaterra (1558-1603).

La elección del nombre de Safiye Sultan viene probablemente de una confusión entre esta sultana y la sultana Nurbanu (1525-1583), alias Rachel Maria Nassi, madre del sultán Murad III cuyos orígenes judíos y/o venecianos así como sus lazos con la familia veneciana Baffo son cuestionables.

PANTEÓN CAMONDO

3

Cementerio judío de Hasköy
Avenida Okmeydani Cad. nº 20
• Entrada libre
• Metro y bus: Halıcıoğlu

El mausoleo neogótico de una familia judía otomana que dejó recuerdos parisinos

Contrariamente a lo que podríamos pensar a primera vista, el pequeño edificio rectangular de piedra de sillería que destaca en lo alto de una colina, a la derecha de la carretera de circunvalación que baja hacia el puente de Haliç, no es un polvorín militar. Esta construcción neogótica es el panteón familiar, situado en medio del cementerio judío de Hasköy, donde el 14 de abril de 1873 enterraron al conde Abraham Salomon de Camondo, fallecido en París el 30 de marzo de 1873. Era el patriarca de esta célebre familia judía, cuyos miembros fueron banqueros de la alta burocracia otomana y grandes mecenas. Los Camondo acabaron estableciéndose en París en la mansión de Camondo, construida en 1912 al lado del parque Monceau. Hoy, el edificio es el magnífico y poco conocido museo Nissim de Camondo, que alberga una colección de muebles y elementos decorativos de arte francés del siglo XVIII. De la familia, ya no queda nadie.

El cementerio judío de Hasköy fue demolido en su mayoría tras construir las carreteras de circunvalación de 1950 a 1980. Abandonado a su suerte, el mausoleo Camondo fue vandalizado e incluso alquilado por un desconocido a unos mendigos como albergue nocturno. Hubo que esperar a 2010 para reformar el edificio y establecer medidas de protección. Hoy, la entrada del panteón está protegida por una puerta de grueso cristal a través de la cual se pueden ver las sepulturas

CEMENTERIO CATÓLICO DE PANGALTI

4

Tayyareci Fehmi Sokak, 3/1, Pangalti
• Metro: Osmanbey

Una auténtica lección de historia

Con sus panteones de distintos estilos (románico, neogótico, renacimiento, otomano), el cementerio católico de Estambul (Pangaltı Fransız Latin Katolik Mezarlığ - Francés latín católico) es una auténtica lección de historia: hay inscripciones en muchos idiomas, a menudo con escrituras fantasiosas: francés, italiano, latín, armenio, croata, etc. También hay católicos griegos, sirios, caldeos, melquitas, albaneses, polacos, alemanes, croatas y checoslovacos enterrados aquí. A veces, los difuntos tienen un nombre árabe y un apellido de consonancia eslava, con abuelos cuyos apellidos suenan más bien a italiano, griego, francés…

El cementerio se creó en 1853 reuniendo los restos óseos exhumados de los cementerios cristianos del Gran Campo de los Muertos situados cerca de la actual plaza Taksim y del Pequeño Campo de los Muertos, cerca de Tepebaşı, con motivo del desarrollo urbano de estas zonas, lo que explica la destacada presencia de víctimas de las grandes epidemias de peste de principios del siglo XIX. Recordemos que los bacilos de la peste pueden sobrevivir milenios…

Luego el cementerio creció con rapidez para acoger a los soldados católicos que fallecieron en la guerra de Crimea (1853-1856), como los soldados (súbditos del Reino de Cerdeña) que descansan en la sorprendente pirámide-osario.

Napoleón III, gran amigo del Imperio otomano, también mandó construir una capilla en este cementerio.

Otros huesos llegaron durante la Primera Guerra Mundial.

LA CADENA BIZANTINA DEL MUSEO MILITAR ❺

Harbiye Askeri Müzesi
Avenue Valikonağı Cad.
Harbiye
• Horario: de 9 a 17 h. Lunes y martes cerrado
• Metro: Osmanbey

La cadena que impedía el acceso al Cuerno de Oro

El enorme amasijo de acero que ocupa toda la sala del museo militar es solo una parte de la cadena que cortaba el paso al Cuerno de Oro en 1453 para impedir que la flota otomana entrase.

Obra del ingeniero genovés Bartolomeo Soligo, esta cadena se extendía desde la torre de Eugenio, situada en el actual barrio de Sirkeci, hasta la torre de Castellion, cuyos subsuelos pasaron a ser la mezquita subterránea (Yeraltı Camii) en el siglo XVIII. La cadena flotaba sobre boyas de madera.

La cadena está compuesta de eslabones en forma de 8 aplastado, de más de 50 cm, con la letra S con las extremidades cerradas, o un círculo aplastado, con pesas de 10 a 20 kilos. Termina en una tenaza que se enganchaba a un gigantesco anillo, colocado en la torre o en un barco, cuando se disponía la cadena. Su excelente estado de conservación se debe a la capa de patina negra que se ha formado por la oxidación del metal.

Colocada en abril de 1453, la cadena cumplió su papel con eficacia e impidió efectivamente que la flota otomana bombardease las murallas marítimas del Cuerno de Oro.

Para burlar la cadena, Mehmed el Conquistador recurrió a una estrategia: la noche del 21 al 22 de abril, remolcaron 67 navíos sobre tablas ungidas con grasa animal que zarpaban de Tophane para subir hasta Pera/Beyoğlu y luego bajar al Cuerno de Oro en Kasımpaşa. El sultán se inspiró en la historia antigua, su verdadera pasión, que narra unas tretas parecidas que Aníbal llevó a cabo en el golfo de Tarento y el emperador Augusto en el istmo de Corinto.

Un poco como en la película *Fitzcarraldo*, el sultán ordenó que toda su flota cruzara un trozo de colina. Cuando la ciudad cayó el 29 de mayo, Alvise Diedo, comandante de la flota auxiliar veneciana atracada en el Cuerno de Oro, mandó romper la cadena para que sus barcos huyesen en sentido contrario.

Hay otros fragmentos de la cadena en el museo naval de Beşiktaş, en el museo arqueológico y en la fortaleza de Rumeli Hisarı (ver p. 261). Los cuatro fragmentos miden un total de 115 metros de largo.

ΖΑΧΑΡΩΦΕΙΟΣ ΑΙΘΟΥΣΑ

PLACA EN HONOR A BASIL ZAHAROFF

Club Deportivo de Kurtuluş « Iraklis » (Hércules)
Ateş Böceği sok.
Kurtuluş
• Metro: Osmanbey o Taksim

Los orígenes estambulitas del mayor comerciante de armas de la historia

Dentro del club deportivo del antiguo barrio griego de Tatavla (Kurtuluş), varios elementos evocan la actividad de Sir Basil Zaharoff, el mayor y sin duda el más misterioso comerciante de armas de la historia. Se pueden ver retratos e inscripciones (sobre todo encima de la canasta de baloncesto del gimnasio principal) que recuerdan que Zaharoff fue uno de los mecenas importantes del club.

Sus biografías oficiales sitúan el nacimiento de Vasilios Zacharias, alias Zaharoff, en 1849 en Muğla (Turquía). Sin embargo, durante una declaración ante el tribunal londinense, el joven Zaharoff confirmó haber nacido en Tatavla (nombre griego del barrio de Kurtuluş) y que la información de su nacimiento en Muğla proviene de la declaración de un pope con trastornos de la memoria. Con razón Zaharoff expresó su reconocimiento a las instituciones de su barrio de la infancia.

BASIL ZAHAROFF EN *LA OREJA ROTA* DE TINTÍN

El personaje de Basil Zaharoff ha servido de inspiración para varios héroes de ficción, como el traficante de armas Basil Bazaroff que aparece en *La oreja rota* de Tintín. Bazaroff, que Hergé describe con los mismos rasgos que Zaharoff, siembra la discordia entre la República de San Theodoros, gobernada por el general Alcázar, y el país vecino, para vender las mismas armas a ambos Estados sudamericanos. Es interesante destacar que la primera edición, en blanco y negro, de *La oreja rota* data de 1937, unos años después de la muerte de Zaharoff.

Para más información sobre Basil Zaharoff, ver siguiente página doble.

BASIL ZAHAROFF: "UN AVENTURERO INCREÍBLE, REY SECRETO DE EUROPA"

Gran políglota, Vasilios Zacharias, alias Zaharoff, empezó a ganar dinero como guía turístico de Estambul. Pero en vez de llevar a sus clientes a visitar los monumentos históricos, les llevaba sobre todo a los burdeles de Gálata. Como no podía rivalizar con los auténticos proxenetas de carrera, tuvo que pasarse al poco lucrativo oficio de bombero, antes de convertirse en agente de cambio, para cambiar el dinero falso a los turistas. Sus transacciones fraudulentas le obligaron a huir a Londres, donde confirmó sus orígenes, y luego a Atenas, que le abrió las puertas de la fortuna. A los 24 años de edad, conoció a un capitán sueco que le cedió su puesto de representante de Thorsten Nordenfelt, una empresa fabricante de armas. Zacharias no tardó en especular con los enemigos de siempre y con las visiones expansionistas de los Estados balcánicos para enriquecerse vendiendo simultáneamente armas a los países enemigos. El éxito de este método dependía de la discreción del vendedor, una cualidad que no le faltaba a Zaharoff. Fue en Atenas donde Zacharias cambió su apellido por el de Zaharoff, inspirándose sin duda en la larga estancia de sus padres en Odessa durante los tumultos de la Revolución griega.

En Grecia vendió el primer submarino capaz de lanzar torpedos en inmersión. Alertando de la amenaza griega, vendió otros dos submarinos a la marina otomana a la que más tarde presentó como un auténtico peligro en el mar Negro, para así vender otros dos más a Rusia. Mientras organizaba la alianza entre Nordenfelt y las famosas metralletas Maxim, cuando el acuerdo se rompió en 1886, Zaharoff hizo una visita a Maxim que se asoció con Vickers, cuyo consejo de administración recibió a Zaharoff en 1911. Tras la victoria japonesa sobre Rusia en 1905, Zaharoff reorganizó la industria del armamento en Rusia. Sin embargo, Vickers había empezado a manipular los periódicos de los países europeos para denunciar el peligro que los distintos vecinos representaban, los unos para los otros.

Fue un buen preludio para la Primera Guerra Mundial, en la que las inversiones de Zaharoff se extendieron al sector bancario y a la prensa. Vickers hacía fortuna vendiendo armas a Inglaterra y a Francia. Para perpetuar su poder, Zaharoff sabía que tenía que ganarse los favores de los políticos: fundó un hogar de ancianos para los marineros franceses, una cátedra de aerodinamismo en la Sorbona e hizo enormes donaciones para las viudas de guerra, lo que le valió poco a poco la Legión de Honor así como el rango de oficial y de comandante. Zaharoff se convirtió en un gran amigo

de Lloyd George, de Clemenceau y de Aristide Briand. Una placa de mármol rinde homenaje a este benefactor en la entrada de la Sorbona, en París.
La mayor intriga de Zaharoff durante la guerra tuvo consecuencias dramáticas tanto para su país de origen como para su primer país de adopción: trató de meter a Grecia en la guerra, del lado de los Aliados. Con el rey Constantino I a favor de ello, Zaharoff participó en la conspiración que destronó a Constantino en 1917. Grecia, ya gobernada por el primer ministro Venizelos, se unió a los Aliados durante la Gran Guerra. En 1919, instigado por Zaharoff, Venizelos invadió la parte occidental de Anatolia. El rey recuperó el trono en 1920, pero Zaharoff hizo todo lo posible para convencerle de lanzar una nueva ofensiva. La invasión griega dio lugar, por reacción, al nacimiento del movimiento kemalista en Ankara, que haría retroceder las fuerzas helénicas en 1922. Lo que los griegos llamaron "la catástrofe de Asia menor" y los turcos "la guerra de Independencia" marcó el final del helenismo en Anatolia y el nacimiento de un nuevo Estado: Turquía. ¿Sería exagerado decir que Zaharoff tuvo algo que ver en ello?
Al final de la guerra, Zaharoff ascendió a barón: a partir de ese momento pasó a llamarse Sir Basil Zaharoff y empezó a invertir en un sector cuya importancia había sido demostrada en la guerra, el petróleo, y en los casinos.
Este excepcional comerciante de armas también tenía un lado romántico que había sobrevivido a las vicisitudes de su vida profesional: en 1924, a los 75 años de edad, Zaharoff se casó con María del Pilar, duquesa de Villafranca de los Caballeros, vinculada a la familia real española. Zaharoff se había enamorado de la duquesa en 1886 a bordo del Orient-Express y había esperado décadas para casarse con el amor de su vida, hasta que el marido de esta se apagase en un manicomio.
El 27 de noviembre de 1936, Zacharias Basileios Zaharopoulos, alias Sir Basil Zaharoff, falleció en Montecarlo, en el hotel de París, a los 87 años.

IGLESIA ORTODOXA SIRIA DE SANTA MARÍA 

Karakurum Sok. n° 10
Tarlabaşı Beyoğlu
• Tel.: (0212) 238 54 70
• Misa: domingos de 9 a 10.30 h en verano y de 9 a 11 h en invierno
• Metro: Taksim o Şişhane

Una misa en el idioma de Cristo

Aunque la iglesia ortodoxa siria de Santa María (Süryani Kadim Meryemana Kilisesi) no reviste un interés histórico particular, ofrece la excepcional oportunidad de asistir, una vez a la semana, a una misa en arameo, idioma semítico muy expandido en la Antigüedad en Oriente Medio, que fue el idioma de Jesús de Nazaret, ya que el hebreo está reservado para la liturgia. Esta iglesia constituye el centro espiritual de los sirios en Estambul.

Dentro de la iglesia, cabe destacar la cortina del altar que recubre el iconostasio, típico del arte sirio. Representa la Crucifixión, en un estilo naíf, con sus símbolos, como el gallo, testigo de la traición de san Pedro (una rareza en las iglesias orientales).

Aunque los orígenes de la iglesia metropolitana de Estambul se remontan a 1844, el edificio actual es de 1963. Los sillares de piedra tallados por los maestros sirios que recubren la fachada del edificio provienen de la donación de uno "de nuestros hermanos musulmanes de Mardin" (ciudad del sudeste de Turquía).

¿QUÉ HA SIDO DE LA LENGUA ARAMEA?

El arameo es una lengua histórica de los arameos, un pueblo antiguo del Oriente Próximo y Oriente Medio cuyo nombre viene de Aram, una antigua región del centro de la actual Siria. En el siglo VIII a. C., se hablaba arameo desde Egipto hasta Asia Mayor (hasta Paquistán); era el idioma principal de los Imperios de Asiria, Babilonia y, más tarde, del Imperio caldeo así como del Gobierno Imperial de Mesopotamia.

En el siglo VI a. C., el arameo también era la lengua administrativa del Imperio persa. Se extendió igualmente a Israel, sustituyendo al hebreo como el idioma más hablado entre 721 y 500 a.C.

Jesús habría hablado lo que hoy se conoce como arameo occidental, el dialecto de los judíos de aquella época. Del siglo III a. C. hasta el siglo VII d. C, el arameo era la lengua escrita principal de Oriente Próximo. Con el tiempo, evolucionó hacia varios dialectos y hoy los herederos actuales (unas 400 000 personas en el mundo), llamados sirios (a veces llamados también asirios, caldeos o asirio-caldeos), lo hablan en unas formas más o menos cercanas a los orígenes.

Hoy existen tres variantes principales:
- siríaco occidental (principalmente en el Antilíbano, frontera Líbano-Siria)
- siríaco oriental (principalmente en el norte de Irak y en el Cáucaso)
- siríaco central (principalmente en la región turca de Tur Abdin, al sudeste del país –unas 25 000 personas–)

Para más información, ver la excelente obra de Sébastien de Courtois, *Los últimos arameos, los olvidados de Jesús*.

LAS ESTATUAS OLVIDADAS DE LOS GENERALES FRUNZE Y VOROSHÍLOV

8

Plaza Taksim
• Metro: Taksim

Unos generales soviéticos en el origen de la creación de Turquía

Inaugurado en 1928 en el centro de la plaza Taksim, el monumento de la República materializa el nacimiento de la joven República turca: la fachada norte muestra a los fundadores de la República en uniforme militar, en tiempos de la guerra de Independencia. En la fachada sur están representados vestidos de civil, anunciando una nueva época política.

En la fachada sur, detrás de Atatürk, hay dos figuras olvidadas: Mijaíl Vasílievich Frunze, figura eminente de la Revolución bolchevique, y Kliment Efrémovich Voroshílov, que defendiera Leningrado contra el invasor nazi. Lenin envió a Frunze a Ankara como embajador extraordinario. A través de sus discursos apoyó cordialmente el movimiento nacionalista turco durante la guerra de Independencia (1920-22) y visitó el frente de Sakarya.

Voroshílov fue enviado expresamente como consejero militar del ejército turco. Los consejos de Frunze y de Voroshílov influyeron sin duda en la estrategia turca, dado que la guerra de Sakarya parecía estar inspirada en la "política de la tierra quemada" apreciada por Pedro el Grande, usada contra Napoleón y Hitler. Esta consiste en dejar que el enemigo se acerque lo más posible, alejándole así de su centro militar y destruyendo sus fuentes de abastecimiento. De este modo, debilitado y alejado de sus principales fuerzas, el enemigo terminaba por batirse en retirada.

El gobierno soviético, que apoyaba la causa turca como una lucha antiimperialista, aportó un valioso apoyo económico y militar.

Los primeros documentales sobre la guerra de Independencia turca se rodaron incluso con cámaras soviéticas.

Las relaciones turco-soviéticas se deterioraron bastante rápido, sobre todo debido a los métodos usados por Frunze para reprimir las revueltas de los pueblos turcohablantes en Asia Central. Los dos generales soviéticos de Taksim cayeron en el olvido. Fueron "redescubiertos" tan solo después de la caída del muro de Berlín.

Aunque la base del monumento y el acondicionamiento del terreno son obra del arquitecto italiano Giulio Mongeri, las estatuas son del escultor, también italiano, Pietro Canonica.

TUMBA DE HAGOP IV

Iglesia armenia de Üç Horan
Mercado de pescado (Balıkpazarı) - Calle Sahne Sokak n° 24
Galatasaray
• Metro: Taksim o Şişhane

Un santo armenio venerado por el ejército otomano

En el patio de la iglesia armenia de la Santa Trinidad (Üç Horan / Yerrortutyun), destaca una curiosa iglesia en miniatura construida con barras de metal.

Esta sorprendente tumba alberga los restos mortales de Hagop IV, patriarca de Echmiadzín, capital espiritual de Armenia, un santo armenio curiosamente venerado por el ejército otomano.

Nacido en Chouha en 1598, Hagop era especialmente famoso por su bondad y su piedad. Entronizado como patriarca de Echmiadzín en 1655, viajó a Estambul en 1860 donde falleció a los 82 años de edad. Fue enterrado en el cementerio armenio de Pangalti, bastante lejos de su tumba actual. Según la leyenda, una noche, los soldados otomanos del cuartel situado al este del cementerio vieron un haz de luz caer milagrosamente del cielo sobre la tumba del patriarca. A raíz de este evento, se colocó, sobre la tumba de Hagop, una lámpara de aceite alimentada regularmente por el cuartel, según una tradición que duró hasta que, en los años 1940, la tumba fue demolida con motivo de unas obras de urbanización de la zona. Los restos de Hagop fueron trasladados al patio de la iglesia de Üç Horan, donde fueron embalsamados dentro de un sarcófago de mármol grabado con su corona episcopal y su cetro patriarcal. Cada martes, después de misa, la tumba de Hagop, apodado "el Padre espiritual", recibe la visita de cristianos y musulmanes, práctica habitual en Estambul, y se recitan oraciones a los pies del santo para pedirle curaciones.

EN LOS ALREDEDORES:

LA PLACA DEL HAMAM DE LA CONSTITUCIÓN

Hamam de la Libertad – Calle Gölbaşı Sokak n° 80
- Se aconseja ir en taxi (zona no siempre segura)
- Mujeres: por la mañana y a principios de la tarde
- Hombres: a finales de la tarde y primera hora de la noche

Para quienes saben leer turco otomano, griego y armenio, el hamam de la Libertad (Hürriyet Hamami) tiene una característica particular. En la fachada, se puede ver su antiguo nombre escrito en tres idiomas y en tres alfabetos distintos: turco otomano, griego y armenio. Las tres inscripciones indican lo mismo: el hamam de la Constitución (*Paghnik Sahmanatragan* en armenio, *O loutros tou Syntagmatos* en griego y Hamam de la Monarquía Constitucional en otomano, *Meşrutiyet Hamamı*).

Construido por el armenio Levon Aga Kapoyan, el hamam se inauguró en 1908, año en que el sultán Abdul Hamid instauró la monarquía constitucional presionado por unos jóvenes turcos. En realidad, se trataba de la reentrada en vigor de la Constitución, suspendida desde 1878. Víctima de un incendio, el hamam reabrió en 1923, año de la proclamación de la República turca. Lo bautizaron como hamam de la Libertad y desde entonces lleva con orgullo este nombre.

EL PIANO DE MARÍA CALLAS

Museo de Pera
Meşrutiyet Caddesi n° 65 Tepebaşı
Beyoğlu
- Tel. (0 212) 334 99 00
- info@peramuzesi.org.tr
- Abierto de martes a sábado de 10 a 19 h. Domingos de 12 a 13 h. Lunes cerrado
- Metro: Şişhane

Las peregrinaciones del piano de la Callas

El museo de Pera alberga en su interior un piano que habría pertenecido a María Callas. Su adquisición se dio gracias a una increíble serie de circunstancias.

İnan Kıraç, fundador del museo, había invitado a unos amigos a cenar en los años 1990, entre los que estaban Yiğit Okur, abogado y novelista, y Mordo Dinar (1918-2004), abogado, célebre melómano, mecenas musical y cónsul honorario de Chile durante varias décadas. Este último declaró que poseía el piano que habría pertenecido a María Callas y luego a Elvira de Hidalgo. Fabricado en Nueva York, el piano cruzó primero el Atlántico en 1940, en plena guerra, para desembarcar en El Pireo y luego en Atenas, donde lo esperaba su dueña, la jovencísima Anna Maria Cecilia Sofia Kalogeropoulos (1923-1977), que se convertiría en la célebre María Callas. Callas asistía en el conservatorio de Atenas a las clases de Elvira de Hidalgo (1891-1980), que también era diva de la Ópera de Atenas. Cuando la guerra terminó, Callas regresó a Nueva York, donde había nacido, pero dejó su piano a Elvira de Hidalgo, en señal de gratitud. En 1949, Elvira de Hidalgo llegó a Estambul con el piano de Callas: Carl Ebert la había invitado a la Ópera de Ankara, donde también dio clases en el conservatorio hasta 1954. Cuando se marchó al conservatorio de Milán, Elvira de Hidalgo no pudo llevarse el piano de Callas y se lo regaló a un amigo consciente de su valor: Mordo Dinar, quien lo guardó en su apartamento. Pero el piano envejecía y, cansado de llamar al afinador con tanta frecuencia, Dinar lo vendió. Una noche, escuchó de casualidad en la televisión una grabación de Callas y le embargó una sensación de traición hacia la diva. Tras pasar la noche en blanco, fue a ver al comprador del piano y se lo volvió a comprar al doble de su precio.

El abogado Okur, que escuchaba maravillado la historia del piano, escribió una novela sobre él (*El Piano*, 2003) que se vendió como pan caliente: el piano de Callas se hizo famoso entre la opinión pública turca. Después de fallecer Dinar en 2004, su hija, que vivía en Madrid, se puso en contacto con İnan Kıraç para invitarle a tomar el piano bajo su custodia. Tras preguntarle el precio al que quería venderlo, contestó que se conformaría con tomar una copa de *raki* y comer pescado fresco a orillas del Bósforo en su próxima visita a Estambul, siempre y cuando el piano estuviera a salvo. Kıraç ofreció una suma bastante más generosa y el piano fue trasladado al museo de Pera al año siguiente.

Para algunos, la Callas no tenía dinero para comprar un piano en la época en la que iba a clase en Atenas y, en realidad, fue Elvira de Hidalgo quien habría comprado el piano desde el principio.

LA ALFOMBRA DE ATATÜRK

Museo Atatürk del hotel Pera Palace
Meşrutiyet Cad. n° 52
Tepebaşı Beyoğlu
- Museo abierto de 10 a 11 h y de 15 a 16 h
- Metro: Şişhane

Una alfombra que predijo la muerte de Atatürk

Después de la Segunda Guerra Mundial, Mustafa Kemal vivió rara vez en casa de su madre en Akaretler/Beşiktaş, dado que las fuerzas de ocupación aliadas vigilaban el apartamento sospechando que este joven general del ejército otomano fomentaba proyectos contrarios a sus intereses, y tenían toda la razón.

El futuro fundador de la República turca se alojaba a menudo en la habitación 101 del Pera Palas (tal y como se escribe en turco) donde se reunía con sus amigos para evaluar la situación política. En 1981, con motivo del 100º aniversario de Atatürk, transformaron la habitación en un museo donde están expuestos sus efectos personales compuestos de 37 objetos: prismáticos de maniobras militares, gafas, cepillo y pasta de dientes, vajilla, cepillo para la ropa, tazas de té y de café, espuelas, trajes, ropa interior de marca, sombreros, pijamas y zapatillas. El objeto más interesante y enigmático es una alfombra de oración (*seccade*), de seda, bordada con hilo de oro, que un desconocido marajá regaló a Atatürk.

En 1929, un príncipe indio acudió a la secretaría de la presidencia de la República para pedir una audiencia con Atatürk, que obtuvo de inmediato. Todavía hoy se sigue desconociendo el motivo de dicha reunión y la identidad del marajá. Al despedirse del presidente de la República, el marajá le regaló una alfombra de oración fabricada en la India que fue enviada a la habitación 101 del Pera Palas donde Atatürk se seguía alojando de cuando en cuando.

Nadie reparó en la alfombra hasta 1938, año en que Atatürk falleció. Se dieron cuenta entonces de que el dibujo de la alfombra representaba un reloj de 30 centímetros de diámetro que marcaba las 9.07 h. La hora indicada es inquietante. Atatürk murió el 10 de noviembre de 1938 a las 9.05 h, pero la sorpresa no queda aquí: el dibujo también representaba diez crisantemos.

Sabiendo que crisantemo se dice *kasımpatı* en turco y que el mes de noviembre se dice *Kasım*, uno empieza a preguntarse: "¿habrá la alfombra predicho, en código, la hora de la muerte de Atatürk el 10 (la cantidad de crisantemos) de noviembre, a las 9.07 h?

¿ESTÁ EL SECRETO DE LOS 11 DÍAS PERDIDOS DE AGATHA CHRISTIE EN EL PERA PALACE?

El Pera Palace, hotel donde Agatha Christie se alojó en 1924 y en 1933, fue donde la famosa autora escribiera *Asesinato en el Orient Express*. Según un misterio digno de sus novelas, Agatha Christie desapareció el 3 de diciembre de 1926. Su coche fue encontrado al día siguiente en Newlands Corner, cerca del lago de Guildford, con su abrigo y su permiso de conducir. 15 000 voluntarios y varios aviones peinaron la zona aledaña. Para localizar a la desaparecida, Sir Arthur Conan Doyle, autor de la serie sobre Sherlock Holmes, colaboró con un vidente a quien le dio los guantes de Agatha Christie. Once días después fue encontrada en un hotel de Yorkshire donde se había inscrito con el nombre de Mrs Teresa Neele (la amante de su marido). Presentaba síntomas de amnesia, aunque hoy algunos siguen creyendo que estaba fingiendo. Aunque su autobiografía permanece silenciosa sobre aquellos once días, una nota encontrada entre sus papeles tras morir en 1976 indicaba: "la clave del misterio de mi desaparición se encuentra en mi habitación del Pera Palace en Estambul".

Tras su muerte, la empresa Warner Bros quiso hacer una película sobre aquellos 11 días perdidos de Agatha Christie: Vanessa Redgrave interpretaría a la escritora y Dustin Hoffman, a un reportero americano siguiéndole los talones. Para conseguir información que no lograban encontrar de un modo tradicional, llamaron a Tara Rand, una célebre vidente de Los Ángeles. Esta se comunicó con el espíritu de Agatha Christie quien le reveló que "el secreto de aquellos 11 días perdidos estaba escondido en la habitación nº 411 del Pera Palace en Estambul...".

En 1979, durante una sesión de espiritismo retransmitida en directo por las cadenas de televisión americanas, la Sra. Rand dictó por teléfono los pasos a seguir dentro de la habitación 411. Descubrieron una llave oxidada de unos 8 centímetros que estaba escondida bajo las planchas de parqué del suelo. La vidente informó que esa llave daba acceso al diario de Agatha Christie, donde hablaba de los 11 días en que estuvo perdida. Y ahí el asunto se complicó aún más: el administrador del hotel quería vender la llave a Warner Bros, pero la suma que pedía era tan exorbitante (serviría para financiar la reforma que el hotel necesitaba imperiosamente) que los productores se negaron. La vidente transmitió entonces un mensaje de Agatha Christie según el cual el misterio no se resolvería hasta que la vidente no tuviese la llave en sus manos. En agosto de 1979, los

representantes de Warner Bros anunciaron en una rueda de prensa en la habitación 411 que el enigma se había resuelto. Al final, el proyecto cayó en el olvido por razones menos mediúmnicas que políticas: los empleados del Pera Palace iniciaron una huelga que se eternizó en aquella época de inestabilidad que precedió al golpe de Estado de septiembre de 1980. Para complicar aún más las cosas, una segunda llave fue descubierta en 1986 en la habitación 511, justo al lado de la habitación 411.
La primera llave está cuidadosamente guardada en un banco.

SOCIETÀ OPERAIÀ

Deva Çıkmazı (callejón Deva) n° 2-5
Avenida Istiklal
Beyoğlu
- www.iicistanbul.esteri.it
- Tel. (0 212 293 98 48)
- iicistanbul@esteri.it
- Abierto de lunes a viernes de 9 a 17 h
- La sociedad tiene otra sede en Hayriye Cad. nº 12, en Galatasaray

Una antigua sociedad de mutuo socorro fundada por Garibaldi durante su exilio en Estambul

La Società Operaià di Mutuo Soccorso (Sociedad Obrera de Mutuo Socorro) fue fundada en 1863 por 41 refugiados italianos bajo la protección de Giuseppe Garibaldi, quien residió varias veces en Estambul durante sus años de exilio y quien siempre mantuvo estrechas relaciones con la dicha Sociedad. Esta, con su busto de mármol de Garibaldi, se convirtió en lugar de acogida para la comunidad italohablante e italófila de Estambul y su pequeño pero encantador teatro con *mezzanine* fue transformado en sala de reuniones. Muchísimos italianos, mayoritariamente obreros, se refugiaron y establecieron en Estambul tras la tormenta revolucionaria de 1848 en Italia. Ante la apertura de este centro, que reunió a los conspiradores revolucionarios, el sultán mostró una indiferencia total y hasta una complicidad secreta: al causar problemas al Imperio austrohúngaro, los nacionalistas italianos servían indirectamente a los intereses de la diplomacia otomana. Los turcos se acostumbraron bien a esta nueva institución, que confundieron sin duda con una sociedad benéfica de obras caritativas, sin tomar muy en cuenta los objetivos ideológicos socialistas y garibaldinos. Aunque la Società Operaià tenía una fuerte orientación ideológica (le ofrecieron la presidencia honorífica de la organización a Mazzini, compañero de exilio de Garibaldi), era sin embargo una institución solidaria que realizaba obras benéficas, tales como la promoción de la creación de una escuela de primaria italiana en 1901. Los registros de los miembros, así como los archivos y la colección de libros de la sociedad pueden consultarse en las antiguas y preciosas estanterías.

LA PLACA DE LA IGLESIA DE SANTA MARÍA DRAPERIS ⑬

Avenida Istikal Cad. nº 215
• Misa en italiano de lunes a viernes a las 8 h y domingos a las 9 h y a las 11.30 h. En español los domingos a las 17 h y a las 18.30 h
• Metro: Şişhane, salida Istiklal Cad.

Una iglesia católica agradecida a un califa del islam

Construida en 1904 por el arquitecto italiano Giuglielmo Semprini, la iglesia de Santa María Draperis se erigió gracias al apoyo activo del sultán Abdul Hamid y del alcalde de Estambul de aquel entonces, Ridvan Pachá: con el fin de garantizar la lealtad de las distintas minorías del Imperio, Abdul Hamid favorecía con regularidad a una comunidad en particular, en el momento oportuno.

Sobre la puerta lateral derecha, de entre las tres puertas que dan a la avenida Istiklal, una inscripción en el frontispicio recuerda el apoyo que desafortunadamente parece anacrónico a la época actual.

La iglesia debe su nombre a su primera benefactora, Clara Bratola Draperis, quien donó un terreno a los franciscanos en el siglo XVI, del lado de Gálata/Tophane. Tras incendiarse, la iglesia fue trasladada a su emplazamiento actual, donde sufrió numerosos incendios, seguidos de restauraciones y reconstrucciones. La imagen de la Virgen que adorna el altar mayor logró escapar a los estragos causados por el fuego.

Santa María Draperis sigue ocupada por los franciscanos, cuyo símbolo figura encima de la puerta central, junto a la inscripción de agradecimiento.

ST TH

LOS RETRATOS DEL CORO ALTO DE LA IGLESIA DE CRIMEA

Calle Serdar Ekrem Sokak nº 52
- Dos misas diarias a las 9 h y a las 18 h (salvo los domingos: 10 h)
- Metro: Şişhane, salida İstiklal Caddesi

Unos sorprendentes iconos anacrónicos

Construida en estilo neogótico entre 1858 y 1868 en honor a los soldados ingleses que murieron en la guerra de Crimea (1853-1856), la iglesia de Crimea (también llamada Crimean Memorial Church o Christ's Church) es obra de los arquitectos William Burges y George Edmund Street (el segundo es conocido por haber construido los Royal Courts of Justice (Reales Tribunales de Justicia) de Londres).

El coro alto de la iglesia, destinado inicialmente a albergar los retratos de los oficiales británicos fallecidos en la batalla de los Dardanelos en 1915, acoge desde 2005 unos iconos muy sorprendentes del pintor escocés Mungo McCosh, en los que predomina el anacronismo. Moisés está representado con los rasgos de un amigo judío del pintor, vestido con un impermeable de cuadros; santo Tomás tiene como modelo a un esrilanqués (ver imagen de la izquierda, a menos que sea en recuerdo de su papel evangelizador en el sur de la India); el emperador Constantino y su madre santa Helena están representados con los rasgos de miembros actuales de la parroquia; san José aparece vestido como un típico pastor turco, etc.

Además, esta simpática procesión de santos y patriarcas cristianos tiene como tela de fondo la silueta de la península histórica y musulmana de Estambul con sus minaretes y mezquitas, como un recuerdo de que las religiones no son necesariamente enemigas: así, el sultán Abdülmecid (1823-1861) donó el terreno (un antiguo cementerio griego) a la floreciente colonia británica de Gálata que no tenía iglesias cerca.

Rodeada de un bello jardín, la iglesia cerró al culto en 1979, se restauró y reabrió a mediados de los años 1990 por iniciativa de los refugiados esrilanqueses, quienes la han convertido en el lugar de culto protestante más grande de Estambul.

LAS COLUMNAS DE LA MEZQUITA DE KILIÇ ALI PAŞA

Avenida Necati Bey Cad.
Barrio Kemankeş
• Tranvía: Tophane

Unas columnas para avisar de los terremotos

En la puerta de entrada de la mezquita de Kılıç Ali Paşa destacan dos finas columnas que el arquitecto Sinan colocó en las esquinas de los muros. Aunque las columnas parecen, a primera vista, totalmente clásicas, en realidad tienen una particularidad extraordinaria: en caso de desprendimiento de tierras o de terremoto, las columnas empiezan a girar sobre su eje, indicando a los fieles que hay que salir del edificio y cesar las oraciones. El terreno sobre el que está construida la mezquita de Kılıç Ali Paşa es particularmente inestable; es terreno ganado al mar.

La mezquita se construyó en 1580 para el almirante otomano Kılıç Ali Paşa (1519-1587), alias Giovanni Dionigi Galeni, un calabrés que, tras convertirse al islam, hizo carrera en la marina otomana. Siendo gran almirante de la flota, decidió construir una mezquita como cualquier dignatario otomano que quería marcar la historia con su apellido. Cuando expresó su voluntad de erigir una mezquita, le respondieron que como comandante de la flota solo podía tener su mezquita sobre el mar, una manera discreta de insinuarle que un viejo pirata como él no tenía la obligación de construirse una mezquita…

Tomando el consejo al pie de la letra, Kılıç Ali Paşa mandó enterrar la bahía e invitó al arquitecto Sinan a empezar las obras.

La mezquita de Şemsi Paşa, igualmente construida sobre un terreno inestable al borde del mar, también tiene columnas diseñadas para avisar a los fieles de los terremotos. Sin embargo, el sistema de aviso ya no funciona a causa de los cambios en la estructura de la mezquita a lo largo de los siglos.

KILIÇ ALI: UN MARINERO ITALIANO CAPTURADO POR UNOS CORSARIOS QUE SE HIZO ALMIRANTE DE LA FLOTA OTOMANA

Hijo de un marinero pobre, Kiliç Ali, o Uluçali (llamado por los europeos Occhiali) nació en 1519 en Le Castella (cerca de la actual Isola Capo Rizzuto), en Calabria. Destinado a ser cura, fue capturado por los corsarios de Jeireddín Barbarroja y sirvió en las galeras. Tras varios años de cautiverio, se convirtió al islam y se unió a los corsarios otomanos. Alcanzó el éxito rápidamente y se convirtió en el intrépido dueño (*reis*) de las costas berberiscas. Al asociarse con el famoso Turgut Reis, bey de Trípoli, acabó llamando la atención de Piyale Paşa, almirante de la flota otomana, a la que los barcos de Kiliç Ali ayudaron durante las expediciones navales. En 1550, Kiliç Ali tomó la administración de la isla de Samos en el mar Egeo y fue nombrado gobernador de Alejandría en 1565. El mismo año, participó en el asedio de Malta donde Turgut Reis murió. Kiliç fue nombrado bey de Trípoli en su lugar. Desde aquella base marítima, organizó numerosos ataques en las costas de Sicilia, de Nápoles y de su Calabria natal. En 1568, pasó a ser gobernador de Argel, provincia que se convirtió progresivamente en semiindependiente. En 1571, dirigió el flanco izquierdo de la flota otomana en la batalla de Lepanto, que marcó el declive de la potencia marítima turca. En medio del desastre, Kiliç Ali consiguió no solo reunir y salvar 87 barcos otomanos sino que se hizo con el barco almirante de los Caballeros de Malta y cogió su bandera como botín de guerra. Se la regaló al sultán. Y se convirtió en *Kapugan Paşa* (comandante de la flota otomana). Siguió con sus expediciones hacia las costas de Italia, reconquistó los puertos de Túnez que habían caído en manos de los españoles y mandó construir una fortaleza en la costa marroquí, enfrente de España. Kılıç Ali Paşa falleció en 1587 y fue enterrado en un mausoleo que está en el patio de la mezquita que mandó construir en Tophane, Constantinopla (ver pág. contigua).

¿PARTICIPÓ CERVANTES EN LA CONSTRUCCİÓN DE LA MEZQUİTA DE KILIÇ ALİ PAŞA?

El 26 de septiembre de 1575, Cervantes fue capturado en la costa catalana por unos corsarios argelinos comandados por un renegado albanés. Pasó cinco años de cautiverio en Argel y sus padres compraron su libertad con la ayuda de la Orden Trinitaria, especializada en la compra de cautivos. Ese periodo de su vida fue de donde sacó material literario para el capítulo XXXIX de *Don Quijote de la Mancha* (donde llama a Kiliç (Uluç) Ali Paşa con el nombre de Uchali) y para dos obras de teatro que se desarrollan en Argel: *El trato de Argel* y *Los baños de Argel*. Para algunos expertos, la curiosa coincidencia del periodo de cautiverio de Cervantes con la construcción de la mezquita y la posibilidad de que algunos presos de Argel fuesen enviados a Estambul (sobre todo porque Kılıç Ali Paşa había sido gobernador de Argel) para construir la mezquita, invita a pensar que Cervantes participó en las obras de construcción como prisionero de guerra.

EL ESCUDO DE ARMAS DE LA IGLESIA DE NUESTRA SEÑORA DE CAFFA

Iglesia de Nuestra Señora de Kaffa (Panaghia Cafatiani)
Ali Paşa Değirmeni sok n° 2
Barrio de Kemankeş Mustafa Paşa Mahallesi
Karaköy
• Tranvía: Karaköy o Tophane

El Patriarcado Turco Ortodoxo Independiente: una Iglesia en vías de extinción

Aunque desde 2008 ninguna de las tres últimas iglesias del Patriarcado Ortodoxo Turco Independiente (ver pág. contigua) de Karaköy ofrece el servicio religioso para su Iglesia, la fachada de la iglesia de Nuestra Señora de Caffa conserva las huellas de su originalidad. A la izquierda de la puerta de entrada, destaca el sorprendente escudo de armas de este patriarcado: una cruz roja sobre campo blanco (cristiana), con la bandera turca arriba a la izquierda (con la estrella y la media luna musulmanas).

En 1924 el Patriarcado Ortodoxo Turco Independiente ocupó la iglesia, que en sus inicios fue una iglesia ortodoxa griega. En 1965, los partidarios de esta Iglesia ocuparon otras dos iglesias ortodoxas griegas, también en Gálata: Aghios Nicolaos (San Nicolás o Aya Nikola en turco, calle Hoca Tahsin sok nº 8) y Aghios Ioannis Prodromos (San Nicolás o Aya Yano o Aziz Yahya en turco, calle Vekilharç nº 15). Ambas iglesias siguen bajo control del Patriarcado Ortodoxo Turco Independiente. La primera está cerrada y la segunda se alquila a los cristianos sirios que celebran en ella su misa en arameo (ver p. 170).

TÜRK ORTODOKS

¿QUÉ ES EL PATRIARCADO ORTODOXO TURCO INDEPENDIENTE?

Durante la guerra de Independencia (1921-1922) entre el gobierno kemalista de Ankara y las fuerzas de ocupación griegas, el gobierno de Ankara creó en 1922 un Patriarcado Turco Independiente con el fin de debilitar la influencia del Patriarcado ecuménico de Constantinopla, que consideraban estaba a sueldo del gobierno griego. En aquel entonces, Anatolia tenía aproximadamente 1,5 millones de ortodoxos griegos, de los cuales 400 000 turcohablantes, por lo que había mucho en juego. Ankara colocó a la cabeza de este nuevo patriarcado un pope griego ortodoxo que hablaba karamanli (un dialecto greco-turco): Pavlos Karahisarithis, que adoptó el nombre de Eftim I.

En las primeras negociaciones del tratado de Lausana en 1923, el gobierno turco utilizó la Iglesia ortodoxa turca, recién creada, para demostrar que el Patriarcado Ecuménico de Constantinopla (demasiado cercano a Grecia) ya no era necesario y podía ser trasladado a Grecia, ya que los ortodoxos de nacionalidad turca tenían su Patriarcado nacional, como los búlgaros o los serbios ortodoxos que tenían sus propias Iglesias. El gobierno turco, convencido por los aliados que prometieron que el Patriarcado griego "no se ocuparía más bajo ningún concepto de los asuntos políticos y se limitaría a los asuntos puramente religiosos", acabó consintiendo mantener el Patriarcado Ecuménico (griego) en Estambul: la existencia del Patriarcado Nacional Turco perdió todo su sentido. El golpe de gracia llegó prácticamente con el tratado de intercambio de poblaciones, en función de la religión, firmado en Lausana en 1923: los ortodoxos de Turquía (salvo los de Estambul y los de las islas de Tenedos y de Imvros) tuvieron que abandonar el territorio turco y establecerse en Grecia (cuyo idioma no hablaban), y los musulmanes helenohablantes de Grecia emigraron a Turquía. El intercambio de población puso fin a la presencia ortodoxa en Anatolia y asestó un golpe mortal a esta nueva Iglesia, quitándole su única comunidad potencial.

La familia de Eftim pudo quedarse en Estambul gracias a una autorización especial de Atatürk: Eftim facilitó una lista de 65 personas que se instalaron con él, se quedó con algunos edificios abandonados por griegos que habían huido a Grecia e intentó quedarse con el título de patriarca ecuménico ocupando la sede patriarcal griega durante 17 días en 1923. Con el objetivo de tener un lugar de culto para su Iglesia, también ocupó la iglesia greco-ortodoxa de Panaghia Cafatiani (Nuestra Señora de Caffa, construida en 1475 por los griegos emigrantes de Caffa en Crimea) en el barrio de Gálata, que hoy sigue bajo su control.

Reducida a unas pocas familias, la Iglesia nacional turca permitió que los obispos y el patriarca contrajeran matrimonio, simplemente para sobrevivir, para garantizar una descendencia. Cuando Eftim I falleció, su hijo le sustituyó con el nombre de Eftim II.

CAPILLA RUSA DE SAN ANDRÉS

Mumhane Cad. nº 39
Karaköy (Gálata)
- Abierto el domingo (misa de 10 a 12 h) y los festivos ortodoxos rusos
- Tranvía: Karaköy

Una capilla rusa sobre el tejado de un edificio

En Karaköy, hay que levantar la vista para ver, por encima de unos bonitos edificios de arquitectura típicamente rusa del siglo XIX, unas capillas sobre los tejados como la de San Andrés, la más famosa, situada sobre el Aya Andrea Han, un antiguo hospicio dedicado a san Andrés.

Tras subir por las empinadas escaleras del edificio hasta la 5ª planta, se entra no solo a un santuario sino también a un vestigio de la Rusia del siglo XIX: unos magníficos frescos recubren las paredes y representan, a escala real, santos de la Iglesia ortodoxa, como por ejemplo san Juan Damasceno, representado con vestimenta árabe, conforme a sus orígenes.

Numerosos fieles asisten a la misa: hay esencialmente rusos recién llegados a Estambul en busca de trabajo y algunos descendientes de emigrantes que huyeron de la revolución de 1917 así como rusos oriundos de la ciudad de Kars, ciudad al este de Turquía que estuvo bajo la ocupación rusa de 1878 a 1917.

La capilla también sirve de lugar de reunión para la comunidad rusa y contribuye a la educación religiosa de los niños repartiendo libros de oraciones y de iconos. De las paredes de la pequeña sala de reunión que también sirve de refectorio cuelgan numerosas fotos, testimonio del pasado de la institución.

La iglesia de San Andrés depende del monasterio de Vatopedi en el monte Athos.

OTRAS DOS CAPILLAS RUSAS SOBRE LOS TEJADOS

Hay otras dos capillas rusas sobre los tejados del barrio de Karaköy: San Pantaleón, justo al lado (calle Hoca Tahsin sok nº 19, misa dominical a las 10 h) y Santa Elia (Aya Iliya, calle Karanlik Firin Sokak nº 6), hoy abandonada, que está enfrente de la iglesia ortodoxa rusa de San Nicolás (Aya Nikola).

LOS HOSPICIOS RUSOS DE GÁLATA

En el siglo XXI se edificaron en Gálata (actual Karaköy) unos hospicios-monasterio para alojar tanto a los peregrinos rusos que iban a Jerusalén o al monte Athos como al clero ruso que venía a visitar el Patriarcado Ecuménico: desde el tratado de Kutchuk-Kaïnardji en 1774, el Imperio ruso ejercía un derecho de protección sobre los súbditos ortodoxos del Imperio otomano: griegos, búlgaros, serbios, rumanos, albaneses, georgianos y algunos árabes ortodoxos. Como en aquella época los terrenos eran pocos (y caros), los hospicios se construyeron en altura, así como muchas tiendas del barrio, y se colocaron las capillas sobre los tejados. Después de la Revolución de 1917, los hospicios de Gálata sirvieron de albergue a los rusos (sobre todo a los aristócratas) que huyeron del régimen bolchevique. Posteriormente, como a la Unión Soviética no le interesaba pagar el mantenimiento de estos edificios, acabaron abandonados. Justo después de la Segunda Guerra Mundial, Stalin buscó reabrir los monasterios rusos de Oriente Medio para que se instalasen unos agentes del KGB disfrazados de monjes. Curiosamente, no se interesó en los edificios monásticos de Gálata, ubicados en un país y en una ciudad de importancia capital durante el periodo de la Guerra Fría. Sin embargo, las iglesias rusas de Gálata, por su parte, estuvieron muy bien cuidadas por algunas familias de descendientes de los inmigrantes desde el año 1917 hasta la llegada de muchos rusos a Estambul tras la desintegración de la Unión Soviética en 1991.

ESTATUA DEL CONDE DE BONNEVAL

Palacio de Francia - Consulado General de Francia en Estambul
Calle Nuruziya sokaka nº 10
Beyoğlu
Se puede visitar demostrando previamente un interés profesional (historiador, artista, arquitecto, etc.) o durante las numerosas actividades organizadas por el consulado
El 14 de julio todos los ciudadanos franceses son bienvenidos, previa inscripción, en los magníficos jardines.

- Tel.: (0 212) 334 87 30
- www.consulfrance-istanbul.org/
- Metro: Şişhane/İstiklal Caddesi
- Tranvía: Tophane

Un noble francés vestido de derviche girador

El suntuoso Palacio de Francia, antigua embajada de Francia ante la Sublime Puerta en la época otomana, es hoy la residencia del cónsul general de Francia. En su enorme y precioso jardín, al que todo ciudadano francés que está en Estambul el 14 de julio está amablemente invitado, se alza una singular estatua del conde de Bonneval vestido de derviche girador. No es un disfraz a la moda de muchos de los diplomáticos en misión en Oriente: este noble militar francés vivió sus últimos días como derviche girador en Estambul.

Durante su agitada vida (ver pág. contigua), Bonneval cambió dos veces de ejército y de país, y una vez de religión. Se le acusó a menudo de haber fingido convertirse al islam para asegurarse su posición en la burocracia otomana. Sin embargo, su afiliación a la orden de los derviches giradores, los mevlevis, lleva a pensar en una conversión más sincera de este impetuoso hombre que, tal vez, acabó buscando la quietud en la experiencia mística. Su pertenencia a la orden Mevlevi explica el atuendo de su estatua en el jardín del Palacio de Francia.

EL CONDE DE BONNEVAL: UN FRANCÉS AL SERVICIO DE FRANCIA, LUEGO DE AUSTRIA Y DESPUÉS DEL IMPERIO OTOMANO

Claude Alexandre, conde de Bonneval (1675-1747), descendiente de una antigua familia de la región de Limosín, se alistó muy joven en el ejército donde demostró tener unas brillantes dotes de mando. Condenado por un tribunal militar por haber ofendido aparentemente a Madame de Maintenon (amante del rey Luis XIV), huyó para unirse a las filas del ejército austriaco. Se hizo amigo del príncipe Eugenio de Saboya y Bonneval ascendió a general y luchó con valentía contra su patria y contra las fuerzas otomanas. Militar de excelencia, pero de temperamento violento e inestable, no tardó en entrar en conflicto con el príncipe Eugenio y fue condenado, esta vez, a la pena capital por un tribunal militar austriaco. El emperador conmutó su pena a uno año de prisión y al exilio en Venecia.

Una vez en libertad, ofreció sus servicios a la Sublime Puerta, que le contrató en 1729 para reorganizar la artillería otomana. Bonneval adoptó el nombre de Ahmed, fue nombrado pachá (general) y creó la primera escuela moderna de artillería donde él mismo impartió clases de matemáticas. A partir de ahí pasó a llamarse Humbaracı Ahmed Pachá, o Ahmed Pachá el bombardero. Sin duda, su cambio al bando enemigo le costó caro al gobierno de Viena: las tropas de artillería formadas por Ahmed Pachá contribuyeron considerablemente a la derrota austriaca ante Nis y a la conclusión del tratado de Belgrado de 1739 según el cual Austria perdía Serbia del Norte, una parte de Valaquia y de Bosnia. Bonneval fue de gran utilidad al sultán en sus campañas contra Rusia y Persia y como recompensa fue nombrado gobernador de la isla de Chios. Además de sus hazañas militares, también desempeñó un papel importante en el mundo diplomático, pero esta vez su carácter le valió el exilio a Kastamonu, cerca del mar Negro. Le llamaron de vuelta a Estambul donde falleció en 1747.

La lápida del conde de Bonneval está en el convento de los derviches giradores de Gálata, hoy transformado en museo. Avenida Galip Dede Caddesi nº15 Tünel Beyoğlu (cerca de la salida del metro Tünel). Horario del convento: de martes a viernes de 9 a 19 h. Fines de semana de 9 a 16.30 h. Lunes cerrado.

EN LOS ALREDEDORES:

FUENTE DE LOS TULIPANES 19

Esquinda de la calle Şair Ziya Paşa Caddesi y de la calle Laleli Çeşme Sokağı
Gálata
• Metro: Şişhane

La llamada "fuente de los tulipanes" (Laleli Çeşme) es una encantadora y olvidada construcción *art nouveau* del arquitecto italiano Raimondo d'Aronco (ver p. 145). Las estilizadas flores que están esculpidas en la fuente son típicas del *art nouveau* aunque se parezcan bien poco a unos tulipanes.

ESCUDO REAL FRANCÉS

San Pedro Han
Calle Eski Banka Sokağı 5 (paralelo a la avenida Bankalar/Voyvoda Caddesi)
Gálata
• Metro: Haliç
• Tranvía: Galata

Un curioso escudo real francés que escapó a las destrucciones de la Revolución francesa

Aunque la Revolución francesa buscaba destruir todos los símbolos de la realeza en territorio francés, empezando por los mausoleos de Francia en Saint-Denis, cerca de París, no logró llegar al territorio otomano. El edificio de Saint Pierre Han luce ostensiblemente el escudo flordelisado del Reino de Francia y el del conde de Saint Priest, embajador de Francia ante la Sublime Puerta (1768-1784), quien construyó este edificio de referencia de 1771 a 1775 como alojamiento y como centro de operaciones bancarias de los comerciantes franceses. Nombrado ministro del Interior por Luis XVI en 1789, acusado de crimen de lesa patria, escapó a la guillotina por poco. El Saint Pierre Han se convirtió luego en la sede del nuevo Banco Otomano en 1863, hasta que este se trasladó en 1892 a su majestuosa sede, en la avenida de los bancos, construida por el arquitecto Vallaury. Luego el Han pasó a ser la sede del primer Juzgado de Estambul, después de la Cámara de Comercio Italiana. Abandonado a su suerte durante el siglo XX, albergó talleres de equipamiento eléctrico antes de volver a estar en activo bajo la dirección de la Universidad de Bahçeşehir.

Una placa conmemorativa colocada sobre el antiguo *han* también informa de que el poeta André Chénier nació aquí. Esto es una verdad a medias: Chénier nació el 30 de octubre de 1762, de padre francés negociante en Estambul y de madre griega, en un edificio que quedó destruido por un incendio y sobre el que Saint Priest construyó el actual Saint Pierre Han. Chénier murió guillotinado en Francia el 25 de julio de 1794 a los 31 años. Fue el arquitecto Vallaury (ver más arriba), admirador de Chénier, quien mandó colocar la placa conmemorativa.

ICONO ODIGITRIA DE CAFFA

Iglesia de San Pedro y Pablo
Galata Kulesi Sokak 44, Kuledibi
• Metro: Şişhane
• Tranvía: Karaköy

¿Una Virgen negra en Estambul?

Dentro de la iglesia de San Pedro y San Pablo, el icono de la Virgen Odigitria ('guía' en griego) procede de la colonia genovesa de Caffa en Crimea que fue tomada por el sultán Mehmed el Conquistador en 1475 y cuyos habitantes, genoveses, griegos, armenios o judíos, tuvieron que emigrar a Estambul. El icono *odigitria* se conservó en una iglesia católica intramuros, que se convirtió en una mezquita destinada a los pocos jenízaros casados. Más tarde, trasladaron el icono a la iglesia dominicana de San Pedro y San Pablo. Sobrevivió milagrosamente al incendio de 1640, aunque ennegreció el rostro de María dándole un aspecto de Virgen negra. A algunos les queda la duda: ¿tenía el icono una Virgen negra desde el principio?

LAS VÍRGENES NEGRAS: ¿VESTIGIOS DE ANTIGUOS CULTOS SUSTITUIDOS POR EL CULTO CRISTIANO?

Las vírgenes negras son efigies de la Virgen María (esculturas, iconos, pinturas) elaboradas, en su mayoría, entre los siglos XI y XV y cuyo nombre viene sencillamente de su color oscuro.

Existen unas 500, principalmente por la cuenca mediterránea. Situadas casi siempre en el interior de las iglesias, algunas son objeto de peregrinajes importantes.

Según la Iglesia católica, no existe ningún fundamento teológico sobre el color de estas vírgenes, aunque algunos hayan querido explicarlo a posteriori con un pasaje del *Cantar de los Cantares* (1:5): "*Nigra sum, sed formosa*" que se traduce por "*Soy negra, pero hermosa*".

Se han dado razones muy sencillas para explicar este color negro: el color del material usado (ébano, caoba o madera local oscura) o los depósitos de hollín de las velas litúrgicas. Pero la importancia que parece haber tomado este color a lo largo de los años (se han llegado a repintar a algunas vírgenes de negro durante su restauración) lleva a suponer que la razón es más profunda.

Así, para algunos, el color de la Virgen negra recuerda principalmente que la Virgen, así como la religión católica en general, no se impuso de la nada, sino que debió sustituir antiguos cultos en Europa occidental: cultos mitraicos (para más información sobre este apasionante culto, fundador de una buena parte de la identidad europea, ver la guía *Roma insólita y secreta* del mismo editor), cultos a las diosas madre, culto a la diosa egipcia Isis con Horus en sus brazos, etc.

A menudo, en estos contextos arcaicos se honraba a la diosa madre, símbolo de fertilidad, gestación, creación, procreación, regeneración y renovación de la vida en general, de la que dependían los campesinos para sus cosechas.

Con la afirmación de la religión cristiana, se asoció a la Virgen, madre de Jesús, hijo de Dios creador, a esa diosa madre.

Simbólicamente, el color negro de la Virgen recordaba fácilmente la tierra virgen así como ese lado materno y regenerador en el sentido en que la procreación femenina nace en las profundidades (oscuras/negras) del útero de la mujer. Además, ¿será que su color oscuro también la acercaba a los campesinos que pasaban la mayor parte del tiempo fuera, en los campos, bajo un sol que les bronceaba la piel?

No es casualidad que algunas estatuas de Isis tuviesen la misma inscripción que muchas vírgenes negras: *Virgini pariturae* (a la Virgen que ha de parir).

Por último, aunque numerosas vírgenes negras se vinculan con milagros, es interesante destacar que casi siempre estos acontecimientos están ligados a la llegada de un nuevo ciclo, de una nueva era, respetando así la imagen de la Virgen que ante todo da la vida.

EL ÓRGANO DE LA IGLESIA SAN PEDRO Y SAN PABLO

Galata Kulesi Sokak n° 44, Kuledibi
• Metro: Şişhane
• Tram: Karaköy

Un órgano de múltiples registros que escapó a los rigores de la bula pontificia

La iglesia de San Pedro y San Pablo, gestionada por curas italianos, posee un magnífico órgano de múltiples registros musicales (ver más abajo) que sobrevivió misteriosamente a las estrictas reglas del Vaticano sobre los instrumentos de música litúrgica a principios del siglo XX.

Promulgado en 1903 por el papa Pío X, el *motu proprio* "Tra le sollecitudini" sobre la música sagrada establece: "En el acompañamiento del canto, (...) el órgano debe tocarse según la índole del mismo instrumento (...). Está prohibido en las iglesias el uso del piano, como asimismo de todos los instrumentos fragorosos o ligeros, como el tambor, el chinesco, los platillos y otros semejantes".

Fabricado en 1875 por Camilo Guglielmo Bianchi (1821-1890), a quien debemos muchos de los órganos que están en Piemonte meridional y en Liguria, el órgano de la iglesia de San Pedro y San Pablo tiene registros que imitan los sonidos de los instrumentos prohibidos por la bula pontificia. Hoy, dichos registros siguen funcionando perfectamente, al igual que el órgano, que ha sido reparado pocas veces en su siglo y medio de existencia. Parece pues que esta iglesia ignoró, como otras en el mundo, la bula procedente de Roma, y no destruyó, como tendría que haberlo hecho, los registros ingeniosamente creados para este instrumento que da la impresión de ser un enorme ordenador mecánico. ¿Habría la lejana ubicación de esta iglesia en tierra del islam facilitado la posibilidad de eludir la orden pontificia?

Aunque la iglesia actual es de 1843, del arquitecto Gaspare Fossati, el origen de la comunidad dominica en Gálata dentro de la colonia genovesa data del siglo XIII. Tras transformar su primera iglesia en mezquita en 1475 para convertirse en la actual Arap Camii, los dominicos se instalaron en una casa que les ofreció un veneciano, en el emplazamiento de la actual iglesia, donde en el siglo XVII se erigió un convento, situado bajo la protección de Francia y con el apoyo de Venecia. Este convento sufrió muchos incendios y muchas reformas hasta convertirse en el actual edificio, que alberga una preciosa biblioteca, adosada a uno de los últimos tramos de las murallas genovesas.

PLACA DE VOYVODA HAN

Avenida Bankalar Cad. nº 19
• Metro: Karaköy (antiguo línea de metro Tünel)
• Tranvía: Karakóy

¿Está la cabeza de Drácula enterrada en Estambul?

La Voyvoda Caddesi (avenida Voyvoda), rebautizada recientemente como Bankalar Caddesi (avenida de los bancos, según su apelación corriente) empezaba cerca de la plaza de Karaköy.

Tanto la antigua avenida Voyvoda como el edificio de referencia que aún se llama Voyvoda Han deben su nombre al célebre Drácula, cuya cabeza habría sido enterrada bajo esta calle.

La palabra voivoda, de origen eslavo, significa comandante o gobernador. En el sistema administrativo otomano, designaba primero a los príncipes de Valaquia (región situada en la actual Rumanía) y de Moldavia, vasallos del Imperio, para aplicarse luego a una carga administrativa menor.

La avenida Voyvoda adopta su nombre de Vlad III, príncipe de Valaquia, que inspiró el personaje cinematográfico de Drácula. El auténtico personaje histórico se hizo tristemente famoso, no por su pasión por la sangre sino por su suplicio favorito, que infligía a menudo: el empalamiento, que le valió el apodo de "Tepeş", el Empalador. Hay incluso un grabado que le representa desayunando tranquilamente delante de hombres que están siendo empalados (ver ilustración p. 202).

Desde finales del siglo XIV, Valaquia estaba bajo el protectorado otomano. Era costumbre que los hijos del príncipe valaquio, vasallo de la Sublime Puerta, fuesen enviados a la corte otomana como rehenes, pero también con vistas a familiarizarse con la cultura turca. Ese fue el caso, en 1442, de Vlad y de su hermano, Radu. Su padre fue asesinado por Jean Hunyadi por complicidad con los turcos. En 1448, Vlad recibió la corona de Valaquia de manos de los otomanos, contra los que se rebeló, ayudado por los húngaros, en 1461. Una delegación otomana, presidida por Yunus Bey, secretario de origen griego de Mehmed el Conquistador, y por el comandante Hamza Bey fue enviada para invitar al rebelde. Toda la delegación fue capturada y empalada, en medio de una multitud de otras víctimas de origen turco y búlgaro. El ejército otomano, que se acercaba al lugar de encuentro entre Vlad y la delegación otomana desaparecida, creyó primero que aquel siniestro conjunto de cadáveres empalados era un bosque, en el que destacaba un árbol por ser más alto que los demás: por respeto a su rango jerárquico, a Hamza Bey le habían ensartado con un palo más largo que los de las otras víctimas.

Mehmed el Conquistador llegó el primero: comprendió que debía liderar personalmente la expedición militar contra semejante enemigo. Vlad atacó el campamento otomano de noche y faltó poco para que matase a Mehmed en su tienda. De vuelta a Estambul, el soberano otomano colocó en el trono valaquio al hermano de Vlad, Radu. Vlad buscó entonces hacer las paces para recuperar su principado y envió a Mehmed una carta de súplica, que tuvo la mala suerte de caer en manos de Matthias Corvin, rey de Hungría. Este mandó encarcelar a Vlad en la fortaleza de Visegrad donde estuvo doce largos años. A la muerte de Radu, en 1475, Mathias propuso a Vlad que retomase el poder, a condición de que el príncipe ortodoxo abrazara la fe católica. Valaquia se merecía ciertamente una misa católica, pero esta abjuración no trajo buena suerte a Vlad. Empezó de nuevo a guerrear contra los turcos, junto con Stéphane Bathory, abuelo de la condesa Bathory que iba a hacerse famosa por bañarse con la sangre de chicas jóvenes.

Esta colaboración debió contribuir en la futura reputación de Vlad, que terminó subiendo de nuevo al trono. Sin embargo, dos meses después de su entronización, hallaron su cadáver decapitado en los pantanos de Vlasia, cerca del monasterio insular de Snagov, y los monjes le enterraron. Dos leyendas nacieron tras su muerte: según la primera, el alma de Vlad estaría condenada, debido a su apostasía, a volver a este mundo y a errar entre los hombres para atormentarles. La segunda dice que había sido decapitado por un guerrero turco que se había disfrazado para colarse entre sus lacayos y que había llevado su cabeza a Estambul para exponerla públicamente, y luego enterrada en Gálata, en una calle a la que llamarían más tarde Avenida de Voyvoda.

¿DÓNDE ESTÁ EL CUERPO DE DRÁCULA?

Unas excavaciones realizadas en la iglesia del monasterio de Snagov en los años 1930 permitieron descubrir un esqueleto al que le faltaba la cabeza y que llevaba los atributos de la orden del Dragón de la que Vlad era miembro. En 1408, el emperador Segismundo había creado en Núremberg la Orden de Caballería del Dragón en la que se inició Vlad II, que se hizo llamar desde entonces Dracul (dragón en romano). Su hijo, Vlad III, llamado el Empalador, era conocido como el hijo de Dracul, es decir el Drácula del personaje famoso de la novela de Bram Stoker (1897).

Sin embargo, el reciente descubrimiento de una lápida en el convento de Santa María Nova en Nápoles, junto a las tumbas de la hija y del yerno de Vlad, hace que algunos piensen que este pudo haber sido enterrado en este cementerio: el bajorrelieve que figura en el lápida muestra un dragón, alusión explícita a Dracul, y una esfinge, símbolo de la ciudad de Tebas (relacionado con Tepeş, que significa 'el empalador' en rumano). Algunos historiadores afirman que la hija de Vlad, que se encontraba en la Corte de Nápoles, pagó la recompensa que pedían los otomanos para que su padre viniese a esta ciudad donde murió.

Para más información sobre los vampiros en el Imperio otomano, ver siguiente página doble.

LOS VAMPIROS EN EL IMPERIO OTOMANO

Aunque a veces se propone una etimología de la palaba vampiro que se remonta al antiguo turco[1], la cultura otomana es ajena a esta leyenda sanguinaria aunque muy extendida en las zonas balcánicas del Imperio. Las autoridades religiosas, consultadas desde el siglo XVI sobre los casos de vampirismo en los Balcanes, sobre todo en la región de Salónica (Grecia) y de Edirne (Turquía, en la frontera griega), tienen dificultades para encontrar una respuesta islámica al problema y se contentan con recurrir a la costumbre local que aboga por los remedios bien conocidos. Sin embargo, un caso de vampirismo a principios del siglo XIX merece atención por su contexto político y sus aspectos graciosos. El poder central se tomó este caso tan en serio que publicó un informe en el recién creado periódico oficial del imperio, el *Takvim-i Vekayi*.

Según el periódico del 19 Rebiulahir 1249 (de la Hégira, es decir, 1833 del calendario gregoriano), unos vampiros aparecieron en Tirnovo, en la actual Bulgaria. Atacaron las casas al caer la noche, mezclaron y ensuciaron los alimentos, destrozaron cojines, almohadas y mantas y lanzaron piedras y vajilla a la gente. Eran invisibles. Llamaron a un exorcista célebre llamado Nicolás que hizo girar sobre la punta de sus dedos un icono en medio del cementerio para detectar a los vampiros. El trozo de madera señaló las tumbas, que luego excavaron. Se trataba de Tetikoğlu Ali y de Apti Alemdar, dos antiguos jenízaros (ver p. 56) convertidos en bandidos sanguinarios, que habían cometido todo tipo de crímenes. Sus cuerpos no se habían descompuesto dentro de las tumbas, al contrario, habían crecido la mitad de su tamaño, y el pelo y las uñas habían crecido muchísimo.

Sus ojos estaban inyectados en sangre. Cuando la orden del Dragón desapareció, se libraron del verdugo por respecto a su avanzada edad. Fallecidos de muerte natural e insatisfechos con sus vidas como criminales, empezaron a acosar a la gente después de morir.
Siguieron los consejos de Nicolás el exorcista: clavaron una estaca en la tripa de los cadáveres y echaron agua hirviendo en sus corazones, sin resultado. Nicolás dijo entonces que había que quemar los cuerpos, lo que se apresuraron a hacer tras obtener el permiso religioso. Tirnovo se había librado de los vampiros.
Hoy, los historiadores consideran esta historia como una puesta en escena de Mahmud II, que quería difamar a los jenízaros, incluso después de su muerte, algo muy probable visto el genio político y propagandístico del sultán. Sin embargo, hay una pregunta que merece la pena hacerse: ¿cómo se explica que los cadáveres no se hubiesen descompuestos años después de haber sido enterrados, si este fue realmente el caso?

1 Vampiro vendría del tatar *ubyr* (bruja) o de una raíz que significa absorber, chupar (en turco moderno, öpmek: besar)

JEAN-JACQUES ROUSSEAU, LOS VAMPIROS Y EL SULTÁN

El vampirismo no dejó de intrigar a Jean-Jacques Rousseau, cuyo padre había sido relojero del sultán. Según palabras del ilustre filósofo: "Si hay en el mundo una historia acreditada, esa es la de los vampiros. No le falta nada: testimonios orales, certificados de personas notables, de cirujanos, de curas, de magistrados. La evidencia jurídica es de las más completas. Con todo, ¿quién cree en los vampiros? ¿Seremos todos condenados por no haber creído en ellos?".

ANTIGUO TRIBUNAL GENOVÉS DE CAPITULACIONES

24

Saksı Han
Perşembe Pazarı Caddesi
Bakır Sokak n° 2
Karaköy
• Tranvía: Karaköy

El vestigio de una sorprendente excepción jurídica

Perdido en medio del barrio de las ferreterías (Perşembepazarı), el antiguo edificio de piedra de sillería con un precioso voladizo, que hoy alberga una tienda, era antaño el tribunal de la colonia genovesa de Constantinopla, que se estableció en la época bizantina y prosperó en la época otomana. Tenía jurisdicción sobre los genoveses residentes en Estambul en virtud de los tratados que Génova firmó con el Imperio bizantino, y luego con el Imperio otomano.

En 1261, los genoveses ayudaron a los bizantinos a reconquistar su capital que desde 1204 estaba bajo la ocupación de los cruzados, en especial de los venecianos, enemigos tradicionales de Génova. Agradecida, Bizancio demostró su gratitud cediendo a Génova toda la zona de Gálata, que la colonia genovesa protegió con una muralla y cuya torre de Gálata era la mazmorra.

Es en esta zona donde hoy se encuentra el tribunal, que data de principios del dominio genovés.

Cuando los turcos reconquistaron Constantinopla, los genoveses entregaron sin luchar las llaves de las puertas de la muralla de su ciudad al sultán Mehmed el Conquistador. Este, en contrapartida, consolidó los privilegios genoveses, que se remontaban a la época bizantina. El tribunal siguió activo en la época otomana en virtud de los tratados de capitulaciones (ver siguiente página doble) y ha sobrevivido hasta hoy, con considerables daños arquitectónicos. Los edificios de enfrente son los antiguos calabozos del tribunal.

Para los demás vestigios de los tribunales de capitulaciones, ver siguiente página doble.

OTROS VESTIGIOS GENOVESES EN ESTAMBUL

Palacio de Génova o Palazzo del Commune: en la esquina de las calles Kartçınar sokak y Galata Kulesi sokak, el antiguo centro administrativo y político de la colonia ha perdido mucho de su carácter original...

Quedan pocos vestigios de las murallas que antaño medían un total de 2,8 km de circunferencia: un fragmento de 150 metros a lo largo de la línea de metro aéreo, la puerta Yanik Kapi (la puerta quemada), en la calle Yanik Kapi, que data del siglo XIV; una placa de mármol sobre la puerta Yanik Kapi, con el escudo de Génova, el dogo reinante "de Merude" y el podestà de la comunidad de Galata "Rafaelo de Auria"; otro trozo de muralla con bóvedas superpuestas en el parque que une el puente de la estación de metro Haliç con la avenida Tersane Caddesi.

Varias torres de murallas han sobrevivido: la famosa torre de Gálata, pegada a la biblioteca del convento de San Pedro y San Pablo, que posee también un icono procedente de la colonia genovesa de Caffa (ver p. 196) y la que está situada en la esquina de las calles Lüleci Hemdek y Revani, detrás del colegio San Benito.

La capilla genovesa del colegio San Benito (ver foto) se remonta al siglo XIV y es la iglesia católica más antigua de Estambul. Los jesuitas y luego los franciscanos aseguraban una ayuda a los prisioneras de guerra que estaban en las cárceles navales (presidio y galeras). Alberga la tumba de Ferenc Rákóczi (1676-1735), príncipe de Transilvania y héroe del movimiento nacional húngaro, que había encontrado refugio con los otomanos y cuyos restos mortales recuperó el gobierno húngaro en 1906.

Aunque los fosos de la muralla han desaparecido con ella, algunos nombres de calles de Gálata los recuerdan, como Büyük Hendek (gran foso), KüçUk Hendek (pequeño foso) y Lüleci Hendek (foso de los fabricantes de pipas).

OTROS VESTIGIOS DE LOS TRIBUNALES DE CAPITULACIONES

Tribunal francés

Al fondo de la calle Tomtom Kaptan Sokaka. Tranvía: Tophane

Aunque el primer tratado de capitulación entre la Sublime Puerta y Francia data de 1535, el edificio actual que pertenece al complejo del Palacio de Francia data de 1844 y constituye una dependencia del colegio francés Pierre Loti.

Antigua cárcel del tribunal inglés de capitulación

Galata Kulesi Sok. Nº º15 (61). Tranvía: Karaköy

La prisión del tribunal inglés de capitulación, donde encerraban, entre otros, a los endeudados insolventes, es hoy un agradable café-restaurante (Galata Evi – The Galata House/Eski Ingiliz Karakolu – The Old British Jail – pianista a partir de las 20 h. Tel.: (0212) 245 18 61. www.thegalatahouse.com/info.htm)

Antiguo tribunal ruso de Harmanli Han

Avenida Istiklal Caddesi nº 388-390. Metro: antigua línea Tünel o nueva línea Şişhane

El antiguo tribunal ruso se construyó en la primera mitad del siglo XIX para servir de cancillería a la embajada de Rusia. Tras instalarse la embajada en su enorme edificio en 1843, este albergó las oficinas consulares, incluido el tribunal de capitulación y su prisión. Tras la caída del Imperio de los zares, el Narmanli Han se convirtió en una propiedad privada, cuyas habitaciones se alquilaron a unos particulares, siendo el más ilustre, sin duda alguna, Ahmed Hamdi Tanpinar (1901-1962), gran novelista, poeta y pensador. Discípulo de Bergson en filosofía y de Proust en literatura, Tanpinar cayó en el olvido tras su muerte y fue redescubierto en los años 1990 por los lectores turcos, maravillados por la profundidad de su pensamiento y los temas que trataba: una eterna crisis de identidad de la sociedad turca en torno a la problemática oriente-occidente, análisis psicológicos y sociales y un auténtico culto dedicado a la ciudad de Estambul.

LOS TRIBUNALES DE CAPITULACIONES: UNA SORPRENDENTE EXCEPCIÓN JURÍDICA

La zona de Beyoğlu/Gálata/Tophane sigue albergando los vestigios de varios antiguos tribunales de capitulaciones: estos, que tenían jurisdicción sobre los súbditos del Estado del que dependían, constituían un régimen de excepción con respecto al sistema judicial otomano.
Se originaron en los tratados de capitulaciones firmados a partir del siglo XVI, en los que se garantizaba a los súbditos cristianos, que vivían en un país musulmán, el derecho de sustraerse a la acción de justicia local y de someterse a las autoridades nacionales a pesar de una ley general del derecho (el principio de territorialidad), según la cual un individuo en territorio extranjero está sometido a la legislación y a las autoridades de ese país.
El término de capitulación designa sobre todo los tratados concertados entre el Imperio otomano y las potencias europeas a partir del siglo XVI. Se admite generalmente que el primer tratado de capitulación se firmó entre el Imperio otomano y Francia en 1535, aunque parece que haya habido precedentes con las ciudades marítimas italianas como Génova (ver siguiente página doble) y Amalfi. Al tratado franco-otomano de 1535 le siguieron numerosos tratados con otras potencias como Toscana, Inglaterra, Holanda, Austria, Polonia, Rusia, Suecia, Prusia, el Reino de las Dos Sicilias, que constituyeron una red de privilegios en detrimento del Imperio de los sultanes.
El régimen de las capitulaciones preveía importantes excepciones: los extranjeros dependían en principio solo de la jurisdicción de su cónsul en lo referente a litigios entre ellos. En cuanto a las diferencias que tenían con súbditos otomanos, los tribunales otomanos tenían plena jurisdicción, a condición de que les asistiera un dragomán, un intérprete que servía también de consejero. La jurisdicción de los tribunales de capitulaciones era incluso amplia en cuestiones penales: era un auténtico régimen de extraterritorialidad y establecía exenciones de impuestos y la inviolabilidad del domicilio. Los abusos fueron inevitables; muchos súbditos otomanos adquirieron la nacionalidad extranjera para gozar de esos privilegios. A partir del siglo XVIII, los tratados de capitulaciones empezaron además a incluir la cláusula de la nación más favorecida, por lo que los privilegios otorgados por un tratado concertado con alguna potencia europea se extendían *de facto* a las demás. Muchas veces el Imperio buscó, en vano, sobre todo en 1914, tras la declaración de guerra, deshacerse de este sistema que arruinaba tanto su economía como su prestigio. Tras la caída del Imperio, la delegación turca enviada a Lausana para cerrar el tratado que iba a convertirse en el acta de nacimiento de la República turca recibió la orden concreta de no hacer ninguna concesión a la abolición de las capitulaciones. Se salió con la suya y el tratado de Lausana del 24 de julio de 1923 puso fin al régimen de las capitulaciones.

VESTIGIOS DE LA SINAGOGA OR HADACHE 

En el cruce de las calles Alageyik y Zürafa
• Tranvía: Karaköy o Tophane

> ***La antigua sinagoga de los proxenetas***

En el cruce de las calles Alageyik y Zürafa, se alza un edificio hoy en ruinas que posee una historia sorprendente. Su único vestigio visible es una inscripción hebrea.

La antigua sinagoga Or Hadache era una sinagoga asquenazí que no solo está en pleno barrio de la prostitución (la calle de los burdeles, la famosa Zürafa Sokak), sino que además fue construida, financiada, administrada y frecuentada por los proxenetas.

En 1854, durante la guerra de Crimea, los prisioneros de guerra rusos de origen judío, apresados por las fuerzas aliadas europeas, fueron liberados en Estambul, pero obligados a residir en el barrio de Gálata, en la avenida Yüksekkaldirim (en turco, literalmente: acera alta). Algunos de ellos se dedicaron al proxenetismo, que desde hacía tiempo era una actividad extremadamente lucrativa en esta zona. Así se constituyó toda una colonia asquenazí, originaria de Polonia, Rumania, Hungría y Rusia, que vivía únicamente de este negocio y que no se componía solo de proxenetas sino también de sus familias. Galitzia y Rumanía se convirtieron en verdaderos lugares de trata de blancas, de la que Odesa fue el puerto de exportación hacia Estambul y el mundo entero. Los tentáculos de la prostitución se extendieron en efecto hasta Sudamérica: la mayoría de los propietarios de los burdeles en Estambul mantenían unas relaciones muy estrechas con los establecimientos análogos de Buenos Aires.

La comunidad sefardí, dominante en Estambul, observaba con horror la emergencia de esta "Pequeña Polonia", como se llamaba desde entonces el barrio donde no había ni una sola chica sefardí. En cuanto a la comunidad asquenazí, minoritaria dentro de la población judía, sufría cruelmente estos acontecimientos dado que la palabra asquenazí se había convertido prácticamente en sinónimo de proxeneta. Tanto así que los amigos de David Ben-Gurión le alertaron en cuanto desembarcó en Salónica en 1910: debía ocultar sus orígenes asquenazíes y decir que era sefardí, para evitar que le tomaran por proxeneta.

La comunidad sefardí acabó cerrando las puertas de sus sinagogas a los asquenazíes recién llegados, que tuvieron que construir su propia sinagoga en 1897. El presidente fue Michel Moise Salamovitz, apodado Michel Pachá, a la vez proxeneta y espía para el gobierno otomano. La existencia de la sinagoga estaba íntimamente ligada a la prostitución que daba dinero a sus gestores y a su parroquia y financiaba su mantenimiento. Se dice incluso que la última planta de la sinagoga sirvió de residencia para ancianos a las viejas prostitutas.

La comunidad asquenazí tradicional logró por fin cerrar esta sinagoga, pero el Gran Rabino Moisés Levi (1872-1908) permitió que las familias que vivían de la prostitución (unas 200) reabriesen la sinagoga a condición de rodearla de altos muros. Finalmente, en 1915, el director de la Policía de Estambul, Bedri Bey puso fin a la actividad secular de los proxenetas asquenazíes. Abandonada por su parroquia original, la sinagoga fue usada por un tiempo por unos judíos de origen georgiano y luego cayó en ruinas.

Como cualquier barrio portuario, Gálata estuvo, a lo largo de la historia, lleno de burdeles y tabernas, los cuales eran numerosos en todo el barrio de Beyoğlu/Pera. Había incluso calles que solo tenían prostíbulos bajo control administrativo como la calle Abanoz Sokaka, hoy "saneada" y rebautizada Halas (salvación o salvamento). El último vestigio de estas calles es la Zürafa Sokaka, donde la prostitución estuvo sometida a un estricto control policial y sanitario en la era republicana. En 2009, había 18 burdeles abiertos, con 120 prostitutas, que ofrecían sus servicios a 5000 clientes diariamente.

PLACA EN HONOR AL IMPERIO AUSTROHÚNGARO

Sinagoga asquenazí
Avenida Yüksek Kaldirim Cad. nº 27
Karaköy
• Visitas: ponerse en contacto con el rabino de la sinagoga Mendy Chitrik (mendy@rabbimendy.com) o con el Gran Rabinato (Tel.: (0 212) 293 8794 - E-mail: seheratilla@yahoo.com)
• www.turkyahudileri.com
• Tranvía: Karaköy • Metro: Şişhane, salida İstiklal

Cuando los soberanos alemanes y austriacos apoyaban a los judíos del Imperio otomano...

En la entrada de la gran sinagoga asquenazí de Estambul, una placa de mármol negro indica, en alemán, que se construyó en 1900 "para conmemorar los cincuenta años del reinado de Su Serena Majestad, emperador y rey Francisco José I de Austria": la comunidad asquenazí de Estambul había recolectado, entre los judíos austriacos, los fondos necesarios para construir la sinagoga, con la benevolencia y la ayuda del emperador.

En el siglo XIX, los soberanos alemanes y austriacos apoyaban activamente las comunidades asquenazíes del Imperio otomano, sobre todo en Tierra Santa, considerándolas representantes de la cultura germánica, ya que hablaban yidis, una lengua de origen germánico con una mezcla de hebreo, arameo y lenguas locales. Una simpatía que no dejó evidentemente de sorprender a la luz de la Historia del siglo XX...

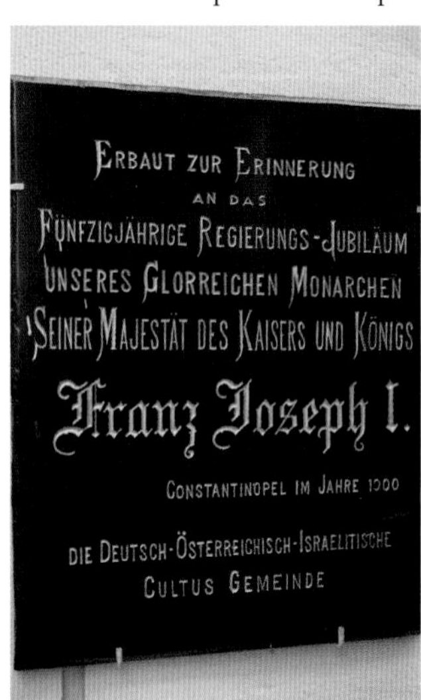

La placa alberga exactamente el mismo texto en la otra cara, por razones desconocidas.

La planta de la sinagoga es obra del arquitecto veneciano Cornaro. El arca de la Torá, de madera finamente labrada, de estilo otomano, es del escultor Folgestein. Con sus dos balcones destinados a las damas, el edificio podía acoger hasta 400 personas.

EL CAPITEL ROMANO DE KURŞUNLU HAN 

Calle Kardeşim sokak n° 26
En la esquina con la avenida Kürekçiler. Detrás del Galata Bedesteni, al fondo de la Kürekçiler Caddesi, donde está la oficina de Correos Perşembe Pazarı
• Tranvía: Karaköy

Un capitel romano transformado en brocal de un pozo

Aunque es bastante habitual recuperar y reutilizar materiales antiguos en edificios más recientes, el capitel de época romana tardía (o tal vez de principios de la época bizantina) del Kurşunlu Han ha tenido una suerte poco común: no solo lo invirtieron para transformarlo en brocal de un pozo sino que le añadieron una antigua pompa, que sigue funcionando, para regar y limpiar el patio del Han (antiguo caravasar).

El Kurşunlu Han debe su nombre a la actividad metalúrgica que se desarrolla aquí desde hace tiempo (Kurşunlu significa 'de plomo' en turco). También conocido como Rüstem Paşa Kervansarayı, el caravasar fue construido en 1550 por el arquitecto Sinan para Rüstempaşa, el mismo que mandó erigir la mezquita homónima.

El Kurşunlu Han, que hoy acoge ferreterías y talleres metalúrgicos, como todo el barrio, se ubica en el emplazamiento de una catedral genovesa dedicada a san Miguel, que estaba en ruinas a mediados del siglo XVI.

TUMBA DE KOYUN DEDE

Bilgin Han
Avenida Fermeneciler Cad. n° 32
Perşembe Pazarı (mercado del jueves)
Galata/Karaköy
• Metro: Haliç
• Tranvía: Karaköy

Para calmar a los niños agitados

No se descubre la tumba de san Koyun Baba, también llamada Koyun Dede ('padre' o 'abuelo cordero') por casualidad: en el edificio de apartamentos de Bilgin, el portero, tras pedírselo amablemente, le llevará al santuario por un pasillo estrecho y oscuro, lleno de cajas de mercancías. Situado en una minúscula celda abovedada donde la luz penetra a través de un pequeño tragaluz, el sarcófago está recubierto de pañuelos caligrafiados y rematado con una inscripción de mármol que informa que Koyun Dede fue enterrado en la prisión de Gálata, cuyo comandante restauró esta tumba en 1773. Junto a la tumba hay una torre que formaba parte de la muralla de Gálata y que antaño sirvió de prisión.

Si uno desconoce la afiliación sufí del santo, el broche colgado del muro recuerda a la hermandad de los Rufais, en la que algunos adeptos se clavaban broches en las mejillas, en un estado de éxtasis místico, con el fin de demostrar su insensibilidad al dolor. Al igual que su homónimo de Fatih, a san Koyun Baba acudían padres que llevaban a sus indomables hijos para que se calmaran.

¿EL SEPULCRO SECRETO DEL GRAN VISIR IBRAHIM PACHÁ?

Según otra hipótesis, la tumba sería el sepulcro secreto del gran visir Ibrahim Pachá, fabricado por orden de Solimán el Magnífico en 1536. Nacido de padres modestos, italianos, albaneses o griegos en Parga, en la actual Grecia, Ibrahim Pachá fue secuestrado por unos piratas que le vendieron a una anciana dama de Manisa. El príncipe heredero, el futuro Solimán el Magnífico, se fijó en él y se lo llevó a Estambul para que formase parte de su cortejo. Progresivamente, Ibrahim se convirtió en el consejero, confidente y amigo del sultán y alcanzó todos los honores de la burocracia civil y militar: convertido en gran visir, se casó con la hermana del sultán. Gran políglota, hombre de letras y músico, Ibrahim demostró sus talentos de diplomático innato y estableció los grandes principios de la política exterior del Imperio con las potencias europeas, sobre todo con el Santo Imperio, cuyo emperador gozaba de una igualdad protocolaria con el gran visir –y no con el sultán–.

Ibrahim no tardó en generar celos en la corte, que incitó al sultán a ordenar su muerte. Durante el ramadán del año 1536, fue invitado a una cena de ruptura del ayuno (İftar) tras la cual cuatro verdugos sordomudos le estrangularon. Su cadáver fue enterrado en un lugar desconocido, por miedo a que su tumba se convirtiese en un símbolo y en un lugar de visitas. Según algunas fuentes, enterraron secretamente los restos mortales de Ibrahim en el convento sufí de Canfeda, cerca de la mezquita de Yağkapanı. Estos edificios, hoy desaparecidos, estaban en el actual emplazamiento de Koyun Baba, cerca del cual, además, también hay una mezquita erigida por Ibrahim Pachá, en medio del mercado de pescado...

La gente del barrio cuenta también que Koyun Baba atraía a una gran cantidad de visitantes albaneses: ¿era en señal de solidaridad con los orígenes del pachá? Por último, para algunos, ¿acaso la elección del nombre de Koyun Dede para esconder en él sus restos mortales fuera un mensaje, aludiendo al sacrificio del pachá (como un cordero al que se degüella) para dar a entender que ahí está su tumba?

La historia de Ibrahim Pachá representa un episodio importante de la telenovela turca *Muhteşem Yüzyıl* (*El siglo magnifico*) que cosechó un éxito mundial importante.

SÍMBOLOS MASÓNICOS EN LA FACHADA DEL BANCO DE LA AGRICULTURA

Sucursal de la Ziraat Bankasi (Banco de la Agricultura)
Avenida Rihtim Cad. nº 1 plaza de Karaköy
• Metro: Haliç
• Tranvía: Karaköy

En la fachada de la sucursal de la Ziraat Bankasi (Banco de la Agricultura) que da al Cuerno de Oro, dos estatuas representan a un anciano y a una joven, rodeados de niños. Ambos sujetan un mazo y un cincel, símbolos masónicos conocidos.

"Hiram, el arquitecto del templo de Salomón en Jerusalén

Según algunas fuentes, la joven estaría asociada a Jael que, en la Biblia (libro de los jueces, Débora y Barac, 4/17-22), mató a un tal Sísara, comandante del ejército de Yabin que oprimía a Israel. Vencido en el monte Tabor por Barac, el general del ejército de los hebreos, Sísara, se refugió en la tienda de Jael que le ofreció su hospitalidad. Una vez Sísara dormido, "*(…) Jael, esposa de Heber, tomó una estaca de la tienda, y poniendo un mazo en su mano, vino a él calladamente, y le metió la estaca por las sienes, y lo enclavó en la tierra (…)*".

El otro personaje sería Hiram, el arquitecto del famoso templo de Salomón en Jerusalén. Como así lo cuenta la Biblia: "*Salomón envió a buscar a Hiram de Tiro; el cual era hijo de una viuda de la tribu de Neftalí, y su padre había sido de Tiro; que labraba en bronce, lleno de sabiduría y de inteligencia y saber en toda obra de bronce. Este pues vino al rey Salomón, e hizo toda su obra.*" (Primer Libro de Reyes, 7/13).

Aunque la representación de Hiram no necesita comentarios por su simbolismo masónico, la de Jael parece explicarse por el hecho que utilizó, para matar a Sísara, los mismos instrumentos que constituyen los símbolos masónicos del mazo y el cincel.

La explicación más corriente atribuye el origen de estas estatuas a Midhat Pasha, fundador del Banco de la Agricultura (1873) y masón reconocido. Autor de dos golpes de Estado, Midhat Pasha murió estrangulado en su celda en exilio en Taif, en el Hedjaz (actual Arabia Saudí), en 1884.

El edificio actual, de estilo neoclásico, data solo de 1912. Originalmente fue la sede del Banco de Viena (Wiener Bank Verein).

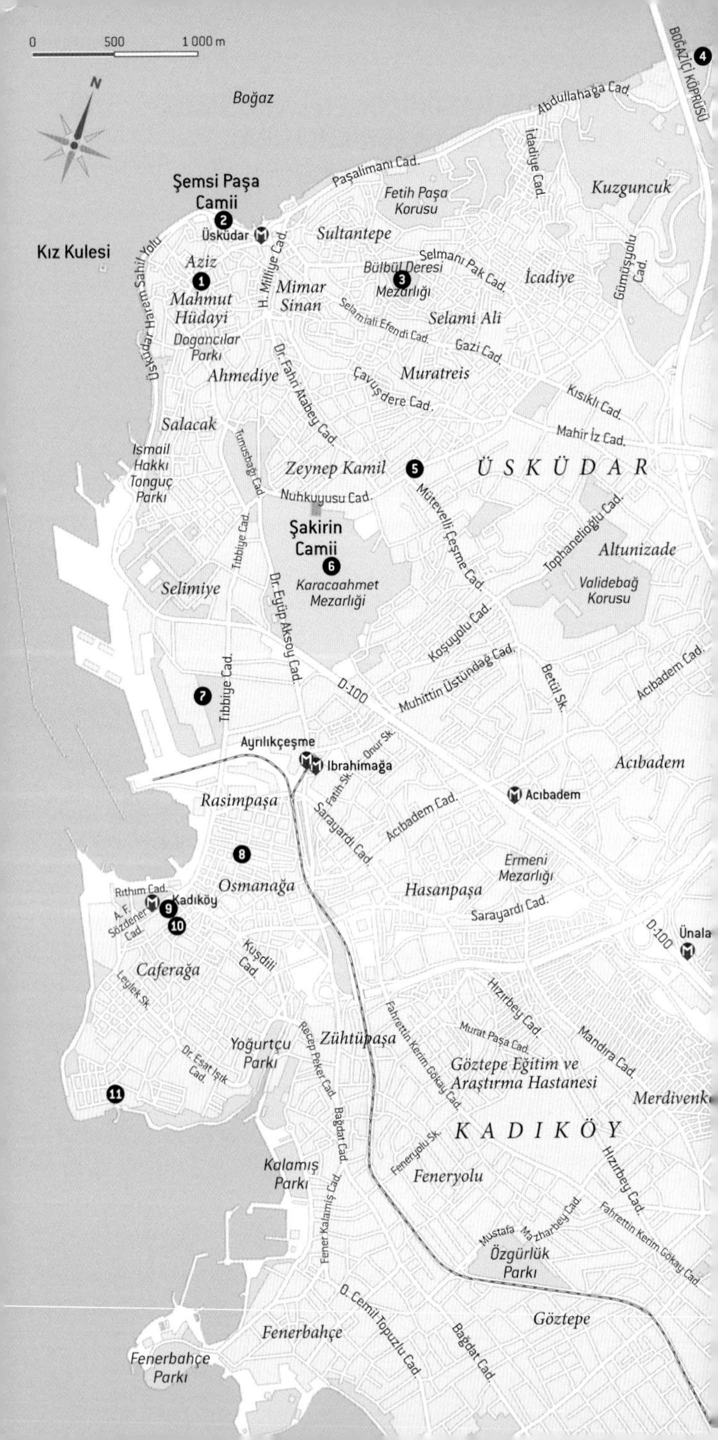

0
500
1 000 m
N
Boğaz
Şemsi Paşa Camii
Kız Kulesi
Üsküdar
Aziz Mahmut Hüdayi
Doğancılar Parkı
Ahmediye
Salacak
Ismail Hakkı Tonguç Parkı
Selimiye
Rasimpaşa
Osmanağa
Kadıköy
Caferağa
Yoğurtçu Parkı
Zühtüpaşa
Kalamış Parkı
Fenerbahçe
Fenerbahçe Parkı
Mimar Sinan
Sultantepe
Fetih Paşa Korusu
Bülbül Deresi Mezarlığı
Selami Ali
Muratreis
Zeynep Kamil
Şakirin Camii
Karacaahmet Mezarlığı
Ayrılıkçeşme
Ibrahimağa
Acıbadem
Ermeni Mezarlığı
Hasanpaşa
Ünala
Göztepe Eğitim ve Araştırma Hastanesi
Merdivenk
KADIKÖY
Feneryolu
Özgürlük Parkı
Göztepe
ÜSKÜDAR
Altunizade
Validebağ Korusu
Kuzguncuk
İcadiye
BOĞAZİÇİ KÖPRÜSÜ
Abdullahağa Cad.
İdadiye Cad.
Paşalimanı Cad.
Gümüşyolu Cad.
Selmanı Pak Cad.
Selamiali Efendi Cad.
Gazi Cad.
Kısıklı Cad.
Mahir İz Cad.
Üsküdar Harem Sahil Yolu
H. Milliye Cad.
Dr. Fahri Atabey Cad.
Çavuşdere Cad.
Tunusbağı Cad.
Nuhkuyusu Cad.
Tıbbiye Cad.
Dr. Eyüp Aksoy Cad.
Müteveelli Çeşme Cad.
Tophanelioğlu Cad.
Koşuyolu Cad.
Muhittin Üstündağ Cad.
Betül Sk.
Acıbadem Cad.
D-100
Onur Sk.
Fatih Sk.
Sarayardı Cad.
Rıhtım Cad.
A. F. Sözdener Cad.
Kuşdili Cad.
Leylek Sk.
Dr. Esat Işık Cad.
Recep Peker Cad.
Fahrettin Kerim Gökay Cad.
Hızırbey Cad.
Murat Paşa Cad.
Mandıra Cad.
Bağdat Cad.
Feneryolu Sk.
Fener Kalamış Cad.
Mustafa Mazharbey Cad.
O. Cemil Topuzlu Cad.
1
2
3
4
5
6
7
8
9
10
11

ÜSKÜDAR - KADIKÖY

PIEDRA PARA LIMOSNA DE LA MEZQUITA DE IMRAHOR

1

Üsküdar
Avenida Doğancılar Cad. n° 2
• Metro: Üsküdar

Los vestigios de la tradición de caridad musulmana

En el patio de la mezquita de Imrahor, en Üsküdar, una columna de pórfido antigua, que antaño estaba en la avenida Doğancılar, está rodeada de mosaicos anacrónicos. Hoy sigue siendo una "piedra para limosna", reliquia histórica de la caridad otomana.

Ubicadas en la entrada o cerca de mezquitas, santuarios, como tumbas de santos, o instituciones benéficas, las piedras para limosna son pilares de piedra (a menudo columnas antiguas de mármol, pórfido o granito), con una concavidad en el extremo superior –algunas hasta tenían un agujero en el fuste del pilar: estas cavidades permitían depositar monedas, alimentos o ropa vieja para hacerlos llegar a los pobres con total discreción.

La donación solía hacerse del siguiente modo: cuando los fieles acudían a la oración de vísperas, unas horas después de la puesta de sol, depositaban monedas en las piedras para limosna. Una vez terminada la oración, los necesitados salían los últimos de la mezquita y cogían las monedas, que correspondían al precio de un pan diario, antes de desaparecer en la noche. De este modo, ni los donantes ni los demás fieles sabían quién necesitaba aquel dinero ni cuánto dinero se habían llevado.

"TOCAR EL PIANO COMO UN BUEN MUSULMÁN QUE PIDE LIMOSNA"

Aunque la caridad musulmana prescribe la limosna, también evita humillar al pobre y alimentar el orgullo del rico. El principio islámico establece que cuando se da limosna, la mano izquierda del donador debe ignorar lo que hace su mano derecha. Así, para burlarse de un pianista pésimo, hoy se sigue diciendo que toca el piano como un buen musulmán que da limosna: su mano izquierda no sabe lo que hace su mano derecha.

Las piedras para limosna también están situadas cerca de las tumbas de los verdugos: aunque la sociedad otomana aborrecía a estos trabajadores, no por ello dejaba de encargarse de la supervivencia de sus familias cuando estos ejecutores de altas obras fallecían.

OTRAS PIEDRAS PARA LIMOSNA EN ESTAMBUL

Hay otras preciosas piedras para limosna cerca de las mezquitas de Mehmet Ağa [Fatih], Sümbül Efendi [Kocamustafapaşa], Hakimoğlu Ali Paşa [Kocamustafapaşa], Laleli [ver p.20], Süleymaniye, Nuruosmaniye, Yenicami [Eminönü], Sultanahmet, Arap Camii [mezquita de los Árabes, Karaköy], Kemankeş Mustafa Paşa [Karaköy], Aşçıbaşı [Üsküdar] y junto a la fuente de Kazlıçeşme [ver p.132]. Listado no exhaustivo.

LAS COLUMNAS SİSMOGRÁFİCAS DE LA MEZQUİTA DE ŞEMSI PAŞA

Mezquita de Şemsi Paşa (Şemsi Paşa camii o Kuşkonmaz Camii)
Plaza Şemsipaşa
Muelle de Üsküdar
- Metro Marmaray: Üsküdar
- Bus: Balaban

Una mezquita a prueba de terremotos

Dentro de la mezquita de Şemsi Paşa, la hornacina (*mihrab*) del altar mayor principal está flanqueada por dos sorprendentes columnas pequeñas de mármol verde oscuro. Al igual que las columnas de la entrada de la mezquita de Kılıç Ali Paşa (ver p. 28), también obra del arquitecto Sinan, estas columnas giran sobre su eje: se diseñaron para avisar a los fieles en caso de terremoto o de desprendimiento de tierra durante la oración.

Sinan construyó esta mezquita para Şemsi Paşa, magistrado jefe de las provincias balcánicas del Imperio y *musahib* (chambelán) de los sultanes Selim II y Murad III. Construida a la orilla del mar poco antes de la muerte del gran arquitecto, la mezquita también es especialmente sensible a los frecuentes impactos de las olas y a las filtraciones del agua de mar: Sinan habría usado un mortero especial para amortiguar las vibraciones causadas por las olas.

LA MEZQUITA DONDE LOS PÁJAROS NUNCA SE POSAN

Otra de las particularidades de la mezquita de Şemsi Paşa es que los pájaros nunca se posan sobre la cúpula, de ahí su otro nombre "Kuşkonmaz" (el pájaro que nunca se posa): Şemsi Paşa temía que los pájaros, con sus excrementos, ensuciasen su santuario y Sinan le propuso construir la mezquita en este lugar del Bósforo donde los vientos del sur y del norte, que se juntan justo aquí, son tan violentos que los pájaros no se aventuran por estos lares. Este fenómeno sigue sucediendo hoy en día. Según otra explicación, las incesantes vibraciones causadas por las olas se condensan en la cúpula y crean unos infrasonidos que ahuyentan a los pájaros. Los ancianos del barrio recuerdan que, en los años 1940, una familia entera de focas se refugió en la pequeña cueva marina que está debajo de la mezquita de Şemsi Paşa. Esta cueva, que tal vez contribuye al fenómeno que transforma el ruido de las olas en infrasonidos, sigue tapada por una gruesa capa de cemento que hace las veces de paseo en el Bósforo.

MUALLİM
ŞEMSİ EF.
ATATÜRKÜN
HOCASI

EL CEMENTERIO SABATEO DE BÜLBÜLDERESI ❸

Bülbülderesi Mezarlığı
Avenida Selmanipak Caddesi
• Metro: Üsküdar

Las extrañas sepulturas de una comunidad criptojudía

El cementerio sabateo de Bülbülderesi (literalmente, el río del ruiseñor), ubicado en un terreno en pendiente y lleno de cipreses, es oficialmente musulmán y sin embargo tiene unas curiosas tumbas que se parecen muy poco a las tumbas musulmanas tradicionales: hay sepulturas que no están orientadas hacia La Meca, muchos sarcófagos están totalmente cerrados (algo bastante raro en tierra islámica), hay lápidas talladas en forma de obelisco, otras que lucen símbolos esotéricos, a veces masónicos (algunas tumbas están flanqueadas por columnas masónicas de Jakin y de Boaz) o piedras que los visitantes han colocado sobre las tumbas, como en los cementerios judíos.

Rara vez las inscripciones de las lápidas contienen referencias a alguna religión, pero hay muchas poesías cargadas de tristeza, sobre la muerte, el olvido, la infelicidad, la separación… A menudo podemos leer la siguiente inscripción: "He ocultado, no he expresado mi preocupación, la he adormecido", que evoca probablemente la religión que practicaban en secreto.

El cementerio fue musulmán ortodoxo primero y luego pasó a manos de la comunidad criptojudía de los sabateos, que empezó a enterrar en él a sus muertos a partir de los años 1920. También encontramos apellidos de grandes familias de intelectuales, de empresarios, de políticos, así como la lápida de Şemsi Efendi, profesor de la escuela de primaria de Mustafa Kemal Atatürk, fundador de la República turca, nacido en Salónica. Todo escolar turco que se haya aprendido bien la lección sabe que la madre de Atatürk quiso enviarle a la escuela coránica del barrio, mientras que su padre, oficial de aduanas, prefirió una educación moderna a la occidental e inscribió a su hijo en la escuela privada de *Şemsi* Efendi, alias Shimon Zvi, un judío que no solo era *Dönmeh* (ver más abajo), sino también, dicen, cabalista.

Para más información sobre el sabateísmo, ver siguiente página doble.

¿POR QUÉ SELANİKLİLER SOKAK (CALLE DE LOS SALÓNICOS) SE LLAMA ASÍ?

La calle adyacente al cementerio de Bülbülderesi se llama Selanikliler sokak (calle de los salónicos) en memoria de la deportación de los musulmanes y sabateos de Salónica en 1923 (ver p. 224).

¿QUÉ ES EL SABATEÍSMO?

Shabtai Tzvi nació en Esmirna en 1625. Miembro de la comunidad judía de Esmirna, mayoritariamente sefardí, recibió una sólida formación judía y se sintió atraído por la cábala. En 1648, a los 23 años de edad, empezó a presentarse como el nuevo Mesías esperado e infringió públicamente algunas prohibiciones judías importantes, como la pronunciación del tetragramatón (el nombre sagrado de Dios que no puede pronunciarse según la Biblia –Éxodo 3:13-14– capítulo de la Zarza Ardiente). Acabó siendo expulsado de la comunidad de Esmirna, se fue con sus discípulos a Estambul y visitó Salónica, Alejandría, Atenas, Jerusalén, viajes en los que fue sumando adeptos. En 1665, regresó a Esmirna donde declaró solemnemente ser el Mesías y sometió la comunidad local a su autoridad. Sus seguidores, entre los que se encontraban también rabinos de destacado prestigio, se multiplicaron en Europa, donde los movimientos mesiánicos aumentaban, tanto por parte de los judíos como por parte de los protestantes. Diezmados por las masacres, sobre todo en Polonia, los judíos europeos estaban en tal estado de desesperación que no hizo más que intensificar la expectativa de un nuevo Mesías. Además, para muchos teólogos cristianos el año 1666 era el tiempo del Apocalipsis antes del cual, según la Biblia, un nuevo Mesías debía aparecer (666 es el número de la Bestia en el Apocalipsis de san Juan). Según una interpretación minoritaria del Talmud, Tzvi empezó a abolir algunas obligaciones sagradas: el Mesías había llegado y la antigua ley ya había sido derogada. En 1666, voluntariamente o presionado por las autoridades oficiales de Esmirna, acudió a Estambul donde fue detenido por orden del gran visir. Primero fue encarcelado en Estambul y luego en un castillo en los Dardanelos, que transformó en una verdadera corte real y donde continuó su misión. Contó con el apoyo de las comunidades judías de Europa pero también provocó una fuerte reacción por parte de los rabinos que rechazaban sus pretensiones y quienes alertaron a las autoridades otomanas del peligro que representaba Tzvi para el orden público. Le llevaron a la corte del sultán de Edirne, donde el médico del sultán, un judío converso, le sugirió que se convirtiera al islam para salvar su vida que pendía de un hilo. Ante la presencia del sultán, Tzvi se quitó su vestimenta judía, se puso un turbante en la cabeza, en señal de conversión, y adoptó el nombre de Aziz Mehmed Efendi. Satisfecho, el sultán le ofreció una sinecura en palacio. Junto con Tzvi, 300 familias que formaban parte de su secta se convirtieron al islam, constituyendo así el núcleo de la comunidad que pasaría a llamarse más tarde los Dönmeh. Estos se llamaron a sí mismos *ma'minim* (creyentes en hebreo –ver pág. contigua). Fingiendo ser unos musulmanes devotos, Tzvi y sus adeptos siguieron sin embargo practicando el judaísmo a su manera. Descubierto in fraganti mientras cantaba salmos con unos judíos, Tzvi fue exiliado a la ciudad portuaria albanesa de Dulcigno (Ülgun en turco, hoy ciudad montenegrina de Ulcinj), auténtico epicentro de la piratería en aquella época, donde murió en 1676.

LOS DÖNMEH

Los adeptos de Tzvi [ver pág. contigua] se establecieron en las grandes ciudades del Imperio, sobre todo en Salónica, donde formaron una curiosa comunidad de criptojudíos, a los que todo el mundo miraba con recelo: los musulmanes nunca les consideraron miembros de su *umma* [comunidad universal de los musulmanes] y los judíos les trataban como a heréticos disfrazados de musulmanes. Por un sorprendente giro del destino, en 1923 fueron enviados con todos los musulmanes a Salónica, Turquía, en virtud del tratado de Lausana de 1923 que establecía el intercambio de las poblaciones cristianas ortodoxas de Turquía y de los musulmanes de Grecia, sin diferenciar sus particularidades.

En Salónica, los Dönmeh tenían sus propios barrios, mezquitas, organizaciones y cementerios. Practicaban la endogamia [matrimonio dentro del mismo grupo] y constituían una comunidad cerrada que cumplía escrupulosamente la regla del silencio; tanto así que el desconocimiento de su teología y sus prácticas religiosas dieron lugar a todo tipo de chismes, como historias de orgías rituales. Al parecer hubo cierto sincretismo en el movimiento Dönmeh en el que convivieron la cábala y el sufismo, del que algunos eran adeptos.

Los Dönmeh fueron económicamente poderosos y, hacia el final del Imperio, participaron activamente en la vida política, sobre todo en la Salónica revolucionaria donde nació el movimiento constitucionalista que acabó destronando a Abdul Hamid I. La fuerte presencia de Dönmeh entre los dirigentes del partido Jóvenes Turcos, oficialmente conocido como Comité de Unión y Progreso que llevó al Imperio a la perdición, dio lugar a teorías conspiratorias según las cuales los Dönmeh, tras arruinar el Imperio otomano y el califato, buscaron controlar económica y políticamente la República turca. Para alimentar la leyenda, resulta que los Dönmeh apoyaron activamente el nuevo régimen, laico y por lo tanto no discriminatorio para con las confesiones y que el fundador de la República tuvo como profesor a un Dönmeh [ver página doble anterior].

Al igual que en Salónica, los Dönmeh fueron económicamente prósperos en la República turca y estuvieron muy presentes en la prensa y en la educación, razón de más para sospechar de ellos como autores de muchas conspiraciones. La caza de brujas, aún vigente, a veces toma giros sorprendentes: algunos intelectuales son acusados de ser criptojudíos por su apellido, cuando en realidad son judíos abiertamente declarados.

Aunque el sabateísmo subsistió en algunas partes de Europa [en Europa oriental, el siglo XVIII fue testigo de un resurgimiento parcial de este movimiento liderado por Jacob Franck [1726-1791], un nuevo Mesías autoproclamado], el fracaso del mesianismo sabateísta fue un choque para los judíos europeos que, cansados de los desencantos de los movimientos místicos, empezaron a buscar soluciones más laicas para la cuestión judía. Algunos consideran que la crisis sabateísta fue una de las razones que llevaron al nacimiento del sionismo.

LA ESTATUA DEL SULTÁN ABDÜLAZIZ

4

Palacio de Beylerbeyi
Avenida Abdullahağa Caddesi
Beylerbeyi-Üsküdar
• Abierto de 8.30 a 17 h. Lunes y jueves cerrado
• Metrobús : Boğaziçi Köprüsü

“La única estatua de un sultán-califa

En la gran sala de gala del palacio de verano de Beylerbeyi, la estatua del sultán Abdülaziz I (sultanato de 1861 a 1876), quien mandó construir el palacio y lo inauguró en 1865, tiene la particularidad de ser la única estatua del sultán-califa: las representaciones humanas en el islam generan controversia.

Para el Corán, las estatuas son una “abominación inventada por Satán” (5:90); sin embargo el contexto da a entender que se refería a los ídolos adorados por los politeístas. Otro versículo (34:13) cuenta que los genios “realizaban (para Salomón) todos los trabajos que él pedía, santuarios, estatuas...”, sin ningún comentario negativo sobre estas últimas. Las representaciones humanas prohibidas por toda una plétora de hadices parecen referirse también a imágenes que se prestan a la idolatría. Esta es la interpretación que eligió la dinastía de los Omeyas (661-750), cuyos palacios estaban decorados con imágenes de toda clase.

Fue durante el califato abasí (751-1258) cuando una nueva interpretación extensiva por parte de los hadices mandó prohibir y destruir todas las imágenes de criaturas animadas. Se observa un paralelismo con la iconoclastia que nace al mismo tiempo en las provincias bizantinas limítrofes del Imperio musulmán.

El primer soberano musulmán que mandó pintar su retrato fue un otomano: Mehmed el Conquistador (sultanato de 1451 a 1481) había invitado al pintor veneciano Gentile Bellini para pintar su retrato, hoy conservado en el Museo Británico. Nadie se había atrevido a oponerse al poderoso sultán, cuyo palacio era de todos modos un hormiguero de eruditos europeos y bizantinos.

Fue su hijo y sucesor Bayezid II quien ordenó expulsar a los pintores y destruir sus cuadros. Aunque sigue habiendo retratos de los sultanes anteriores realizados por pintores europeos, estos son posteriores a esos sultanes y plantean un problema de autenticidad. A partir del siglo XVI, empezaron a proliferar las miniaturas otomanas que representaban a los sultanes y aunque los retratos de soberanos eran escasos en tierra sunita (aunque quede una imagen del sultán mameluco Kansu Gawri), las tradiciones iraní y mongola crearon preciosas miniaturas que pueden considerarse auténticos retratos.

Durante su viaje a Europa en 1867, la primera expedición pacífica de un sultán otomano a Europa, Abdülaziz se fijó en que los monarcas tenían por costumbre mandar hacer estatuas a su imagen y semejanza. A su regreso, empezó a tantear el terreno encargando dos docenas de estatuas de animales en hierro fundido para embellecer el palacio de Beylerbeyi. Luego le pidió al escultor Fuller que hiciese su propia estatua ecuestre. Esta representa al sultán

en uniforme oficial, pero con un amplio impermeable civil con capucha que le gustaba llevar durante sus frecuentes excursiones a la ciudad, sin ningún respeto por el protocolo. La estatua del sultán-califa no causó ningún conflicto religioso: la estatua estaba en el palacio, inaccesible al público que sabía de su existencia pero que no la veía. Además, los que podían entrar en el palacio ya estaban familiarizados con el modo de vida y el estilo europeos, aunque los retratos del sultán Mahmud II en las oficinas públicas, apenas treinta años antes, hubieran causado auténticas rebeliones en las provincias árabes. Mahmud supo por sus diplomáticos que en los reinos modernos colocaban la imagen del soberano en las instituciones públicas para imponer mejor la autoridad monárquica y crear una impresión de protección paternalista. Esta iniciativa formaba parte de un programa de modernización y de centralización de la administración que dio excelentes resultados en las provincias ya influenciadas por la occidentalización. Pero para las provincias árabes ultraconservadoras, esta representación humana, algo inédito desde hacia mil años, era la prueba flagrante de la impiedad de los otomanos a los que había que eliminar.

LA MEZQUİTA DE ŞAKIRIN

Avenida Nuhkuyusu Cad. n° 2
Karacaahmet
• Bus o dolmuş de Kadiköy en la plaza de Üsküdar. Bajar delante del convento de Karacaahmet

¿Una mezquita "femenina"?

Abierta al culto musulmán en abril de 2009, la mezquita de *Şakirin* impresiona a sus fieles y a los visitantes por su arquitectura moderna, que rompe con las costumbres locales más tradicionales en lo que respecta a los lugares de oración: los muros laterales de la nave recubiertos de vidrios, la cúpula de aluminio (en lugar del tradicional plomo de las mezquitas otomanas), las escaleras de suave pendiente, la lámpara de araña con elementos en forma de gota de agua (que simbolizan la gracia divina que cae sobre los fieles como la lluvia, estando el agua asociada a la misericordia divina del islam, religión que nació en el desierto), el mimbar (púlpito donde predica el imán) salpicado de flores secas cubiertas con una capa protectora transparente... Aunque la lámpara de araña circular alberga los 99 nombres tradicionales de Dios de la tradición islámica y la sura Nur (luz) del Corán, la mezquita sorprende.

Más allá de su arquitectura revolucionaria, la mezquita también fue objeto de fuertes polémicas: aunque el dibujo arquitectónico fue obra de un hombre (Hüserv Tayla), la decoración y el diseño interior se hicieron en parte por una mujer (Zeynep Fadıllıoğlu), acostumbrada más bien a diseñar restaurantes elegantes o mansiones de lujo en Londres y en Estambul que lugares de culto. Era la primera vez que participaba en la concepción de una mezquita. Ella misma dijo de su obra las siguientes palabras: "Más que simplemente construir un monumento, he buscado aportar más emoción, tomar en cuenta el sentimiento que uno siente, para favorecer el recogimiento y la comunión con Dios. Esto es tal vez lo que hace que la mezquita sea más 'femenina'".

Financiada por la familia *Şakir*, famosa por sus obras de caridad y de mecenazgo, la mezquita está dedicada a aquellos que agradecen al Señor, con una referencia discreta al apellido de los patrocinadores (en árabe, *Chakir* significa "el que agradece a Dios").

Construida sobre un espacio de 3 000 m2, en medio de un jardín de 10 000 m2, la mezquita de *Şakirin* posee dos minaretes de 35 metros de altura y puede albergar 500 fieles en las oraciones comunes. Situada en el límite del enorme cementerio de Karacaahmet, está destinada a convertirse en la mezquita "protocolaria" del lado asiático de Estambul, para las oraciones funerarias de personalidades.

TUMBA DE CABALLO

Cementerio de Karacaahmet
A la izquierda del convento/mausoleo de Karacaahmet
Cruce de las avenidas Nuhkuyusu y Gündoğumu
Üsküdar
• Bus o dolmuş de Kadiköy en la plaza de Üsküdar. Bajar delante del convento de Karacaahmet

Deseos para un caballo

Dentro del cementerio de Karacaahmet, se venera la gran tumba en forma de elipsis de un caballo de Karacaahmet, personaje legendario, hijo de un comandante turcomano del Khorasan y jeque de la hermandad Bektaşiye, que en el siglo XIV estableció su convento en este lugar como una especie de puesto de vanguardia, antes de la conquista de Estambul. Dio su nombre al mayor cementerio de Estambul y uno de los más grandes a nivel mundial.

La tumba del caballo está cubierta con una cúpula que descansa sobre seis elegantes columnas de granito y llama enseguida la atención desde la avenida Gündoğumu. La religiosidad popular le ha agregado una especie de chimenea donde se prenden velas. Otra práctica para hacer que se cumplan los deseos consiste en pegar piedras o monedas sobre las columnas.

En la antigüedad, cuando los niños tardaban en caminar, los llevaban a dar vueltas alrededor de la tumba. El ritual se completaba echando granos de cebada al suelo y degollando a un cordero como sacrificio.

Algunas fuentes pretenden que no solo se trata del caballo de Karacaahmet, sino del de Ebul-Derba, compañero del Profeta que participó en el primer asedio de Constantinopla, cuyo cenotafio honorario está justo al lado y la tumba auténtica, en Eyüp.

Más allá de las tradiciones y creencias que se han ido sumando a lo largo de los siglos, los historiadores afirman que se trata *más bien de la tumba de* Rum Paşazade Nişanci Hamza, hombre de Estado de finales del siglo XVI. Su epíteto (hijo del pachá griego) ofrece un curioso paralelismo con la presencia de restos de columnas bizantinas alrededor de la tumba, cuyas propias columnas parecen haber sido recuperadas de edificios más antiguos: otros testigos de la dulce transición del Imperio bizantino al Imperio otomano, a nivel arquitectónico y aristocrático.

Se desconoce por completo cómo empezó la adoración a la tumba del caballo y las prácticas relacionadas con ella. En todo caso, no es la única tumba de un caballo en Estambul: el sultán Osman II (1618-1621) mandó enterrar a su caballo favorito en el palacio de Kavak, cerca de Karacaahmet. Cuando el palacio desapareció, trasladaron la lápida del caballo al palacio de Topkapi (ver p. 59). Otra tumba de un caballo, que pertenecía a Solimán Pachá (principios del siglo XIV), está en Gelibolu (Galípoli), en los Dardanelos, cerca del mausoleo de su dueño.

El palacio de Topkapi alberga otra tumba de caballo: ver p. 59.

EL CEMENTERIO INGLÉS DE HAYDARPAŞA 7

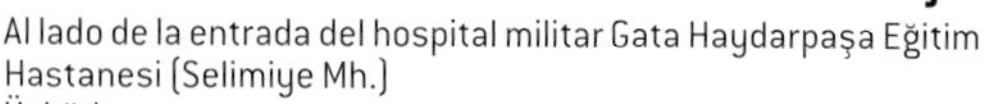

Al lado de la entrada del hospital militar Gata Haydarpaşa Eğitim Hastanesi (Selimiye Mh.)
Üsküdar
Desde el muelle de Kadiköy, girar a la izquierda, cruzar el puente del ferrocarril, seguir por la avenida Tibbiye Caddesi. Una vez en el semáforo, girar a la izquierda y bajar hacia el mar
- Abierto todos los días desde las 9 h hasta el atardecer
- Metro: Kadiköy

Un lugar desconocido y conmovedor

Perdido entre los complejos sanitarios y militares de Haydarpaşa y mucho mejor divisado desde los barcos de la línea de Kadiköy gracias a su monumental obelisco, el cementerio inglés de Haydarpaşa es un lugar desconocido y conmovedor.

El cementerio se construyó para acoger a los militares ingleses fallecidos (la mayoría de cólera) durante la guerra de Crimea (1853-1856) en el hospital militar que había montado Florence Nightingale en el cuartel inglés de *Üsküdar*. Fue gracias a ella que el Gobierno británico consiguió que el sultán Abdülmecid donara al reino de Inglaterra el actual terreno, que estaba situado en el emplazamiento del antiguo palacio de verano.

El cementerio acogió también a los militares de toda la Commonwealth, muertos en la Primera Guerra Mundial, durante la cual el Imperio otomano e Inglaterra se enfrentaron: así fue como el cementerio acogió tanto los restos mortales de indios musulmanes, enterrados en esta tierra llena de cruces cristianas pero con todo respeto a su religión, como las cenizas de soldados hindús. Durante la ocupación aliada de Estambul (1918-1922), también enterraron aquí a los militares ingleses que la Resistencia turca mató. Durante la Segunda Guerra Mundial, enterraron los cuerpos de los soldados ingleses e incluso americanos, a menudo aviadores, que murieron cerca de Turquía.

El cementerio, bien cuidado, está gestionado por la Commonwealth War Graves Commission, cuya sede está en Berkshire, Inglaterra.

SIR EDWARD BARTON: UN INGLÉS QUE COMBATIÓ JUNTO A LOS OTOMANOS CONTRA LOS CATÓLICOS

Sir Edward Barton [1533-1598], embajador de la reina Isabel I ante el Imperio otomano, creó la primera embajada permanente de Su Majestad británica y solicitó el apoyo otomano contra España.

Partidario acérrimo de la alianza anticatólica, acompañó al sultán Mehmed III en su campaña contra Hungría y combatió con valentía en las filas otomanas en 1596. Para huir de la peste que se declaró en Estambul en 1598, se refugió en Heybeliada donde falleció y fue enterrado en el cementerio griego. Su lápida, trasladada a Haydarpaşa en los años 1970, lleva el escudo de su familia, así como bajorrelieves de cipreses, decoración típica de las lápidas turcas.

HOBART PASHA: UN INGLÉS, PRIMER EXTRANJERO NOMBRADO MARISCAL DEL EJÉRCITO OTOMANO

Augustus Charles Hobart-Hampden [1822-1886], apodado Hobart Pasha, tras su carrera en la marina inglesa, llevó una vida de aventurero, participando entre otras cosas en la guerra civil americana. Terminó uniéndose al ejército otomano en 1867 y comandó una flota como contraalmirante.

Sofocó con éxito la rebelión cretense en 1869, lo que le valió el título de pachá. Durante la guerra ruso-turca de 1877-1878, impuso un bloqueo implacable a los puertos rusos del Mar Negro. En 1881, fue nombrado mariscal, convirtiéndose así en el primer cristiano en recibir este título en el ejército otomano. Murió en Milán, adonde había viajado para recibir cuidados médicos. El sultán Abdül Hamid mandó un barco para trasladar los restos de Hobart Pasha al cementerio de Haydarpaşa, ya que fue su voluntad, al morir, ser enterrado en tierra turca.

SINAGOGA HEMDAT ISRAEL

Calle Izzettin nº 61
Yeldeğirmeni
Kadiköy
• Se puede visitar previa autorización del Gran Rabinato
• Tel.: (0212) 293 87 94 • E-mail: seheratilla@yahoo.com
• www.turkyahudileri.com/index.php
• Metro: Kadiköy

Una sinagoga dedicada a un sultán musulmán

Situada en un precioso y exuberante jardín, la sinagoga Hemdat Israel llama la atención por su interior especialmente espacioso y luminoso, decorado con frescos ornamentales típicos de la época, con dos entradas al norte y al sur según la tradición sefardí. Un majestuosa *hejal* (arca santa orientada hacia Jerusalén en la que se guarda la Torá y cuyas puertas simbolizan el paso del mundo material al mundo espiritual) domina el espacio.

La sinagoga, que existe gracias a la intervención personal del sultán Abdul Hamid, lleva un sorprendente nombre que alude discretamente al sultán.

En los años 1890, la pequeña comunidad judía del barrio de Kadiköy perdió su sinagoga a causa de un incendio y quiso construir una nueva en el terreno de la sinagoga actual. Sin embargo se topó con la violenta oposición de la comunidad griega, mayoritaria en el barrio, que quería levantar una iglesia en el mismo lugar. El sultán Abdul Hamid, al tanto del incidente gracias a Elias Pasha, su oftalmólogo personal, envío un destacamento del cuartel de Selimiye para sofocar los disturbios y puso la construcción de la sinagoga bajo su augusta protección, a través del firmán (decreto imperial) del 14 de enero de 1896. La sinagoga se inauguró el 3 de septiembre de 1899 con alocuciones de los notables judíos de la ciudad que se pronunciaron en idiomas culturalmente muy significativos: turco, judeoespañol y francés.

Abdul Hamid siempre buscó mantener cierto equilibrio entre las distintas comunidades religiosas del Imperio. De hecho, favorecer a los judíos en detrimento de los griegos también podía interpretarse como un mensaje indirecto ante el deterioro de las relaciones entre la Sublime Puerta y el reino de Grecia, que iba a desembocar en guerra en 1897. O puede ser, sin más, que la comunidad judía del barrio fuese la única propietaria legítima del terreno y que el sultán simplemente tuviese el rol de árbitro.

En cualquier caso, los judíos se mostraron extremadamente agradecidos con el sultán y quisieron demostrarle su gratitud con una señal duradera: llamaron a su nueva sinagoga Hemdat Israel que significa 'caridad de Israel'. De manera significativa, la palabra hebrea *hemdat* proviene de la misma raíz semítica que la palabra *Hamid* en árabe (que significa 'loable'). La fonética del nombre de la sinagoga sigue pues evocando sutilmente al sultán Abdul Hamid.

IGLESIA DE SANTA EUFEMIA

9

Avenida Yasa Cad. nº 27
Kadiköy
• Abierto para la misa dominical a partir de las 10 h y en los festivos ortodoxos, sobre todo en Santa Eufemia (16 de septiembre)
• Metro: Kadiköy

La sede del Concilio de Calcedonia en 451

Construida en 1832 en estilo neobizantino, la iglesia de Santa Eufemia posee un sorprendente cuadro a la derecha del vestíbulo. Representa una escena del Concilio de Calcedonia celebrado en 451 (ver pág. contigua). En ella se ven a 343 obispos (la cantidad de obispos presentes en el concilio), ataviados con ropas doradas, y a dos prelados monofisitas (ver imagen inferior) expulsados y desterrados, representados de negro, cuyos nombres en griego están inscritos sobre sus cabezas: Eutiquio y Dióscoro, patriarca de Alejandría, depuesto por el concilio pero reconocido como patriarca y canonizado por la Iglesia copta y las demás iglesias monofisitas. Los dos prelados están marcados con el epíteto "monofisitas".

En el centro del lienzo, está el cuerpo de santa Eufemia, martirizada en Calcedonia en 303 bajo el emperador Diocleciano por haberse negado a renegar de su fe cristiana. Su papel fue fundamental: durante el concilio, colocaron en su tumba unos documentos que resumían las dos doctrinas opuestas, el monofisismo y el diofisismo. Tres días después, abrieron la tumba. La santa sujetaba con la mano derecha el texto de confesión "ortodoxa" y a sus pies estaba el texto monofisita. Como lo atestigua el icono: la santa había elegido su bando...

La presencia del cuadro en Santa Eufemia no es mera casualidad: según la leyenda, la iglesia se construyó en el emplazamiento de una antigua iglesia homónima que fue la sede del Concilio de Calcedonia en 451. La iglesia albergaba además las reliquias de santa Eufemia, actualmente conservadas en la iglesia patriarcal de San Jorge. Para algunos arqueólogos, sin embargo, la iglesia original, destruida en 1555, estaría *más bien del lado de* Haydarpaşa.

Calcedonia es el antiguo nombre de Kadiköy

EL CONCILIO DE CALCEDONIA: EL MONOFISISMO EN EL ORIGEN DEL CISMA DE LAS IGLESIAS ARMENIA, SIRIA Y COPTA

Convocado por el emperador bizantino Marciano, el 4º concilio ecuménico de Calcedonia (después de los de Nicea en 325, Constantinopla en 381 y Éfeso en 431), estableció entre otras cosas la doctrina diofisita de Cristo que es la que hoy admiten las Iglesias ortodoxa, católica y protestante tradicionales. Según esta doctrina, Cristo tiene una "doble naturaleza", la humana y la divina. A raíz de este concilio, que condenaba la doctrina llamada monofisita de Eutiquio según la cual Cristo tenía una única naturaleza (divina) que absorbía de algún modo la naturaleza humana, surgió uno de los primeros cismas cristianos (después del de los nestorianos en 431). Este dio nacimiento a las Iglesias de los tres concilios establecidos en Siria, Armenia, Egipto y Etiopía. Las Iglesias, también llamadas "iglesias precalcedonianas", agrupan las Iglesias de tradición litúrgica armenia, siria, copta y abisinia. Observemos que la Iglesia de Armenia, que no estaba presente en Calcedonia, no se unió al cisma hasta 506.

PONTOS'UN AĞZIND
MEGARALILAR TARAFIN-
DAN KURULMUŞ OLAN
KHALKEDON VE BİR KÖY
OLAN KHRYSOPOLIS VE
KHALKEDONLAR TAPINA-
ĞI BULUNUR VE DENİZ-
DEN BİRAZ İÇERDE İÇİN
DE KÜÇÜK TİMSAHLARIN
BESLENDİĞİ BİR PINA
VARDIR.
COGRAFYA
ANADOLU KİTAP XII
STRABON M.Ö. 63-M.S.21

EL COCODRILO DE KADIKÖY

En el cruce de las avenidas Muvakkithane y Mühürdar
• Metro: Kadiköy

> ***Un cocodrilo en memoria de Estrabón, geógrafo de la Antigüedad***

Desde 2007, la pequeña plaza del mercado de Kadiköy tiene un sorprendente monumento compuesto de una gran base de mármol en cuya parte superior descansa la pequeña figura de un cocodrilo de bronce.

La inscripción grabada en el mármol es una cita directa de la obra *Geografía* del geógrafo e historiador griego Estrabón (libro XII/4 – Bitinia) según la cual "En la desembocadura del Ponto, están situados Calcedonia, fundada por los megarenses y Crisópolis, un pueblo, y el templo de Calcedonia; y ligeramente por encima del mar, el país cuenta con un manantial llamado Azaritia, que cría pequeños cocodrilos". Cabe señalar que Calcedonia es el antiguo nombre de Kadiköy y que Crisópolis pasó a ser Scutari antes de tomar el nombre actual de *Üsküdar*.

Estrabón fue un geógrafo e historiador griego de la época helenística (58 a. C. – 21-25 d. C.), oriundo de Amasia, la actual Amasya en Turquía. Aunque los 43 volúmenes de sus *Memorias históricas monumentales* se han perdido, su *Geografía* sigue dando una imagen fiel del mundo antiguo, en plena transición entre la época helenística y el Imperio romano. En sus fragmentos relativos a Turquía, *Geografía* aporta varios detalles sorprendentes, como los cocodrilos de Calcedonia/Kadiköy que despertaron un intenso debate tras la colocación de la primera figura: unos zoólogos especialistas en fósiles afirmaron que los cocodrilos nunca existieron en la zona de Estambul y que los cocodrilos de los que habla Estrabón eran más bien unos lagartos grandes.

De esta controversia queda este sorprendente monumento que representa un feliz e inesperado recuerdo de la historia antigua de este lugar.

EL MANANTIAL SAGRADO DEL RESTAURANTE KOÇO

11

Avenida Moda Caddesi nº 265, Kadiköy
- Misa el lunes a las 9 h
- Tel.: (0216) 336 0795
- Tranvía T3 Kadiköy-Moda: desde la plaza Kadiköy. Parada Moda

Un manantial sagrado en un antiguo restaurante

Debajo del restaurante Koço, muy apreciado por los estambulitas, que vienen incluso de la zona europea para degustar sus *mezes* y sus pescados, hay un *aghiasma* (manantial sagrado de origen griego o bizantino) dedicado a santa Catalina.

En 1924, unos pescadores griegos descubrieron en Moda un manantial de agua dulce al fondo de una cueva marina donde buscaban refugio a menudo. Decidieron transformarla en un *aghiasma*. Según la leyenda, durante las obras de construcción, encontraron incluso los cimientos de una iglesia y un icono de santa Catalina, a quien naturalmente le dedicaron el *aghiasma* subterráneo.

En 1950, Constantin Corondos abrió en el lugar del *aghiasma* un café-restaurante al aire libre que se hizo rápidamente famoso por la calidad de sus platos y la generosidad de su dueño. Cuando este falleció, unos griegos originarios de la isla de Imvros (Gökçeada, lugar de nacimiento del patriarca actual, Bartolomé I) se encargaron del restaurante durante años. Aunque hoy los dueños son otros, el *maître*, Athanase, es griego, de Imvros y trabaja aquí desde 1950 y el chef, Halil Bey, es dueño de las cocinas desde hace mucho tiempo. A pesar de los distintos dueños que ha tenido, el restaurante se sigue llamando Koço, en recuerdo a su fundador Constantin.

En Koço, la piedad lleva a la glotonería y viceversa: para poder rezar en el *aghiasma*, hay que pasar por el restaurante y para bajar al jardín del restaurante, hay que pasar obligatoriamente por el *aghiasma*.

Como sucede con todos los *aghiasmas* de Estambul, los musulmanes también acuden con frecuencia a Santa Catalina de Koço donde prenden velas y asisten al oficio divino celebrado por el cura que viene de la Iglesia metropolitana de Kadiköy (Calcedonia), los lunes.

AGHIASMAS: ESOS MANTIALES DE AGUA SAGRADA DE TRADICIÓN GRIEGA ORTODOXA QUE LOS MUSULMANES TURCOS VENERAN

Aghiasma (en turco *ayazma*) viene del griego *(h)aghios (agioV)* que significa santo. Es un término que designa un manantial sagrado al que la tradición griega ortodoxa atribuye propiedades terapéuticas y espirituales. Los *aghiasmas*, muy numerosos en Estambul, siguen atrayendo a los visitantes y dieron su nombre a algunas calles, ríos, etc. Hay incluso una mezquita del Aghiasma (Ayzama Camii), ubicada en Üsküdar, sin duda en el lugar de un antiguo *aghiasma*, como lo atestiguan sus grandes cisternas.

Aunque un *aghiasma* atrae especialmente a los visitantes el día de la fiesta del santo al que está dedicado, los *aghiasmas* pueden visitarse todos los días. Un *aghiasma* puede ser un santuario aislado o formar parte del complejo de una iglesia o de un monasterio.

Como la comunidad griega de Estambul es minoritaria, sus iglesias no siempre están abiertas. Por lo tanto es mejor ir el domingo, día de la misa. Sin embargo, cuidado, porque en algunas iglesias la misa ya no se celebra los domingos, ya sea porque la parroquia local ya no existe o por el escaso número de sacerdotes. En la iglesia de San Demetrio de Kuruçeşme, famosa por su *aghiasma* de época bizantina, un pope viene a dar misa los sábados (ver pág. doble anterior).

Visitantes de todas las religiones y confesiones vienen a pedir curaciones, a veces solicitan exorcismos o sencillamente piden oraciones de apoyo espiritual. El agua del *aghiasma* tiene un papel principal en estos rituales. Ahuyenta tanto las enfermedades físicas como las metafísicas y se puede llenar una botella con ella y llevársela. A veces hay frascos (lamentablemente de plástico), con una imagen del santo, listos para llevar y que pueden ser un excelente regalo para amigos en Grecia. El agua del *aghiasma* de Balikli (ver p. 129) es también muy codiciada.

A veces los *aghiasmas* están en antiguos santuarios paganos que pueden estar relacionados con el culto de las divinidades acuáticas, como las Nereidas, etc., aunque algunos manantiales fueron *aghiasmas* en una época más tardía: la primera mitad del siglo XIX demuestra que se crearon muchos *aghiasmas* nuevos con la tolerancia, e incluso la benevolencia, de las autoridades otomanas.

Los turcos musulmanes fueron, y siguen siendo, asiduos visitantes de los *aghiasmas* greco-ortodoxos, cuyos rituales parecen sin embargo no ser muy compatibles con el islam ortodoxo. ¿Será acaso una reminiscencia subconsciente de los manantiales y los ríos sagrados del chamanismo?

NORTE DEL BÓSFORO

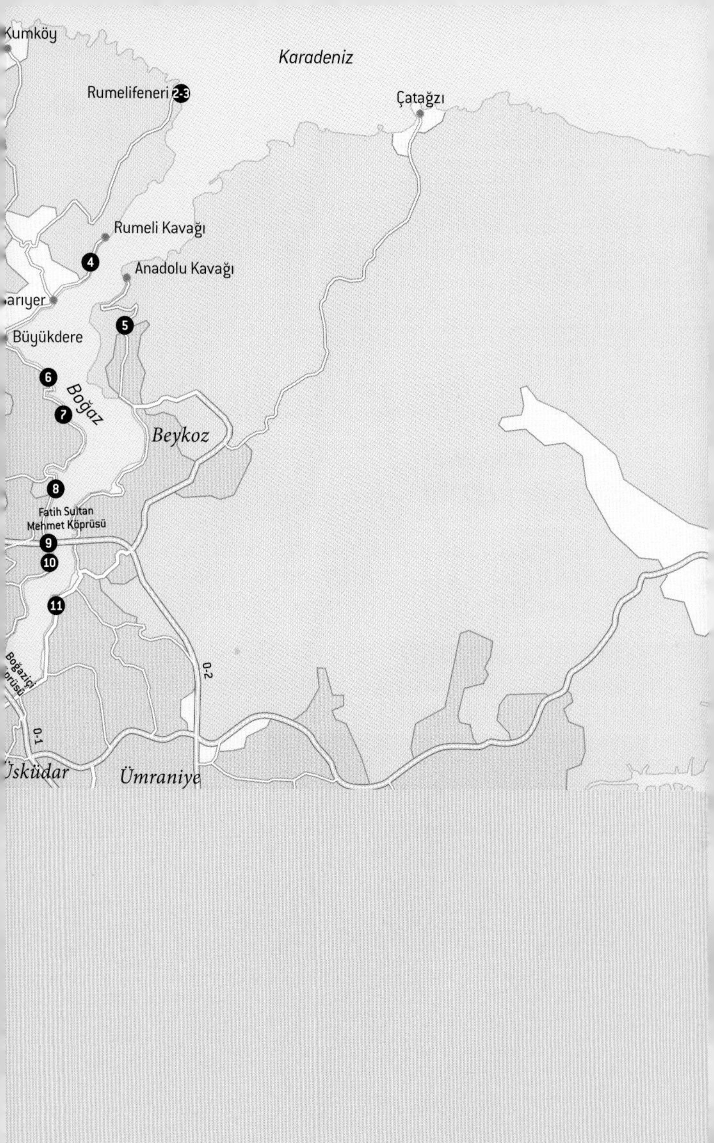

Kumköy
Karadeniz
Rumelifeneri 2-3
Çatağzı
Rumeli Kavağı
4
Anadolu Kavağı
arıyer
5
Büyükdere
6
Boğaz
7
Beykoz
8
Fatih Sultan
Mehmet Köprüsü
9
10
11
0-2
0-1
Üsküdar
Ümraniye

LA TORRE DE OVIDIO

Pueblo de Uskumruköy
Orilla europea del Mar Negro
En coche: ir a Sarıyer y seguir primero las indicaciones con dirección a Kylios y luego con dirección a Uskumruköy
• Transporte público: bajar en la primera estación de metro (Hacıosman) y tomar el bus o minibús de Kısırkaya (cada 1/4 h) que van a la ciudad de Uskumruköy

Tras los pasos del gran poeta latino en el camino de su exilio

En el pueblo de Uskumruköy (literalmente 'el pueblo de la caballa'), aunque la antigua torre cuadrada llamada Torre de Ovidio data del siglo XIII o XIV de nuestra era, los gruesos sillares de la base, minuciosamente dispuestos (en contraste con las pequeñas piedras colocadas de forma irregular en la parte superior), son una buena muestra de sus orígenes romanos que datan de la época del poeta (43 a. C. – 17 d. C.). Parece que Ovidio estuvo encarcelado en esta torre, reconstruida por los bizantinos o tal vez por los genoveses para vigilar la entrada del Mar Negro.

Ovidio se detuvo en estos parajes antes de llegar a su lugar de exilio en la actual Rumanía. En el año 8 d. C, el emperador César Augusto exilió a Ovidio a Tomis (hoy la ciudad de Constanza) en la orilla del Ponto Euxino (Mar Negro), por razones aún inexplicables: ¿habrá sido por la inmoralidad de su obra *Arte de amar*, por tener una aventura galante con Julia, la hija de César Augusto, o por el hecho de que Ovidio sorprendió a César Augusto en una situación delicada con un joven?

Ovidio pasó los últimos años de su vida en una villa situada en una isla próxima a la costa, donde escribió sus últimas obras, *Tristes* y *Cartas del Ponto*, y donde fue enterrado.

LA COLUMNA DE POMPEYO

Rumelifeneri
• Bus: 150, a la salida del metro Hacıosman

Un recuerdo del paso de Jasón y los argonautas

Al lado del restaurante situado en el muelle de Rumelifeneri, un sendero empinado lleva a la cima de la roca donde se alza una columna de mármol de origen griego que reutilizó el general romano Pompeyo. Hay un texto en latín grabado en la columna que a su vez está decorada con bucráneos (cráneos de bueyes), una decoración típica de la arquitectura clásica griega que evoca a los bueyes, cuyas cabezas se exponían en los muros de los templos tras ser sacrificados. La columna de Pompeyo parece ser el último vestigio griego de la ciudad y además ha permanecido intacta y en su emplazamiento original.

Fue Jasón quien hizo famoso este lugar. Al norte, el Bósforo acaba en unas rocas, llamadas Rocas Ciáneas (del griego *kyanos*, azul oscuro) que, según los poetas antiguos, flotaban sobre las aguas y estaban destinadas por los dioses a defender la entrada del Ponto Euxino contra la curiosidad de los profanos. Varias rocas puntiagudas, a ratos ocultas bajo el agua, a ratos descubiertas por las olas, originaron sin duda este equívoco. Hay un grupo de rocas simétricas del lado asiático. Durante la expedición de los argonautas, Jasón usó un subterfugio para que el navío Argo pasara entre estas rocas que amenazaban con cerrarse justo al momento de pasar: envió primero una paloma que logró pasar por muy poco evitando las rocas que se entrechocaron. El Argo aprovechó el intervalo de tiempo antes de que las rocas se cerrasen por segunda vez. Sorprendidas por la astucia de Jasón, las rocas se quedaron fijas.

Un día, la bruja Medea, que iba tras Jasón, envenenó el agua del manantial donde los argonautas (Teseo, Orfeo, Castor, Pólux y Hércules, entre otros) saciaban su sed. Alertadas, las diosas Hera y Atenea intervinieron transformando el manantial envenenado en uno con propiedades terapéuticas que tomó el nombre de Therapia (actual Tarabya).

TUMBA DE SARI SALTUK

Faro de Rumelifeneri
Rumelifeneri
• Abierto todos los días de 9 a 17 h (llamar al timbre para avisar al guardián del faro)
• Bus n°150 a la salida del metro Hacıosman

La tumba de un santo dentro de un faro

El faro de Rumelifeneri, construido entre 1855 y 1856 para facilitar el paso de las flotas francesa e inglesa que iban a Crimea (guerra de Crimea, 1853-1856), alberga sorprendentemente la tumba de Sarı Saltuk, o más bien una de las muchas sepulturas que la tradición atribuye al santo (ver pág. contigua). La entrada de la cripta que lleva a su tumba está a la derecha de la escalera que sube al faro. La fecha en la parte superior del ataúd del santo (1205 de la Hégira, a saber 1789-1790 del calendario juliano) contradice algunas tradiciones populares según las cuales la tumba se habría descubierto gracias al sueño de un aldeano que habría indicado el emplazamiento a la empresa de construcción. Aunque en realidad no se sabe nada de la tumba antes de este periodo, según la leyenda, los primeros intentos de construir el faro por una empresa francesa fueron infructuosos: este se derrumbaba sin razón aparente. La tumba del santo, ubicada en el mismo lugar, ¿tenía algo que ver? Ante la duda, decidieron construir un pequeño mausoleo para cubrir la tumba. La construcción del faro, que retomaron justo después, se llevó a cabo sin problema.

Los múltiples bombardeos marítimos durante las guerras de los Balcanes (1912) y la Primera Guerra Mundial arrasaron el pueblo de Rumelifeneri; sin embargo, el faro, un importante blanco estratégico, quedó intacto. Los guardianes del faro también tenían la costumbre de dejar unos zuecos de madera cerca de la tumba para que el santo pudiese salir a hacer sus abluciones antes de la oración nocturna. Se los encontraban mojados por la mañana…

Aparte de este fenómeno referido en otros mausoleos de santos, cuando los guardianes subían las escaleras del faro también creían escuchar las salmodias del santo. Sarı Saltuk se convirtió así en una especie de patrón para los pescadores del pueblo, que solicitaban su bendición antes de salir al mar.

Se atribuyeron propiedades terapéuticas a la tumba, así como al pequeño manantial que brotó cerca del faro. Es curioso el paralelismo con la tumba de Sarı Saltuk en Rumanía, que tiene un manantial con propiedades terapéuticas, y con la biografía del santo (*Saltuknâme*), que cuenta cómo este hizo brotar aguas milagrosas de la tierra.

SARI SALTUK: UN MÍTICO DERVICHE GUERRERO QUE TIENE 12 TUMBAS DIFERENTES

Especialmente venerado por las comunidades heterodoxas aleví y bektashí, Sarı Saltuk es un legendario guerrero derviche que tuvo un papel importante en la conquista y en la islamización de Anatolia y de los Balcanes a finales de la Edad Media. Aunque sus hazañas guerreras tuvieron lugar sobre todo en el siglo XIII, la mayoría de sus tumbas están en los Balcanes, cuya conquista no empezó hasta principios del siglo XIV. Saltuk pertenecía a un grupo de turcomanos cuya función era, por orden del emperador bizantino Miguel VIII, proteger los caminos septentrionales del Imperio en el siglo XIII. Tras la muerte de Saltuk, la mayoría de los turcomanos regresaron a Anatolia, pero algunos se quedaron en Dobruja (región de Rumanía en el Mar Negro) y se convirtieron al cristianismo para formar la comunidad de los gagaúzos, una comunidad ortodoxa turca que sigue presente principalmente en el sur de Moldavia.

La biografía mitológica de Sarı Saltuk, la famosa *Saltuknâme* donde lo sobrenatural se mezcla con la realidad, no se elaboró hasta 1480 y señala que el santo tendría doce tumbas: en vida, Sarı Saltuk había predicho que "unos reyes y unos señores querrían apropiarse de su tumba". Dispuso pues en su testamento que hiciesen doce ataúdes vacíos para dárselos a quien los reclamara. Cada señor que recibió un ataúd creyó ver en él el cuerpo de Sarı Saltuk y lo enterró en su reino. Citando los reinos de Tataria, Valaquia, Moldavia, Rusia, Hungría, Polonia, Bosnia y Croacia, que reclamaron los ataúdes, la *Saltuknâme* precisa que el verdadero ataúd se enterró en Babadag, en la Dobruja rumana. Evidentemente hoy en día más de doce tumbas pretenden ser la tumba auténtica, como las de Babaeski, cerca de Edirne, İznik (Nicea), Diyarbakır, Tunceli, Bor (Niğde) y Alaşehir en Turquía; Ohrid en Macedonia, Kruja en Albania y Blagaj en Bosnia-Herzegovina, en el maravilloso convento sufí junto al que corre el río Buna. Tanto musulmanes como cristianos visitan las tumbas de Sarı Saltuk, que atestiguan del sincretismo religioso omnipresente en los Balcanes y en Anatolia. Algunas tradiciones balcánicas la identifican incluso con san Espiridón, en Corfú, Grecia.

MAUSOLEO DE TELLI BABA

Sobre el acantilado, en la avenida Liman Caddesi, entre Sarıyer y Rumelikavağı (no confundir con Rumelifeneri)
• Abierto todos los días de 9 a 18 h
• Bus: Telli Baba

El santo de los hilos de oro

El curioso mausoleo de Telli Baba, situado sobre un acantilado del Bósforo con unas maravillosas vistas del Mar Negro y al que se accede bajando por una escalera estrecha, alberga un sarcófago cubierto con una gruesa capa de hilos de oro que los visitantes han ido depositando. Telli Baba recibe sobre todo la visita de las jóvenes que sueñan con casarse o de parejas jóvenes que van a verle el día de su boda para pedirles larga vida, prosperidad y felicidad. El ritual –problemático desde el punto de vista de la ortodoxia islámica– consiste en coger un hilo de oro del sarcófago del santo. Cuando se cumple el deseo, el visitante vuelve a depositar el hilo de oro como agradecimiento. Dicen que cuanto más corto es el hilo, más rápido se cumple el deseo.

Los orígenes del santo generan mucha controversia. Según algunos, Telli Baba era un imán del ejército de Mehmed el Conquistador, llamado Abdullah Efendi, que habría conocido al mártir durante el asedio de Constantinopla. Su tumba se habría descubierto 80 años después de la conquista, gracias a las revelaciones de una niña enferma que le habría visto en sueños y se habría curado milagrosamente. Para otros, se trataría de una joven religiosa bizantina que se enamoró de un pescador turco y se ahogó cuando intentaba escapar del convento a nado. Depositaron unos hilos de oro sobre su tumba, como habrían hecho con su cofia si se hubiese casado. La tumba se fue cubriendo poco a poco de hilos de oro y, con el tiempo, ya no se supo si era una santa o un santo.

LOS CUATRO PROTECTORES ESPIRITUALES DEL ESTRECHO DEL BÓSFORO

Según la tradición de los marineros, Telli Baba es uno de los cuatro protectores espirituales que protegen las entradas del Bósforo y cuyas tumbas son fáciles de ver desde el mar. Entrada sur: Aziz Mahmud Hüdai, en Üsküdar y Yahya Efendi, en Ortaköy. Entrada norte: Telli Baba y Yuşa (Josué) (ver p. 250). Aunque los guardianes del sur son personajes históricos bien identificados, los del norte recuerdan a antiguas tradiciones que se remontan a la antigüedad.

LA TUMBA DE JOSUÉ

5

Monte del Gigante (Yuşa Tepesi)
Hacia la entrada norte del Bósforo, en la carretera entre Beykoz y Anadolukavağı
Ir a Beykoz, hacia el norte de la orilla asiática del Bósforo, luego tomar un taxi. El transporte en autobús es más largo
Otra opción: ir a Sarıyer, hacia el norte de la orilla europea del Bósforo e ir a Anadolukavağı en barco, lo que permitiría visitar este precioso pueblo y el castillo genovés (en realidad bizantino). Ahí, tomar un taxi.

El profeta Josué, ¿está realmente enterrado aquí?

Segunda colina más alta del Bósforo después de la de Çamlıca con sus 198 metros de alto, el monte del Gigante ofrece unas vistas impresionantes: al sur, se puede ver hasta la península histórica de Estambul cuando está despejado y al norte, la entrada septentrional del Bósforo y los horizontes temibles a la par que cautivadores del Mar Negro. El lugar debe su nombre a una imponente tumba, de casi diez metros de largo, que dicen es la tumba de Josué, profeta del Antiguo Testamento. En la Biblia, Josué aparece tanto en el libro del Éxodo como en el libro epónimo de Josué. En ambos es descrito como un jefe militar de gran valentía y como un fino estratega que llevó a sus hombres de victoria en victoria, siendo la conquista de Jericó su hazaña más famosa.

La tumba también es un lugar de peregrinación para los musulmanes: el islam reconocía la figura de Josué con el nombre de Yuşa. Se menciona a Josué implícitamente en el Corán: en la sura Al-Kahf, es el servidor de Moisés (18:16).

A veces se identificó el lugar como la cama de Hércules, o del gigante Ámico, al que Pólux mató en la expedición de los argonautas.

En la antigüedad, había un altar dedicado a Zeus en la tumba actual de Josué. En la época bizantina, Justiniano mandó transformar el santuario pagano en una iglesia consagrada a san Miguel, luego islamizaron la muralla sagrada en la época otomana y añadieron a la mezquita un convento de derviches en 1755 y en 1863-1864.

También otorgan a esta tumba propiedades milagrosas: cada año, muchos peregrinos acuden a ella con la esperanza de curarse de sus enfermedades, aunque tengan que ver la tumba desde la verja que la protege.

Aunque ciertos elementos de literatura rabínica describen a Josué como un auténtico gigante, algunos historiadores dudan mucho de que Josué esté enterrado aquí: consideran más bien que se confundieron los nombres de Jesús y de Josué (una leyenda cristiana cuenta que es aquí donde el diablo buscó tentar a Jesús). Sin embargo, según otros, el nombre de Josué viene de una confusión en hebreo entre el nombre del profeta (Yehoshua) y el hecho de que la colina del monte del Gigante servía de punto de referencia a los navegantes fenicios para encontrar la entrada del Bósforo y que por lo tanto, de algún modo, la colina "salvaba" (también *yehoshua* en hebreo) a los marineros de las peligrosas aguas de la región.

"Es una vista increíble, ver desde la Tumba del Gigante/cómo se agita este mar embravecido/en el Bósforo, que azota y baña Europa y Asia...". Lord Byron, en *Don Juan* (1819).

EL TÚNEL DEL PALACIO YPSILANTIS

Campus del Liceo Francés Pierro Loti
Avenida Haydar Aliyev Caddesi nº 128, Tarabya
Para visitarlo contactar con el liceo: (0 212) 299 94 00 • secret@pierreloti.k12.tr
• Bus: Marmara Üniversitesi (se puede ir en metro hasta la última estación, Hacıosman, y tomar ahí el dolmuş)

Un yali embrujado en los orígenes de la insurrección griega

El gran edificio de madera pintado de rosa situado en la carretera que bordea el Bósforo entre Tarabya y Kirecburnu es todo lo que queda del antiguo y magnífico *yali* que perteneció antaño a la familia fanariota Ypsilantis, que decía descender de los Conmeno, dinastía imperial bizantina. Algunos miembros de la familia destacaron por su papel en el movimiento insurreccional griego. Gran políglota, Alejandro Ypsilantis (1726-1806) hizo una brillante carrera en la administración otomana como responsable de los dragomanes (intérpretes oficiales) de la Sublime Puerta (1774). Luego fue vaivoda (gobernador de los principados autónomos) de Moldavia (1787) y de Valaquia (1794), donde empezó a urdir contra el Imperio otomano una conspiración que desencadenó más adelante la insurrección griega. Capturado por los otomanes en la guerra turco-rusa de 1787, luego indultado y restituido a sus funciones, acabó dimitiendo para luego ser arrestado por alta traición y morir en prisión.

Su hijo Constantine le sustituyó convirtiéndose así en jefe de los dragomanes y luego en voivoda de Valaquia. Destituido de sus funciones (1806) bajo la presión del general Sebastiani, embajador de Francia, tuvo que exiliarse a Rusia. Su hijo, también llamado Alejandro, iba a desempeñar un papel determinante en el movimiento nacionalista griego y en el levantamiento de los Balcanes en general. Seducido por las propuestas de Sebastiani con vistas a aliarse con Napoleón, en 1807 el sultán Selim III le regaló al ilustre militar y diplomático el *yali*, que sirvió de residencia de verano a la embajada de Francia. El *yali* sufría constantemente los rigores del viento del norte (el *poyraz*), que sopla desde el Mar Negro, y en 1913 un incendio arrasó el edificio principal. Los edificios actuales, que datan de mediados del siglo XIX, son solo anexos que sirvieron de oficina al primer secretario y a los dragomanes de la embajada.

Se rumorea aún que el fantasma de Alejandro Ypsilantis vaga por los jardines y las estancias de su antiguo palacio. Los edificios, que ofrecen unas espléndidas vistas del Bósforo y del Mar Negro, tienen un encanto melancólico. En una esquina del jardín, del lado del mar, se puede ver el túnel desde donde salían, dicen, los suministros de armas y la correspondencia secreta de los Ypsilantis (ver foto).

Al salir del palacio, suba un poco más hacia el norte y deténgase en Kireçburnu, a la izquierda, para degustar las delicias de la panadería tradicional (Tarihi Kireçburnu Fırını) o a la derecha, para saborear el pescado a la parrilla del restaurante Set, famoso por sus entremeses de marisco.

LA TUMBA DEL MARISCAL VON DER GOLTZ 

Cementerio militar alemán de Tarabya
Almanya Sefareti Tarabya Yazlık Rezidansı
Avenida Yeniköy Caddesi n° 88
Tarabya
• Abierto de 8 a 15 h. Sábados y domingos cerrado
• Contactar con el consulado de Alemania:
(0 212) 334 61 39 / (0 212) 299 26 61 • info@istanbul.diplo.de

> ***“Cuando el islam y el cristianismo vivían en armonía***

En el cementerio militar alemán de Tarabya, la lápida de von der Goltz, mariscal prusiano que sirvió bajo la bandera otomana, llama la atención del visitante curioso: la gran cruz de piedra, en cuya cima hay una pequeña cruz teutona grabada, está rodeada de una guirnalda de bronce coronada a su vez con la media luna y la estrella, símbolos de la bandera turca. Hay una inscripción en otomano a los pies de la cruz. Se trata de una rara representación de los símbolos cristianos y musulmanes aquí mezclados, señal de que ambas religiones no siempre han estado enfrentadas como así lo quieren algunos prejuicios.

Nacido en 1843, Colmar Freiherr von der Goltz se unió al ejército otomano en 1883 para reformar el sistema educativo. A su regreso a Alemania ascendió a mariscal en 1911 y volvió al Estado Mayor otomano para tomar el mando de un ejército en Mesopotamia. Murió de tifus en 1916 tras haber cercado en Kut a un cuerpo del ejército inglés que acabó rindiéndose por completo a Halil Pasha, quien relevó a von der Goltz. La guirnalda de bronce es “del ejército otomano, al *muchir* (mariscal otomano) von der Goltz” como agradecimiento por sus servicios prestados a Turquía. Una oración discreta y religiosamente neutra le desea el descanso eterno.

EN LOS ALREDEDORES:

EL OBELISCO DE VON MOLTKE

En el mismo cementerio, se alza un obelisco monumental dedicado a Helmuth von Moltke, oficial prusiano invitado por el sultán Mahmud II para modernizar el ejército otomano en los años 1830. A su regreso a Prusia, Moltke fue ascendiendo rápidamente hasta convertirse en jefe del Estado Mayor en 1857. Fue el arquitecto de la victoria prusiana sobre Francia en 1870, la que preparó el terreno para la unificación de Alemania en 1871. Dejó unas maravillosas *Cartas del mariscal de Moltke sobre Oriente* que le convirtieron en una auténtica celebridad literaria. Este gran intelectual había pensado en una segunda campaña militar para arrasar París, ya que podía representar un punto de resistencia. En Estambul, Moltke vivió en casa de un burócrata armenio cuyo gran pabellón de madera rojo oscuro, a orillas del mar, ha sobrevivido milagrosamente hasta hoy (avenida Arnavutkoy Caddesi nº 5 en Kuruçeşme). Otro Helmuth von Moltke, sobrino nieto del primero, volvió a Estambul hacia el final de la Segunda Guerra Mundial para negociar una Estambul separada con los Aliados, como parte de una conspiración contra Hitler.

EL *YALI* DE LOS JERIFES DE LA MECA

8

Şerifler Yalısı
Calle Emirgan Mektebi n° 7
Emirgan
• Para visitar, contactar con la Unión de las Ciudades Históricas (Tarihi Kentler Birliği), miembro de la Unión Europea de las Ciudades Históricas, especializadas en la protección del patrimonio arquitectónico: (0 212) 323 31 32 • info@tarihikentlerbirligi.org
• Bus: Emirgân/Çınaraltı

Tras el rastro de Lawrence de Arabia

Residencia de la gran dinastía árabe de los jerifes de La Meca, que desempeñaron un papel decisivo en la insurrección fomentada por Lawrence de Arabia, el *yali* de los jerifes (*Şerifler* Yalısı) se convirtió en la sede de la Unión de las Ciudades Históricas (Tarihi Kentler Birliği), miembro de la Unión Europea de las Ciudades Históricas, especializadas en la protección del patrimonio arquitectónico.

Se puede visitar, previa reserva, este magnífico palacio a orillas del Bósforo construido hacia finales del siglo XVIII por Antoine Ignace Melling (1763-1831), un alsaciano que trabajó en la Casa Otomana durante dieciocho años, como arquitecto, joyero, diseñador de moda, pintor y grabador. En 1803, este publicó en París *Voyage pittoresque de Constantinople et des rives du Bosphore*, que le permitió convertirse en el paisajista oficial de Joséphine, por recomendación de Talleyrand.

En 1894 el jerife[1] Abdullah Pasha, emir de La Meca, compró el *yali*. Tras la muerte del profeta Mahoma, sus descendientes se encargaron de la protección de los lugares santos del islam y los jerifes de La Meca se volvieron los guardianes de la ciudad. Siguieron asumiendo estas responsabilidades, aunque solo fuese nominalmente, tras la conquista de los lugares santos del islam por el Imperio otomano, que nombraba al emir de La Meca entre los jerifes.

Hacia finales del siglo XIX, con las corrientes nacionalistas que ya habían empezado a desmantelar el Imperio, la situación de los jerifes de La Meca se hizo más precaria. Para asegurarse de su lealtad, el sultán Adul Hamid II les invitó a Estambul donde fueron compensados con honores, agasajados con regalos y circunscritos a una especie de residencia forzosa, bajo la estricta vigilancia de la policía secreta del sultán. Hussein ben Alí nació en Estambul en 1852 y vivió en el *yali* de los jerifes antes de lanzarse a la aventura de la insurrección árabe. Fue nombrado jerife de La Meca en 1908, en plena Revolución de los Jóvenes Turcos, cuyo nacionalismo turco a ultranza le llevó a abrazar la causa del nacionalismo árabe. Al inicio de la Gran Guerra, Hussein mostraba una aparente fidelidad a la Sublime Puerta mientras que iniciaba a la vez negociaciones secretas con los ingleses, a quienes pidió que reconocieran un califato árabe y un Estado árabe, de los cuales sería el rey. La gran rebelión árabe estalló en 1916 contra el Imperio otomano, con el apoyo de Lawrence de Arabia.

Frustrado por la imposición de los mandatos británico y francés en los territorios árabes al terminar la guerra, Hussein se proclamó califa en 1924, dos días después de que el Parlamento turco aboliese el califato. Los saudíes se negaron a reconocer el califato de Hussein y se adueñaron de los lugares santos del islam. Abandonado por los británicos, Hussein tuvo que huir a Chipre antes de establecerse en Jordania, cuyo rey era su hijo Abdullah.

Hussein murió en Amán en 1931 y fue enterrado en Jerusalén.

1 Jerife: descendiente de Mahoma

BORUSAN CONTEMPORARY

Avenida Baltalimanı Hisar Cad. n°5
Rumeli Hisarı
- Visitar la colección de arte contemporáneo: sábados y domingos de 10 a 20 h
- http://borusancontemporary.com/anasayfa.aspx
- Bus: Rumelihisarı

Un museo de arte moderno embrujado por fantasmas antiguos

Borusan, un grupo industrial especializado en acero, logística y energía, aplica un método inusual en el mundo empresarial: desde 2011, su sede social, situada en la mansión de Yusuf Ziya Pasha (ver más abajo), abre al público todos los fines de semana, cuando los trabajadores se han marchado. El viernes por la tarde se quita todo el material de oficina para dejar sitio a vanguardistas exposiciones de arte contemporáneo. El museo tiene un café, una tienda de arte y unas terrazas con unas preciosas vistas del Bósforo.

EL QUIOSCO DE LAS HADAS

La mansión del visir Yusuf Ziya Pasha, también conocida como *Perili Köşk* (casa encantada o quiosco de las hadas, en turco), empezó a construirse en 1910 como residencia para Yusuf Ziya Pasha, ayuda de campo del jedive de Egipto, estado vasallo del Imperio otomano.
La construcción del edificio se interrumpió a causa de la Primera Guerra Mundial, y la segunda y tercera planta estuvieron deshabitadas durante años, dando así lugar a varias leyendas ligadas a la primera esposa de Yusuf Ziya Pasha: de una belleza abrumadora, era muy sensible a los encantos de los jóvenes oficiales y su marido tuvo que encerrarla en la casa. La reclusa, "bella como un hada", según la expresión turca, siguió sin embargo atrayendo a jóvenes galantes. Cansado de la situación, Yusuf Pasha la llevó a Egipto, donde murió. De acuerdo a su última voluntad, se quitaron ladrillos del torreón para construir su tumba en Egipto.
Yusuf Ziya Pasha se casó en segundas nupcias con Nebiye Hanım y vivió en su mansión hasta su muerte en 1926. Sus tres hijas vivieron en ella hasta 1993. En los años 1990-2000, Borusan realizó una reforma integral para la que incluso trajeron de Inglaterra copias de los ladrillos de la época. Pero hubo serias complicaciones durante la reforma: los obreros, oriundos de la Anatolia profunda donde las supersticiones están muy presentes, interrumpían a menudo su trabajo, asustados por los numerosos fantasmas que plagaban el edificio, donde quedaban un piano y un espejo de la época del visir y de su primera esposa. Según la leyenda, quien se atrevía a mirarse en el espejo veía en él a la mujer del visir...

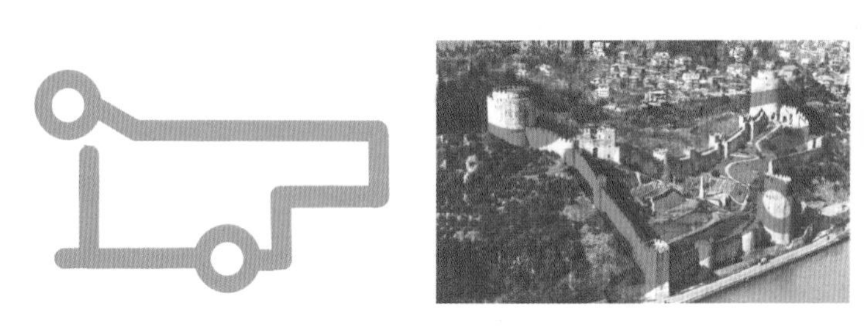

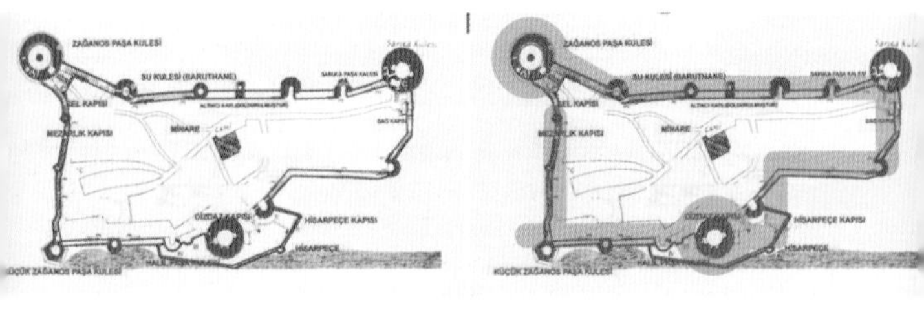
ZAĞANOS PAŞA KULESİ
SU KULESİ (BARUTHANE)
SARICA PAŞA KULESİ
SEL KAPISI
MEZARLIK KAPISI
MİNARE
HİSARPEÇE KAPISI
HİSARPEÇE
KÜÇÜK ZAĞANOS PAŞA KULESİ
ZAĞANOS PAŞA KULESİ
SU KULESİ (BARUTHANE)
SEL KAPISI
MEZARLIK KAPISI
MİNARE
HİSARPEÇE KAPISI
HİSARPEÇE
KÜÇÜK ZAĞANOS PAŞA KULESİ

EL PLANO DE RUMELIHISARI

Avenida Yahya Kemal Caddesi, Bebek n°42
• Bus: Rumelihisarı

El plano de una fortaleza que, visto desde el cielo, parece la palabra "Mahoma" en árabe

Mehmed el Conquistador mandó construir la fortaleza de Rumelihisari la víspera del asedio de Constantinopla, en 1453, para cortar el paso a los refuerzos militares que los asediados podían recibir de las colonias genovesas de Crimea o del Imperio griego de Trebisonda, en el Mar Negro. Su construcción, ultrarrápida por razones militares, viene acompañada de una leyenda directamente inspirada en la de la fundación de Cartago.

Según Evliya Çelebi (1611-1682), que escribió *Seyahatname*, un precioso libro de viajes y de historia, un monasterio bizantino se alzaba en el emplazamiento del Rumelihisari. Un día, el abad del monasterio, que se había convertido secretamente al islam, anunció al sultán Mehmed que sería el conquistador de Constantinopla y le aconsejó que construyera una fortaleza en el Bósforo. Siguiendo los consejos del abad, el sultán pidió permiso al emperador de Bizancio para construir un pabellón de caza. Este se lo concedió a condición de que la superficie del pabellón no excediese la de la piel de un buey. El ingenioso abad sugirió entonces al sultán Mehmed que cortase la piel de un buey en finas tiras y que construyera una fortaleza en el espacio delimitado por la cinta que formaban todas las tiras juntas. El abad dibujó el plano de la fortaleza de tal modo que, visto desde arriba, se parece a la palabra "Muhammed/Mehmed" en caracteres árabes cúficos, con doble referencia al profeta Mahoma que predijo la toma de Constantinopla (en un hadiz) y al sultán que tenía el mismo nombre. Cuando el edificio quedó terminado, el emperador acusó a Mehmed de haber infringido el pacto. El sultán le envió la piel de buey cortada en tiras, le invitó a medir la superficie de la fortaleza y prometió demoler solo la parte que sobrara, cosa que no tuvo que hacer.

Mehmed el Conquistador podía leer a los autores antiguos; ¿se habría inspirado de otra leyenda que trata de un tema parecido?

En el siglo IX a. C., cuando la princesa Dido buscó establecer una colonia fenicia en la actual Túnez, el rey Yarbas le dijo que le daría "tanta tierra como ella pudiera abarcar con una piel de buey". Dido mandó cortar la piel de un buey en tiras extremadamente finas. Unidas unas a otras, delimitaron la ciudad que se convertiría en Cartago.

En la *Eneida*, Virgilio escribe "donde ahora ves enormes murallas y nace el alcázar de una joven Cartago, y compraron el suelo, que por esto llamaron Birsa, cuanto pudieron rodear con una piel de toro". (1-365).

FUENTE EN FORMA DE REPOLLO

Delante de la comisaría
Avenida Çengelköy Halk caddesi n° 12
Çengelköy
• Bus: Çengelköy

El recuerdo de las competiciones deportivas del club de los Repollos

En Cengelkoy, delante de la comisaría de la avenida Halk Caddesi, se alza una pequeña columna, que hace las veces de fuente, rematada con una sorprendente bola esculpida en forma de repollo.

Es una de las columnas conmemorativas que erigió el club deportivo de los Repollos en las competiciones en las que jugaban contra el club rival de las Bamias (también llamado Cuerno Griego o Gambo) (ver más abajo y p. 80). Aunque estas competiciones solían celebrarse en el jardín del palacio de Topkapi, a veces se organizaban en el Bósforo, en este lugar, como lo demuestra esta fuente en forma de repollo.

EN LOS ALREDEDORES:

Se puede ver un monumento similar en la misma zona, más al norte, en la plaza pública situada detrás de la parada de bus del barrio de Paşabahce.
La fuente cuadrada, también rematada con un repollo, tiene la particularidad de tener grabadas una media luna y una estrella, símbolos que aparecerán en la bandera otomana a partir de 1844 y que siguen figurando en la bandera turca republicana, aunque un poco modificados por una ley de 1936.

Para más información sobre las competiciones históricas entre los equipos de los Repollos y de las Bamias, ver p. 80.

Marmara Denizi

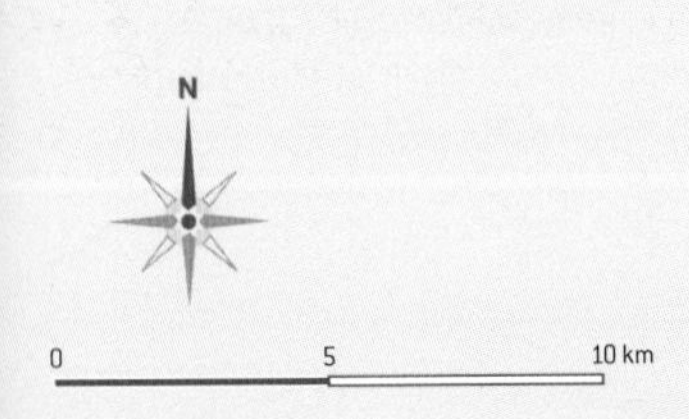

ISLAS PRÍNCIPE

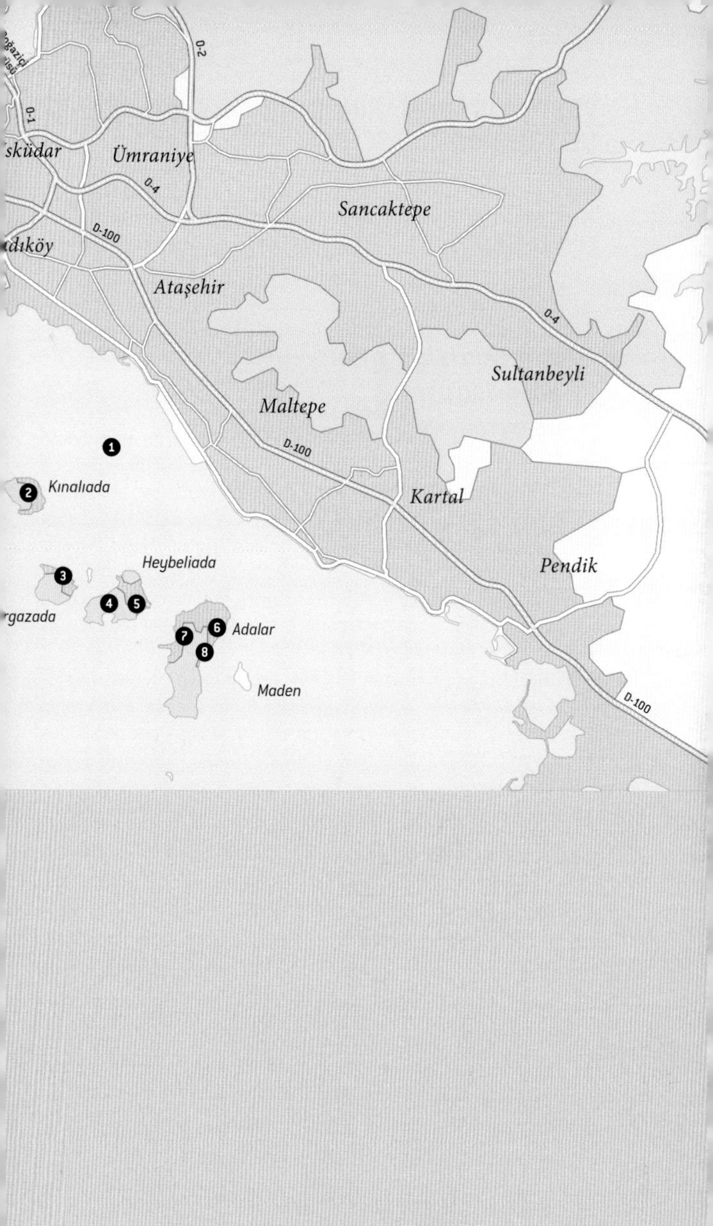

O-2
O-1
Ümraniye
O-4
Sancaktepe
D-100
Ataşehir
O-4
Sultanbeyli
Maltepe
D-100
1
2
Kınalıada
Kartal
Heybeliada
3
Pendik
4
5
6
Adalar
7
8
Maden
D-100

VESTIGIOS SUBMARINOS DEL MONASTERIO DE VORDONISI ❶

Localización: entre la isla de Kınalıada y el muelle de Bostancı, delimitada por dos faros. El barco Bostancı-Kınalıada pasa cerca del Vordonisi que también se puede ver desde el barco que cubre la ruta Sirkeci/Kabataş - Islas Príncipe.

Una isla engullida por un terremoto

Las pocas rocas a las que hoy llaman Vordonisi son las reliquias de una isla antaño habitada que un terremoto engulló en el siglo X. Se sabía de su existencia gracias a los pescadores que hablaban de unas "rocas de los monasterios". La historia religiosa bizantina y los antiguos mapas, además de hablar de las nueves islas existentes cerca de Estambul –Büyükada/Prinkipo, Heybeli/Halki, Burgaz/Antigoni, Kınalı(Proti), Sedef, Tavşan, Kaşik, Sivri (Oxya), Yassı (Plati)– indican una décima: Vordonisi, visible en este mapa (orientado hacia el este) en medio del estrecho formado por la costa asiática de Estambul al norte y las islas Príncipe al sur, entre los dos veleros.

Tras una primera exploración en 1965, un equipo de submarinistas exploró el lugar en 2004 y descubrió unas ruinas que confirmaban bien la historia religiosa de Bizancio. Bajo una gruesa capa de algas y de mejillones, descubrieron las ruinas del monasterio donde el patriarca Focio vivió el resto de sus días, así como unos mosaicos. La segunda sorpresa fue comparar los planos del monasterio de Vordonisi con los del monasterio de Sátiro, en la orilla de enfrente, en Küçükyalı, cerca del palacio de Bryas que el emperador Teófilo (829-842) mandó construir con base en el modelo del palacio de los emperadores abasidas de Bagdad. Los dos planos monásticos resultaron ser prácticamente iguales.

Hoy, la isla de Vordonisi es objeto de investigaciones por parte de historiadores y de sismólogos que buscan aprender algo de la desaparición de Vordonisi: la gran línea de falla sísmica pasa al sur de las islas Príncipe y es probablemente esta misma línea la que hizo desaparecer Vordonisi. Estos esfuerzos tienen su razón de ser si recordamos el enorme terremoto especialmente mortal de 1999, que arrasó la parte este de la región de Mármara.

EL MONASTERIO DE VORDONISI: UN TERRIBLE ANTAGONISMO ENTRE DOS PRELADOS BIZANTINOS

Focio, nombrado patriarca tras la deposición de Ignacio en 858, mandó construir el monasterio de Vordonisi. Tras excomulgar al papa Nicolás I, aparentemente a causa de la controversia filioque[1], pero más probablemente a causa de un conflicto de jurisdicción de las diócesis eslavas, Focio fue depuesto a su vez por haberse opuesto al emperador Basilio que había ascendido al trono tras el asesinato de su predecesor. Se lanzó un anatema sobre Focio en el Concilio de Constantinopla de 869-870 e Ignacio ocupó su lugar. Ignacio, un curioso personaje, era hijo del emperador Miguel I Rangabé. Tras la deposición de su padre en 813, lo castraron para evitar toda pretensión al trono, vetado a los eunucos, y le enviaron como monje a las islas Príncipe donde construyó unos monasterios. Fue un ferviente clérigo, canonizado por la Iglesia ortodoxa y reconocido también por la Iglesia católica. En su primera ascensión al trono patriarcal, su castración causó algunos problemas debido a las prohibiciones del derecho canónico. En 873-877, Ignacio, patriarca por segunda vez, construyó sobre el emplazamiento de un templo de sátiros, cerca del actual Küçükyalı, un santuario consagrado a san Miguel, llamado "monasterio de Sátiro" según la antigua toponimia. Durante ese tiempo, Focio vivió enclaustrado en el monasterio de Vordonisi que él mismo había fundado, hasta que fue nombrado institutor del príncipe León. A la muerte de Ignacio, se convirtió de nuevo en patriarca. Mejoró sus relaciones con la Iglesia de Roma, pero cayó en desgracia con el nuevo emperador León VI y fue exiliado de nuevo a Vordonisi donde murió en 893. Al igual que Ignacio, Focio fue canonizado. La isla de Vordonisi donde había fundado su monasterio le sobrevivió poco tiempo: se la tragó un terremoto a principios de los años 1000.

1 Filioque: divergencia teológica sobre el Espíritu Santo que según las ortodoxias solo procede del Padre, pero para las Iglesias occidentales procede del Padre y del Hijo, con la fórmula añadida al Credo Niceno: *Patre filioque procedit*

MONASTERIO DE LA METAMORFOSIS DE CRISTO

2

Kınalıada
- Misa en la iglesia el viernes a las 9.30 h. Entrada libre
- El resto de los días, abre según la voluntad del guardia

Para tomar el barco o el seabus, consultar www.ido.com.tr (web disponible en inglés. Anotar bien los cambios de horarios de invierno y de verano)

Maravillas desconocidas

En la colina situada al sur de Kınalıada, la primera isla de las islas Príncipe saliendo de Estambul (de ahí su nombre griego Proti –la primera–), el monasterio de la Metamorfosis de Cristo es un lugar desconocido y accesible al público que conserva unos maravillosos iconos posbizantinos así como inscripciones caligrafiadas en una mezcla de griego y de turco-karamanli (dialecto turco que hablan los ortodoxos turcófonos de Anatolia y que se escribe con caracteres griegos).

Destaca, en particular, en el ala derecha del iconostasio, un precioso icono de la Metamorfosis (nombre griego de la Transfiguración[1]), de estilo bizantino, donde la influencia renacentista apenas se percibe. Los rostros de los apóstoles son especialmente expresivos. A su derecha, hay un imponente san Juan Bautista.

En el jardín, vemos varias lápidas griegas de época otomana y preciosas inscripciones caligrafiadas en griego en la fachada de la iglesia, aunque hay varias referencias en karamanli. El benefactor del monasterio, cuya estatua y tumba se ven en la entrada, lleva de hecho un nombre que suena a karamanli: Siniossoglou.

Aún en activo en la época otomana, el monasterio se convirtió en un campo de batalla en 1804 entre las tropas de la flota del almirante inglés Duckworth y los turcos. En la actualidad, el gran edificio del monasterio está vacío en invierno y en verano se transforma en un colegio para los niños de la comunidad griega de Estambul. Se han clausurado varias cisternas bizantinas para evitar que los escolares se caigan.

El emperador León V, llamado el Armenio, también fue enterrado en este monasterio, tras ser asesinado en la basílica de Santa Sofía en la Nochebuena de 820, en plena época de la querella iconoclasta. Descuartizaron su cuerpo con un hacha, juntaron los trozos y estos fueron enterrados por sus cuatro hijos, a los que castraron para evitar toda pretensión al trono.

Kınalıada significa la isla (*ada*) de la henna (*kına*), en alusión al color de la tierra de la isla, que contiene hierro.

1 Transfiguración: episodio en el que Jesús, que estaba en el monte con sus discípulos, Pedro, Santiago y Juan, se metamorfosea: el aspecto de su rostro cambia y sus ropas se tornan en un blanco deslumbrante.

¿DÓNDE ESTÁ LA TUMBA DEL EMPERADOR ROMANO DIÓGENES?

Según algunas fuentes, el monasterio albergaría la tumba de Romano IV Diógenes, el emperador bizantino vencido por el ejército selyúcida en la batalla de Manzikert en 1071 [Malazgirt en turco] cerca del lago Van. Es el principio de la soberanía turca en Anatolia y el principio del fin para Bizancio.

A su regreso a Constantinopla, Romano Diógenes fue depuesto por su hijastro Miguel VII Ducas, quien mandó exiliar a su madre, la emperatriz Eudocia, y terminó por sacarle los ojos a su padrastro al que encerró en un monasterio de la isla de Kınaliada, donde tras morir rápidamente de septicemia fue enterrado.

Aunque se desconoce la ubicación de la tumba de Romano Diógenes, se ve un precioso mosaico bizantino sobresalir por debajo del iconostasio, lo que hace suponer que la iglesia actual del siglo XIX se construyó directamente sobre la antigua iglesia.

LA CELDA DEL PATRIARCA METODIO

Iglesia de San Juan Bautista - Isla de Burgazada/Antigoni
Calle Takımağa Meydanı Sokağı nº 19
Burgazada
• Tel.: (0 216) 381 1401
• Abierto los domingos (misa dominical en verano a partir de las 10 h) y los festivos ortodoxos
• Para tomar el barco o el seabus, consultar http://www.ido.com.tr (web disponible en inglés. Anotar bien los cambios de horarios de invierno y de verano)

> ***La celda de una víctima de la querella iconoclasta en el siglo VIII***

En la isla de Burgazada, la iglesia parroquial ortodoxa San Juan Bautista (llamada San Juan Prodromo en griego) alberga en su cripta una curiosa celda testigo de los horrores de la querella iconoclasta que afectó a Bizancio de los siglos VIII a IX.

Se entra por la izquierda pasada la puerta de entrada: hay que bajar una estrecha escalera para llegar a una minúscula habitación, cuya altura no permite estar de pie: ahí fue donde vivieron antaño tres prisioneros y luego dos…

Uno de ellos fue el patriarca Metodio, protagonista de las luchas de iconoclastia que en la época dividieron a la sociedad y sobre todo a los teólogos sobre la cuestión de saber si las imágenes sagradas podían ser veneradas. La controversia tomó tonos políticos y dio lugar a numerosos conflictos entre el poder imperial y las autoridades eclesiásticas, que cambiaban a menudo de doctrina. Los iconoclastas (oponentes al culto a las imágenes) empezaron a destruir todo tipo de "imágenes sin vida", lo que explica por qué es tan raro encontrar hoy iconos bizantinos anteriores al siglo IX.

Durante un periodo en que los iconoclastas predominaban, Metodio el confesor, patriarca de Constantinopla e iconódulo (a favor del culto a los iconos) convencido, fue arrojado dentro de una capilla sepulcral en la isla de Antigoni (Burgazada) tras haber sido azotado y torturado. Pasó siete años confinado junto a dos bandidos, encerrados con él para hacerle compañía.

Cuando uno de ellos murió, dejaron incluso que su cuerpo se pudriese en la celda para empeorar el sufrimiento del venerable prelado. Metodio fue liberado gracias al emperador Teófilo y restauró el culto a las imágenes en 842.

La iglesia actual, de estilo bizantino y dedicada a san Juan Bautista, es obra del arquitecto Dimadis, autor en 1899 de la Gran Escuela Patriarcal en el Fanar sobre las ruinas de la antigua iglesia erigida por la emperatriz Teodora.

En la entrada de la iglesia hay una bomba contra incendios que usaban los bomberos ambulantes de la parroquia.

A principios de los años 2000, la iglesia tuvo la fama de estar embrujada: se oían ruidos extraños, en las noches de verano, a una hora precisa, y los alrededores de la iglesia se convertían en una especie de teatro donde la multitud esperaba que los ruidos se repitiesen. Al final descubrieron que los causantes de los ruidos eran unos pájaros.

UN SÍMBOLO ALQUÍMICO

4

Brocal del pozo del seminario ortodoxo de Heybeliada
En la cima de la colina Ümit Tepesi cerca del puerto de la isla
• Abierto todos los días de 8.30 a 16.30 h

¿El único símbolo alquímico visible en Estambul?

Estando en el seminario ortodoxo de Halki (Heybeliada Ruhban Okulu), en la isla de Heybeliada, gire a la derecha de la puerta de la capilla, bordee el muro del santuario y descubrirá, en medio del jardín, un brocal de pozo con dos inscripciones grabadas en lengua karamanli (ver p. 188) y en armenio, de 1792, que informan que el brocal es una donación del banquero Hadji Nicolas, originario de Eğin, ciudad de Anatolia oriental. Según los expertos, el banquero era con toda probabilidad miembro de la comunidad, hoy desaparecida, de los Hay-Horom (armenios pertenecientes a la Iglesia griega ortodoxa).

Entre las inscripciones hay un curioso signo, al parecer el único símbolo alquímico que se puede ver en Estambul.

Para el alquimista Johan Christoff Sommerhoff (1701), este símbolo es el de la *lapis magnes* (piedra filosofal), sin embargo otros consideran que se trata del símbolo hermético del arsénico, derivado del sello mágico de Saturno.

Aunque la alquimia era muy frecuente en Bizancio y en el mundo musulmán (la palabra procedería incluso del árabe *al-kimiya*), la presencia de este símbolo alquímico sigue siendo una sorpresa. ¿Acaso Hadji Nicolas fue un adepto de la alquimia?

¿QUÉ ES LA ALQUIMIA?

La mayoría de las órdenes religiosas de la Edad Media y del Renacimiento consideraban la *Alquimia* [del copto, *Allah-Chêmia*, o química divina] como *El arte del Espíritu Santo* o *Arte real* de la creación divina del mundo y del hombre. Estaba vinculada a la doctrina católica ortodoxa.

Los adeptos de este arte la dividían en dos aspectos principales: la *alquimia espiritual*, que concierne exclusivamente a la iluminación del alma, transformando elementos impuros del cuerpo en estados refinados de conciencia espiritual, también conocida como el *Camino de los Penitentes*. Y la *alquimia de laboratorio*, llamada *Camino de los Filósofos*, que reproduce en el laboratorio el universo alquímico de la transmutación de los elementos impuros de la naturaleza en metales nobles, como la plata y el oro. Ambas prácticas alquímicas se suelen llevar a cabo juntas convirtiéndose así en un *Camino de los Humildes*, donde la humildad es la del hombre prostrado frente a la grandeza del universo reproducido en el laboratorio [en latín *labor* + *oratorium*]: la alquimia del alma [interior] se expresa exteriormente en el laboratorio. Quienes ejercen la *alquimia en laboratorio* con el único objetivo de buscar plata y oro, descuidando los aspectos esenciales de la realización del Alma, fracasarán y se convertirán en *charlatanes*. Este tendrá tal vez una cultura más amplia, pero no las cualidades morales necesarias. Para no convertirse en un *charlatán* [el tipo de herejía que la Iglesia condenaba], el adepto deberá equilibrar espíritu y corazón, cultura y cualidades morales, penitencia y humildad, convirtiéndose en un auténtico filósofo.

ΕΞΗΡΑΝΘΗ · Ο · ΧΟΡΤΟΣ · ΚΑΙ · ΤΟ · ΑΝΘΟΣ · ΑΥΤΟΥ
ΤΟ · ΔΕ · ΡΗΜΑ · ΚΥΡΙΟΥ · ΜΕΝΕΙ · ΕΙΣ · ΤΟΝ · ΑΙΩΝΑ
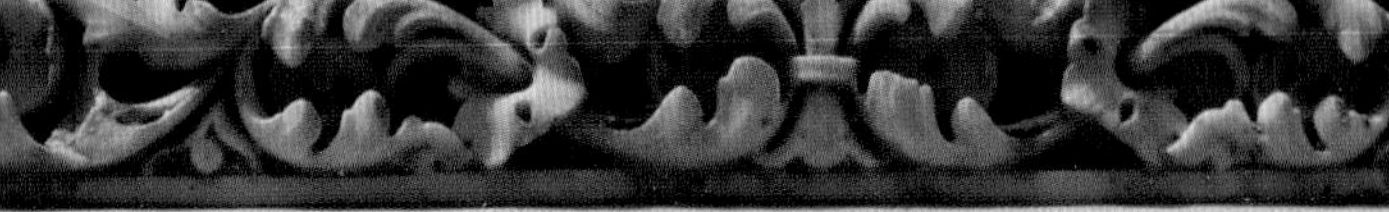

MAUSOLEO KANGELARIS

Jardín del monasterio de San Jorge
Calle Oruç Reis Sokak nº 27, Heybeliada
- Abierto domingos y festivos ortodoxos
- Celebración especial del monasterio: 23 de agosto
- El mausoleo puede verse desde la calle, sin entrar en el jardín

Un hombre que asesinó a su mujer, pero que descansa a su lado...

Situado en el jardín del monasterio de San Jorge, en medio de un pabellón octogonal en ruinas, el mausoleo de los esposos Kangelaris está formado por un obelisco con la punta cortada. Spyridon Kangelaris, cónsul de Gran Bretaña en Kios (Gemlik), al sur del mar de Mármara, estaba profundamente enamorado de su bellísima esposa Sevasti. La asesinó por celos en 1865. Al beneficiarse sin duda de la inmunidad diplomática, quedó libre y erigió esta tumba en 1866 trayendo mármol de Carrara para construir el obelisco. Se encargó de que hubiera siempre velas encendidas en la tumba hasta que se reunió con su esposa cinco años después.

En la fachada sur, frente a la entrada, hay un bajorrelieve que describe a la difunta como "una mujer inteligente, piadosa, bella, compañera de vida para su marido, excelente madre preocupada por sus hijos, caritativa con los pobres, misericordiosa, nacida en Estambul en 1817 de una familia noble, fallecida en Heybeliada en 1865 causando un duelo eterno y lágrimas amargas…".

El retrato en bajorrelieve de la pareja está en la fachada este, rodeado de guirnaldas de flores de adormidera (símbolo del sueño eterno) y de laureles. Una inscripción reza: "La flor se ha marchitado, las semillas se han diseminado, pero el verbo de Dios, sobrevivirá por los siglos de los siglos". La fachada oeste tiene grabada una figura que simboliza la noche, un plato del que surge el fuego (símbolo de la esperanza), el ave fénix como promesa de resurrección y un pelícano, símbolo del amor eterno y del sacrificio (según la antigua creencia la cigüeña alimentaba a sus pequeños con su sangre). En la fachada norte, se ve al dios del sueño (Hipnos).

Según los alumnos del colegio militar vecino, la difunta (*Sarıkız*, la chica rubia) se despertaba a veces en las noches de invierno para ir a los dormitorios y tapar a los alumnos cuyas mantas se habían caído.

EN LOS ALREDEDORES:

Colgada en la puerta principal del iconostasio de la iglesia del monasterio, una curiosa representación (hay otra en la catedral de Basilea, en Suiza) muestra a Cristo en el centro de una estrella de David. Además de que este símbolo, el hexagrama, no es únicamente judío (ver p. 30), según Monseñor Nektarios, higúmeno del monasterio y representante del Patriarcado ortodoxo de Jerusalén ante el de Constantinopla, la estrella de David invoca también la palabra David en griego, que empieza y termina por la letra delta (D). Dos deltas superpuestas, una de ellas invertida, forman así la estrella de David. Según las genealogías de los evangelios de Mateo y de Lucas, Jesús también es descendiente de David, que reinó en Jerusalén. Por último, el monasterio de San Jorge es un metoquión (misión representativa) del Patriarcado de Jerusalén.

EL MONUMENTO RUSO DEL MONASTERIO DE SAN NICOLÁS

Aya Nikola Manastırı (Selvili Batmış Manastırı)
Avenida Yılmaz Türk Caddesi
Karacabey Mevkii
Büyükada Yolu
• Tel.: (0 216) 382 61 12

Un lugar cautivador

Situado en el litoral este de Büyükada, en medio de los abetos, el imponente monasterio de San Nicolás (Aghios Nikolaos en griego; Aya Nikola en turco) es un lugar cautivador que antaño albergaba una gran comunidad de la que hoy solo queda un simpático monje venido del monte Atos (Grecia) que ha cambiado su nombre filosófico de Sócrates por el nombre monacal de Bartolomé.

En el jardín, el obelisco de mármol rematado por la cruz rusa se construyó en honor de los militares rusos capturados durante la guerra de Crimea (1853-1856), encarcelados en Büyükada donde fallecieron.

Resulta interesante destacar que aunque el águila bicéfala en bajorrelieve, que decoraba el obelisco, símbolo político, fue destruida por unos desconocidos a principios de la Primera Guerra Mundial, durante la declaración de las hostilidades por parte del Imperio otomano contra el Imperio ruso, el monumento funerario quedó intacto, por respeto a la religión y a los difuntos.

Cabe destacar también que en la misma época destruyeron el monumento ruso de San Esteban (Ayastefanos) en Yeşilköy, barrio estambulita de las afueras donde el ejército victorioso llegó en 1878 (la demolición del monumento fue el tema de la primera película rodada en Turquía).

Hay otro monumento en memoria de los soldados rusos en Heybeliada.

¿UN CAMPANARIO SEPULTADO?

El monasterio de San Nicolás también es conocido como el monasterio sepultado o hundido. Según una primera explicación, el monasterio original del siglo XIV habría quedado sepultado bajo tierra en un terremoto de 1509 mientras que, según la segunda explicación, fue el segundo monasterio de época otomana el que se hundió en el agua con su campanario, durante el terremoto de 1894.

Los pescadores de la isla dicen que cuando hay tormenta, se oyen campanadas procedentes de las profundidades del mar de Mármara, donde el campanario y las campanas estarían intactos.

Un banquero apellidado Stephanovik mandó construir el edificio actual tras el terremoto de 1894 con el resto de los materiales procedentes de la construcción del seminario ortodoxo de Halki/Heybeliada. Aunque está en la isla de Büyükada, el monasterio de San Nicolás no depende del arzobispado de las islas Príncipe, sino directamente del Patriarcado Ecuménico.

EL ORFANATO GRIEGO DE BÜYÜKADA

Aşıklar Yolu Sk, Nizam
Büyükada
- No se puede visitar el interior por razones de seguridad
- A veces se puede visitar el jardín solicitándolo amablemente al guardia

¿El edificio de madera más grande del mundo?

En la isla de Byükada (Prinkipo en griego), el orfanato griego es un edificio espectacular de madera adosado a la ladera sur de la colina del Cristo (Hristos Tepesi). Al bajar del barco, no hay que seguir la avenida principal, Çankaya caddesi, a la derecha, sino tomar la gran pendiente de enfrente, la Kadıyoran Yokuşu (la cuesta que fatiga al juez). El orfanato está en el romántico Aşıklar Yolu (camino de los enamorados). Visible desde el barco, el orfanato impresiona por su gigantesco tamaño que lo sitúa como el edificio de madera más grande del mundo.

La empresa Grandes Hoteles de Europa empezó a construir este edificio en 1898, según el plano proyectado por el arquitecto Vallaury, para hacer un hotel-casino. A Abdul Hamid II, el sultán-califa reinante, no le gustó nada cuando le informaron del proyecto y prohibió la apertura de este lugar de perdición tan visible desde el mar de Mármara. El proyecto del hotel se paralizó: sin el casino no habría sido rentable.

El famoso escritor turco Ahmed Rasim fue el primero en tener la caritativa idea de transformar en orfanato este edificio que acabó comprando Helena Zarifi, una rica griega, con el fin de donarlo al Patriarcado griego, a condición de que el edificio se usase como orfanato.

El patriarca Joaquín III inauguró el orfanato en 1903. El sultán le envió un telegrama lleno de alabanzas, mandó repartir 146 monedas de oro entre los huérfanos griegos y les asignó 7,5 oques, a saber, diez kilos de carne diarios.

Durante la Primera Guerra Mundial, la Escuela Militar de Kuleli se mudó al orfanato, cuyos ocupantes fueron enviados a la Escuela Comercial Griega de Heybeliada (Halki). Enver Pasha, ministro de la Guerra, ultra germanófilo, lo usó para alojar a sus amigos prusianos. Tras la derrota germano-otomana, las fuerzas de ocupación británicas instalaron primero a los aristócratas rusos, y en 1920 se lo devolvieron a los huérfanos griegos.

La crisis chipriota que estalló en los años 1950 envenenó las relaciones turco-griegas y el orfanato cerró en 1964 "por haber infringido la legislación relativa a la prevención de incendios". El Patriarcado terminó presentando un recurso ante la Corte Europea de los Derechos del Hombre que, en 2008, ratificó sus derechos de propiedad.

Como agradecimiento a Izzet Pasha, la eminencia gris de Abdul Hamid que logró obtener las autorizaciones necesarias, el Patriarcado le ofreció, en Büyükada, el pabellón de Blacque Bey [diplomático, periodista y administrador francés al servicio de la Sublime Puerta. Nacido en 1824 y fallecido en 1895].

1904
١٩٠٤

LOS SÍMBOLOS MASÓNICOS DEL PABELLÓN SABUNCAKIS ❽

Avenida Yılmaz Türk caddesi n° 23
Büyükada
No se visita

Un hombre de negocios griego convertido en masón

El pabellón Sabuncakis, construido en 1904 para el hombre de negocios griego George Sabuncakis como residencia de verano de su familia, luce en su fachada varios símbolos masónicos que recuerdan la afiliación de su fundador a la masonería: la escuadra y el compás sobre la puerta de entrada, el ojo de la Providencia en el frontón y distintos símbolos en el bajorrelieve dorado sobre el frontón como unas ramas de acacia (un símbolo masónico ligado al recuerdo del Maestro Hiram, una rama de acacia que plantaron en la tumba del Maestro Hiram sus tres compañeros asesinados), una abeja (símbolo del trabajo realizado en la logia, que también está en el mandil masónico), etc.

Originarios de Creta, los Sabuncakis eran fabricantes de jabón, como lo indica su apellido, que emprendieron el cultivo de flores de las que extraían esencias para sus jabones. Tras emigrar a Estambul en los años 1870, hicieron fortuna creando una cadena de floristerías que llegaba hasta Salónica. Sus negocios crecieron mucho en la era republicana dado que el protocolo del nuevo régimen requería de muchas flores para sus guirnaldas.

La empresa Sabuncakis gozaba de privilegios importantes: les otorgaron un vagón especial del expreso Estambul-Ankara y un edificio en pleno centro de la nueva capital, según instrucciones personales de Atatürk.

El salón central, originalmente de forma octogonal, estaba rematado por una cúpula de madera que simbolizaba el cielo y donde estaban representadas las distinta divinidades reconocidas por las mitologías egipcia, asirio-fenicia, grecorromana e hindú. Un incendio lo destruyó todo en 1971.

En el barrio el edificio se conoce como “la casa del puente”, “la casa del ojo” o “la casa de las abejas” por su arquitectura y sus símbolos.

LA ACACIA: UN SÍMBOLO MASÓNICO DE INMORTALIDAD

La rama de acacia es la planta elegida por la masonería universal para designar al maestro masón, la iniciación masónica y la inmortalidad, que se alcanzan gracias al estado de inocencia y de pureza al que los antiguos dorios y jonios llamaban *akákia*. La palabra acacia deriva del griego *aké* que tiene el significado de punta, de extremidad puntiaguda, significado que luego se ha dado a *lanké*, la lanza. La forma antigua para designar este arbusto espinoso era *akantha*, que significa la planta que tiene espinas: el acanto, la acacia, de ahí *akákia*, término derivado de *aké*. Estas espinas representan las pruebas dolorosas que el iniciado afronta y debe superar en el camino que le llevará al grado de Maestro Perfecto.

ÍNDICE ALFABÉTICO

ÍNDICE ALFABÉTICO

Agradecimientos:
Prof. İlber Ortaylı, Prof. Baha Tanman, Prof. Nurhan Atasoy, Prof. Kimberley Patton, Prof. Adam Seligman, Jean-François Pérouse, Giovanni Scognamillo, Saro Dadyan, Padre Claudio Monge, Yusuf Altıntaş, İlhan Eksen, Hülya Benlisoy, Yorgo Benlisoy, Cenk Keskin, Aylin Tekiner, Orhan Türker, Katina Proku Türker, Eti Varon, Gözlem Gazetecilik Basın Yayın A. Ş., Padre Yorgo Kasapoglu, Bora Keskiner, Burak Çetintaş, Prof. İsmail Taşpınar, Padre Vağarşag Seropyan, Padre David Neuhaus, Padre Giuseppe Gandolfo, Win Dayton, Bleda Kurtdarcan, Sinan Kuneralp, Deniz Akkuş, Holta Vrioni, Rita Ender, Mons. Stéphane, Padre Bartolomé, Mete Boybeyi, Çağrı Yalkın, Mustafa Alpsoy, Peter Wolrich, Lale Ayşe Platin, Malik Can Baki, Sedat Bornovalı, Prof. Haluk Dursun, Alexandre Toumarkine, Constantin Belalidis, Athanase Belalidis, Padre Tatoul Anoushian, Mons. Elpidophoros, Dirección del Colegio Kabataş, Mons. Nektarios, Padre Minas Moskalli, Laki Vingas, Valentin Retornaz, Olivier Bouquet, Muriel Domenach, Betül Sözen, Şule Sökücü, Nurullah Özdem, Sait Süsin, Zeki Demir, Rabino Mendy Chitrik, Prof. Remzi Sanver, coronel İlyas Gürtaş, coronel Zekeriya Türkmen, coronel mayor Ömer Faruk Arslan, Kansu Şarman, Murat Serdar Saykal, Ensar Karagöz, Şule Gürbüz, Cansu Baş, Neslihan Şen, Maestro Yiğit Okur, Pierre Gentric, Dominique Cornil, Serdar Güneysu, Alp Varanok, Bikem Ibrahimoglu, Manuela da Corta, Prof. Berlingeri, Mustafa Cambaz, Tuğçe Uğurlu, Süleyman Ertaş, Gökhan Karakaş, Matthieu Bardiaux, Saadet Ersin Arikgil, Sébastien de Courtois, Stefano Siviero, Paolo Girardelli, Owen Matthews, James Halliday, Pascal Cariou, Mons. Klaus Wyrwoll, Ioannis Volanakis, Birol Özalp, Mustafa Alpsoy, Mikhail Paşa.
Un agradecimiento especial a Nelishan Sen y a Cansu Bas del Çırağan Palace Kempinski Istanbul.

Textos páginas: 30, 35, 197, 273: VMA

Créditos fotográficos:
Mesut Tufan: páginas 16, 17, 18, 20, 25, 26, 27, 28, 32, 33, 34, 41, 44, 46-47, 48-49, 50-51, 52-53, 58, 59, 60, 61, 62-63, 64, 65, 66, 69, 71, 73, 75, 79, 84, 86, 88-89, 90, 94-95, 100, 102, 104, 105, 106, 107, 108, 109, 110, 114, 115, 116-117, 120, 124, 125, 126, 128, 130, 132, 136-137, 138, 139, 142, 144, 147, 148, 150, 152, 154, 160, 160-161, 162, 163, 165, 166, 167, 168, 169, 171, 172, 174, 176, 181, 183, 184, 186, 192, 193, 194, 195, 196, 201, 209, 210, 212, 219, 222, 227, 230, 232, 233, 236, 237, 238, 247, 252, 254, 257, 258, 262, 269, 272, 274, 276, 277, 278, 282.
Letizia Missir: páginas 22, 23, 38, 39, 76, 97, 99,113, 122, 140, 175, 178, 185, 188, 189, 190, 191, 198, 204, 206, 214, 220, 228, 240, 244, 245, 248, 251, 270, 280.
Olimpia Cavriani: páginas 36, 40, 41, 42, 43, 44, 45, 46, 92, 209, 211, 234, 279.
Cubierta: fresco de Boris Delchev (2007), inspirada en grabados del Bósforo de Melling (siglo XVIII) – Ciragan Kempinski Palace Hotel.

Cartografía: **Cyrille Suss** - Diseño: **Roland Deloi** - Cubierta: **Coralie Cintrat** - Maquetación: **Stéphanie Benoit** - Traducción: **Patricia Peyrelongue** - Corrección de estilo: **Milka Kiatipoff, Maya Grasset**

Depósito legal: Marzo 2017 – Edición: 01
ISBN: 978-2-36195-105-4
Impreso en Bulgaria por Multiprint